僧侶と海商たちの東シナ海

榎本　渉

講談社学術文庫

学術文庫版まえがき

二〇一〇年に講談社選書メチエの「選書日本中世史」シリーズの一冊として刊行された拙著『僧侶と海商たちの東シナ海』（以下「旧版」）が、このたび文庫として再刊されることになった。ちょうど一〇年目の二〇二〇年に再刊の運びとなったのは、とくに意味はないけれども、よい区切りだと思う。

本書旧版刊行の後、単純な誤字や事実関係の勘違いなどに時々気づくことがあった。（ありがたいことに）意外と広く読まれ参考にされることも多かったので、このたびの文庫化にあたって、ここ一〇年で気づいた誤りに加え、誤解を招きそうな表現などの手直しを行なった。また刊行後にいただいていたご意見を受けて、典拠史料の註記を増やして、巻末註も加えている。なお、参考文献の註記については、基礎的な事実関係の見直しに関わるもの以外は、原則として文献の追加は行なっていない。

文庫版刊行に当たって旧版の趣旨は改めなかったが、二ヵ所ほど加筆を施した。一つは第3章第3節「帰国を断念した僧たち」の最後（二〇二頁）で、日元貿易中絶によって日本に帰国できなくなった僧として、前稿で挙げた三人（龍山徳見・友山士偲・仲剛□銛）に、無夢一清という僧も加えた。二〇一四年に九州国立博物館で、無夢を取り上げたトピック展示

「中国を旅した禅僧の足跡」が開催されたが、担当学芸員の丸山猶計氏のご案内で本展示を拝見した折に初めて知った墨跡から、当該箇所に加えるべき僧であることが判明したためである。本企画を立ててくれた博物館および学芸員には、心から感謝している。

そしてもう一つは、最後に「遣明使の後に続いたもの」と題する補章を加えたことである。旧版では宋元代の留学盛況が遣明使の時代に終わったことを以てまとめとしたが、遣明使の時代の後にまた留学を志す僧が現れたこと、黄檗僧の来日が広く歓迎されたこと、キリシタンの「渡来僧」「入欧僧」等が現れたことなどを、後日譚として書き加えた。特にキリシタンについては黄檗僧に先立つ「渡来僧」と見るべきであるとの米谷均氏（早稲田大学非常勤講師）のご示唆に刺激を受けた。これによって本書が僧侶の海外渡航通史というべきものに近づけたならば幸甚である。

二〇二〇年四月

榎本渉　序

目次

僧侶と海商たちの東シナ海

僧侶と海商たちの東シナ海

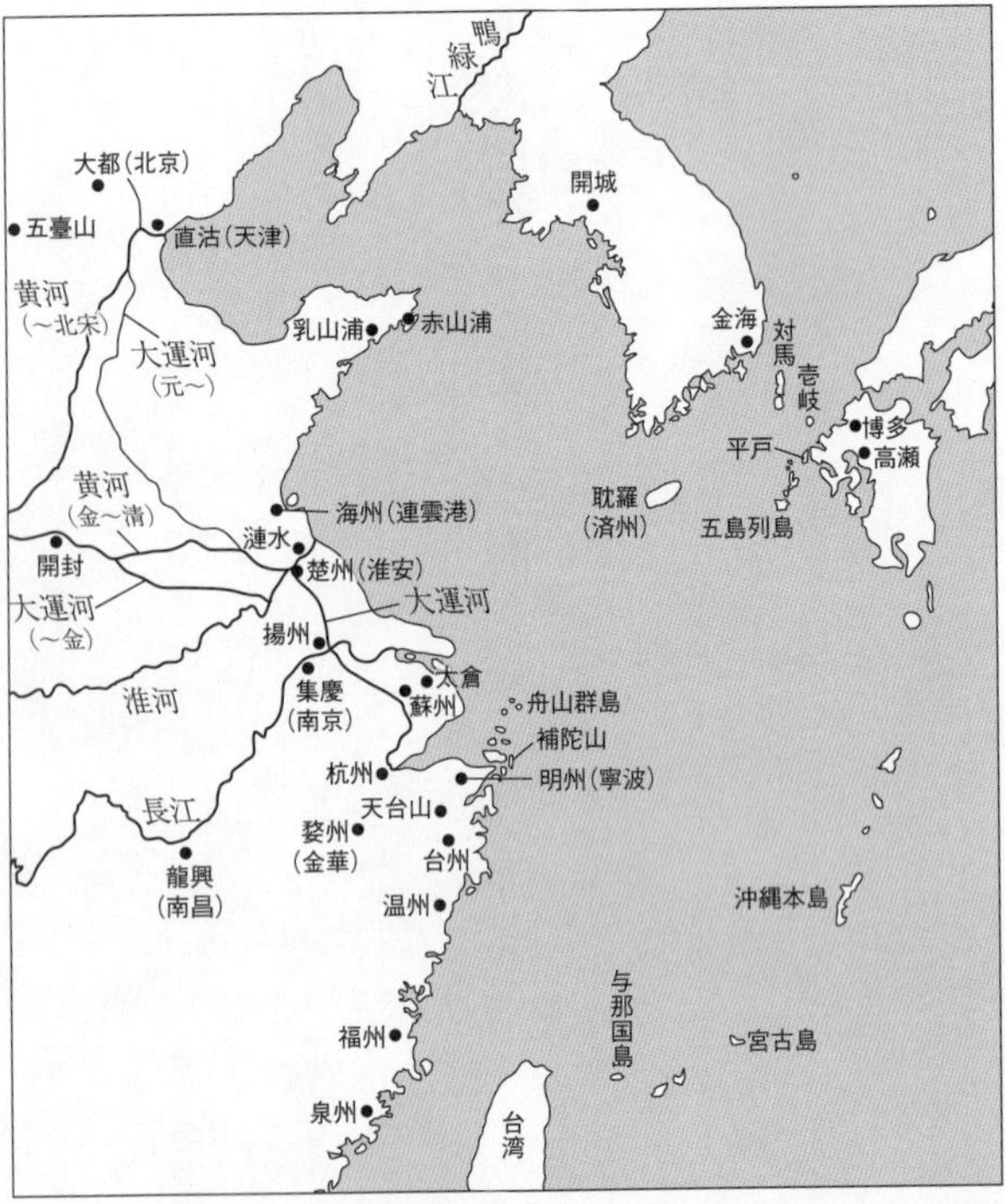
鴨
緑
江
大都(北京)
五臺山
直沽(天津)
開城
黄河
(〜北宋)
大運河
(元〜)
乳山浦
赤山浦
金海
対
馬
壱
岐
博多
高瀬
平戸
耽羅
(済州)
五島列島
黄河
(金〜清)
海州(連雲港)
漣水
開封
楚州(淮安)
大運河
(〜金)
大運河
揚州
太倉
淮河
集慶
(南京)
蘇州
舟山群島
補陀山
杭州
明州(寧波)
天台山
長江
婺州
(金華)
台州
龍興
(南昌)
温州
沖縄本島
与
那
国
島
宮古島
福州
泉州
台
湾

序　章　中世日本と東シナ海

陸が見える海

本書のテーマは東シナ海を取り巻く交流の歴史である。タイトルに「僧侶」とあるけれども、仏教史そのものの本ではない。僧侶も仏教も扱うが、それは東シナ海の交流のひとつの素材としてである。だからありがたい仏教のお話を期待して、本屋で本書を手に取った方は、カウンターに行く前に本棚に返してもらったほうがよいかもしれない。では本書では何を見ようとするのか。なぜ僧侶を扱うのか。最初にこれに触れておこう。

縄文時代以来、日本列島は周囲を海に囲まれ、列島外に出るためには船を用いて海を渡るしかなかった（死体として流れ着くのでなければ）。その中で北海道・沖縄以外の日本列島中央部を見る場合、外と接触する航路はおおまかに言って三つあった。

一つは九州の北にある玄界灘で、ここを渡れば、壱岐・対馬を経て朝鮮半島南岸に達する。冬は海が荒れることも多く、航海の難所だったが、もっとも早くから列島外との交流が行なわれた海である。弥生時代、海外文化の入口がもっぱら北九州だったのは、このルートに依っている。これは目標が視認できる地理環境が大きい。天気さえよければ、九州からは壱岐・対馬を見ることができ、さらに対馬からは朝鮮半島を見ることもできる。特に対馬は大部分が標高一〇〇〜三〇〇メートルの山地で、六四九メートルの矢立山などの高山もあるので、これを視認できる範囲も広い。逆に朝鮮半島からは対馬を、対馬からは壱岐・九州を見ることも可能であった。つまり九州から朝鮮までは、目標を視認しながら航海することができた。

航海技術が未発達な段階では、目標の視認ができる地理条件は非常に重要だった[1]。たとえば、考古遺物から見るに、沖縄諸島と奄美諸島は古くから九州の影響が見られたが、先島諸島ではその影響が薄く、先史時代にはむしろ台湾・東南アジア文化との親近性が強かった。これは沖縄と先島の間が視認範囲になく、目標を見据えて渡ることが不可能だったことも関わっているだろう。先島諸島東北端の宮古島は沖縄本島の那覇まで二九〇キロメートル、先島諸島南西端の与那国島は台湾まで一一〇キロメートルであり（『沖縄県の地名』平凡社）、宮古島から沖縄本島はまったく見えないが、与那国島から台湾は運が良いと見ることができる。比較のために玄界灘の諸島についても書いておくと、韓国南岸の釜山《プサン》港から対馬北西の佐須奈港までは六三キロメートル、壱岐郷ノ浦港から対馬南部の厳原《いづはら》港までは七八キロメートル、博多港までは七六キロメートル、唐津港までは五四キロメートルである（海上保安庁『距離表』に拠る）。

陸の見えない海

この点で言えば、他の二つの海では、陸地が見えないエリアを渡る必要があり、この航海

図1　対馬厳原港

条件の悪さのために航路の発達が遅れた。その一つは東シナ海である。ここを渡る場合、長崎県西方の平戸島・五島列島や、佐賀県北方の東松浦半島など、九州の端まで行って、気象条件が整うのを待った上で船を出し、風や海流を利用して一気に海を西に突っ切ることになる。行き先は中国の浙江で、寧波《ニンポー》東北に位置する舟山群島を目指した。これが東シナ海横断の最短ルートだった。寧波は唐代から明《みん》代まで長く日中・朝中交流の窓口となる港町だが、ここが発展したのは都市の立地条件や後背地などとともに、舟山群島という航海の目印が目の前に控えていたという地理的な要因も大きい。なお寧波は、これから折に触れて本書に何度も登場する。この寧波という名称は明代以後のもので、それ以前には明州とか慶元とか言った。本書では以後、歴史的地名として「明州」をもっぱら用いることにしたい。

九州から舟山群島へ到る航路は、東シナ海横断の最短ルートとは言え約六〇〇キロメートルの距離があり、[2] 途中でランドマークとなる済州島《チェジュド》（耽羅《たんら》）があるとは言っても、耽羅から舟山でも四〇〇キロメートルの距離があった。その間、夜空の星以外に何の目印もない日々を送る恐怖は、並々ならぬものだっただろう。現代のようにレーダーがない以上、自分のいる場所すらわからないのである。しかも東シナ海は地中海・インド洋や黄海などと比べて波が荒く、危険が多い。

ただ海は深かったため、浅瀬が広がる上に多くの岩礁が点在し座礁の恐れが多い朝鮮西海岸と比べれば、航路の知識さえあれば、むしろ安全な航海が可能な海だったとも言える。途中は岩礁などを気にすることなくまっすぐ航海することができるので、迅速な移動も可能だった。また喫水の深い大型船の航海が可能だったため、大量の物資を効率的に輸送することもできた。概して言えば、東シナ海は原始的な知識では航海が困難だが、航海技術の向上とともに、経済の動脈となる可能性を秘めた海だった。

見捨てられた海

最後の海は日本海である。この海も波が荒く、また東シナ海以上に視認範囲に陸地の無い空間が多い。たとえば最近フェリーの運航が休止になった沿海州のウラジオストクと富山県伏木港間は、八八〇キロメートルの距離である。前近代においてこの海を定期的に横断したのは、八～一〇世紀の渤海《ぼっかい》使・遣渤海使くらいだが、渤海側の出航地はウラジオストク近くのクラスキノあたりと言われ、また日本側の港は一定しなかったので一概には言えないが(日本のどこかに着けばよいという程度の発想だったのだろう)、渤海使は北陸あたりに到着することが多かったから、だいたい日渤間の航海は八〇〇～九〇〇キロメートル前後の行程だったただろう。これは東シナ海の済州—舟山間の二倍の距離である。

この海は渤海滅亡後、恒常的な交流の舞台として登場することはなくなる。むろん日本海沿岸を動く船は多く、博多に来航した宋商船がさらに越前敦賀に向かったり、中世に若狭小浜の日引石が対馬・平戸・五島列島などに大量に運ばれていたり（船のバラスト＝重りとして積まれてきたものか）、江戸時代に北前船が運航したりと、活発な往来が見られた。むしろ中世には太平洋よりも交通は盛んだった。だが東西の沿岸航海はともかく、日本海を南北に横断する航路は危険が多く、またその危険を冒すほどの魅力も、日本側・沿海州側双方で感じられていなかったのだろう(3)。

むしろ筆者としては、なぜ渤海がこんな危険な海を何度も渡ったのかのほうが気になるところである。渤海は当初こそ唐《とう》・新羅《しらぎ》と対抗するために日本に接近するという政治的な目的があったが、次第に日本との経済交流に主眼を置くようになり、八二六年、右大臣藤原緒嗣《おつぐ》の上表文では、「実に是《これ》商旅にして、隣客に足らず」と言われている（『類聚国史』巻一九四、天長三年三月朔条）。日本海は政治的使命のために決死の思いで渡る海ではなく、それなりに経済的利益も期待できる海だったのかもしれない。また、渤海使は漂流したり、漂流先で蝦夷《えみし》に襲われたりすることはあるものの、船が沈没したという事例は意外と少なく、それなりの航海技術を持っていたようにも見える。日本の遣唐使よりはよほど航海の成功率は高い。

しかしそれならば、今度は渤海滅亡後にこのルートが維持されなくなった事情がよくわからなくなる。結局は王朝の巨大な需要があって初めて意味がある商品が扱われたのであって、王朝が無くなった後には民間がここに参入しても、さしたる意味がなかったということなのだろうか。東シナ海の向こうにあった中国浙江という、当時の世界を代表する富裕地域と比べれば、沿海州は貿易を継続するほど大きな需要を保ち得なかったのかもしれない。ともかく日本海は、歴史的に見れば一時的に利用されたのみで終わった。

東シナ海の可能性

以上を通覧すれば、日本列島と外部をつなげる海は玄界灘と東シナ海であった。前者は古い時代から用いられ、後者は遅れて用いられるようになったものの、経済的にはむしろ大きな可能性を秘めていた。初期の日中交通は朝鮮半島経由で行なわれることが多く、つまり日中・日朝交通ともに玄界灘ルートが用いられたが、後に東シナ海ルートが開拓されると、日中交通にはもっぱらこれが用いられるようになったから、玄界灘ルート＝日朝交通、東シナ海ルート＝日中交通に特化するようになる。

さらに同じ頃、中国・朝鮮間の交通にも、東シナ海が利用されることが増えてくる。また浙江は中国経済の中心地だったから、福建・広東方面（この地域は南シナ海を通じた東南アジア・インド・西アジアとの貿易の中心である）や華北との海上交通、あるいは運河を通じた中国内陸部との交通も盛んに行なわれた。より広い視点から見れば、玄界灘ルートは日朝間のローカルな道だったが、東シナ海には複数の太い経済の動脈が通っていた。東シナ海ルートは浙江との交通路という以上に、世界規模での経済センターに接触する道だったとも言える。したがって経済的な意味では、東シナ海ルートの存在感が日本にとって圧倒的なものとなり、玄界灘ルートの存在感は薄れていく。その画期はこれから述べるように九世紀半ばにあった。

九世紀以後は日本も朝鮮も、経済的にはおおむね中国のほうを向くようになり、おたがいの関心は低下していく。たとえば一二世紀中ごろ、太政大臣藤原伊通《これみち》が書いた『大槐秘抄《たいかいひしょう》』に、次の一節がある。

日本の人は対馬の国人高麗にこそ渡候《わたりそうろう》なれ、其も宋人の日本に渡躰《わたるてい》にはにぬかたにて、希有の商人のたゞわづかに物もちてわたるにこそ候めれ。

高麗へ渡る日本人として対馬人が挙げられているが、それは少しの商人がわずかな物を持って行く程度で、宋人が日本に来るのとはわけが違うという。この宋人とはこの場合は宋海商を指し、高麗渡りの対馬人と違って、大勢で多くの商品を持って来日すると認識されていたのである。このように、少なくとも京都の公卿《くぎょう》の認識では、日麗貿易は対馬人が行なうローカルのささやかなものに過ぎず、貿易の中心はもっぱら宋との間で行なわれるものだった。

実際にこの頃に出土する貿易陶磁器を見るに、高麗青磁の出土量は中国陶磁器と三桁は違う（三割や三倍ではない）。たとえば福岡県博多遺跡群の博多店屋町工区A・B区と祇園町出入口二・三区では、平安時代の大量の外国製陶磁器が出土したが、四万点中、朝鮮製はわずか二五点（約〇・〇六パーセント）に過ぎない[4]。もちろん陶磁器のみで総量を計ることはできないが、この頃の日本列島が入手した海外貿易品は、圧倒的大部分が中国製品だったと言ってしまっても差し支えない。むしろ朝鮮からの輸入品よりは、中国からもたらされた東南アジア以西の製品（香薬など）のほうこそが重視されるべきであろう。この状態が変わるのは一四世紀後半のことであるが、それは朝鮮との交流の活発化の結果というよりは、中国との貿易の減退を直接の契機としていた。それまでの日本列島は、もっぱら浙江との取引を通じて海外の商品を入手していたのである。

画期としての九世紀

本書で扱うのは東シナ海の交流で、その始まりは九世紀である。もちろん東シナ海は、自然環境としては人類が誕生する以前から存在していたし、今触れた東シナ海ルートも、遣唐使によって八世紀には用いられていた。それにもかかわらず本書が始まりを九世紀に置くのは、九世紀が東シナ海史を語る上での画期になると考えるからである。

なぜ画期と言えるのか。結論を言えば、海商の出現とそれによる歴史世界としての海域の誕生が見られたためである。海商、すなわち海上貿易をなりわいとする商人たちは、通時代的に存在したように思われるかもしれない。実際にインド洋や南シナ海などでは、かなり古い史料にも海商の存在が記されている。しかし東シナ海に関する限り、東シナ海沿岸で漁業やローカルな商取引を行なう人々はともかく、東シナ海を渡って広域的に貿易活動を行なう商人は、なかなか出てこない。その理由は、先に述べた陸が見えない海という条件の悪さが大きいのだろう。たとえばインドから中国に来ることは、距離だけを見れば大航海に思えるかもしれないが、時間さえかければ陸地を見ながら沿岸伝いに来航することが可能なのであり、ところどころに航海の難所があったとしても、東シナ海ほど困難な海ではない。

そのため八世紀の時点では、まだ東シナ海に海商の往来はなかった。政治権力によって派遣された遣唐使船という臨時便こそあったものの、恒常的に海を往来する、海を生活の基盤にした人々は存在しない。海商の存在を示す記事が文献に見えないこともあるが、それ以上に発掘による出土遺物を見ても、この時代には海商がもたらしたと思われる大量の外国商品の出土地がない。もちろん外国製品自体は、出土品や伝世品として現在に伝わっている。正倉院の皇室御物にある唐や西アジアの文物もその一例である。しかしこれらはその規模から見て、商人がまとめてもたらした商品とは考えられない。遣唐使や新羅使・渤海使など、使節交換の機会に付随して行なわれた取引の品、あるいは上納品・下賜品などの範疇で理解でき、商品ではなく贈り物や請来品というべきものである(5)。

しかし九世紀になると、日本では福岡県大宰府《だざいふ》鴻臚館《こうろかん》跡（福岡城跡地）でまとまった中国陶磁器片の出土が見られるようになる。一一世紀初めまでに数万片規模の中国陶磁器片が出土しているが、これは同時期の中国以外の遺跡では、世界最大の出土量である。大宰府鴻臚館はもともと日本・外国の国家使節の滞在施設だったが、九世紀には海商もここに収容され、取引が行なわれた。同時期に現れるようになる大量の中国陶磁器片は、間違いなく海商がまとめてもたらした商品であろう。逆に言えば、これ以前に個別・小規模にしかもたらされていない外国製品は、海商によって商品としてもたらされたものとは考えられない。九世紀、海商の出現によって、日本列島の外国製品受容のあり方は一変したのである。

「遣唐使廃止」の意味

これ以後、東シナ海には継続的に海商が活動する。当初は新羅海商・唐海商が活動したが、一〇世紀には唐の滅亡に伴い、呉越海商・宋海商などと言うべきものに代わる。もちろん王朝名が変わっただけの話で、彼らは連続する存在であった。彼らを通じて東シナ海では、安定的に広域的な物資流通が行なわれ続けた。

筆者が九世紀を東シナ海の歴史における画期と見るのは、八九四年の「遣唐使廃止」ではなく、彼ら海商による恒常的な交通が成立したことを根拠にしている。つまり東シナ海を生活の基盤とする人間が現れたのであり、東シナ海が人間の舞台として歴史上に「誕生」したのである。このような中では、すでに遣唐使などは、あってもなくても、少なくとも商品流通の大勢にはほとんど影響しなかった。仮に八九四年に遣唐使が派遣されたとしても、それは当時恒常的に往来していた商船の中に四艘（八〜九世紀の遣唐使船は「よつのふね」と言われたように四艘編成だった）の使節船が追加されるだけのことである。

この前の遣唐使、すなわち承和度遣唐使の派遣は八三八年、帰国は八三九〜八四〇年である。つまり八九四年の時点ですでに半世紀以上、遣唐使の派遣は検討されていなかった(6)（第1章で触れるが、そもそもこの遣唐使派遣計画は朝廷の中で提案されたものではなく、唐側の打診がきっかけだった）。この頃の遣唐使は、半世紀以上派遣しなくても不都合が生じることがないほど、その必要性は薄れていた。

しかも八九四年の時点では、前回の遣唐使に関わった経験者はほぼ皆無だったはずである。その間隔は幕末の開国から明治の終わりまで、あるいは南北朝時代や昭和時代のほぼ全期間に相当する。たとえば昭和天皇崩御時に六三年前の大正天皇崩御の頃の記憶を持っている者がどの程度いたかを考えれば、八九四年の遣唐使派遣計画が、国家事業としていかに孤立したものだったかは明らかだろう（しかも平安初期には、昭和六四年の時点よりも日本人の平均寿命が格段に短い）。遣唐使を通じた文化交流はすでに過去のものとなっており、遣唐使はとうに歴史的生命を終えた存在だった。したがって対外交流史上、八九四年は画期にはなりえない。

なおかつては、遣唐使が「廃止」され日本人の海外への関心が薄れたことが、「国風文化」を展開させる条件となったと説かれた。まず「国風文化」をめぐっては近年いろいろと議論があり、「国風文化」でも唐風の要素は否定されていなかったとする意見、あるいは唐風の要素はあったとしても唐の規範性は薄れていくことを重視する意見など様々である(7)。「国風文化」という呼称自体も検討されねばならないだろうが、それでもやはり晩唐文化の影響が濃い九世紀とそれ以後で大きな違いがあったことは否めないだろう（それが「国風」なのかは措く）。しかしその変化の起点は八九四年にはなりえない。八九四年は日唐交通にとって何の画期性も持たないからである。

そもそも遣唐使の「廃止」自体が史実かどうか疑わしい。八九四年の派遣は見合わされ、結果としては派遣されなかったのだが、遣唐使自体を停止する決定があったわけではないらしい[8]。ましてや遣唐使制度の廃止が決定されたという事実などもない。先送りにしていたら、その後誰も話題にしなくなってしまったということだろう。

「遣唐使廃止」は大事件か

筆者が小学校で教わった数少ない古代史の事件には、八九四年の「遣唐使廃止」がノミネートされていた。「蘇我６４５《むしこ》ろす大化の改新」「７１０《なんと》見事な平城京」「７９４《なくよ》うぐいす平安京」と並び、「８９４《はくし》に戻す遣唐使」は、小学生が年号の暗記を強いられる大事件の一つだった。一方で高校の参考書では「遣唐使廃止後も商人によって日宋貿易が行なわれた」とも書かれていたが、これはいかにもおまけ的な扱いであるだけでなく、本末転倒でもある。これではあたかも遣唐使廃止後に、その穴を埋めるべく海商の活動が行なわれたように取られてしまう。実際にはそうではなく、海商が現れて遣唐使が不要になったのであって、海商の出現の重要性に比べれば、八九四年の遣唐使計画などは、その状況下で見られた一エピソードに過ぎない。ましてや小学校で年号を暗記するほどの大事件などではない。

「八九四年」を重視する対外関係史の「常識」の背後には、近現代の遣唐使重視の史観があるが、それは国家主導の外国文化摂取を重視する立場であり、さらに言えば国策として西洋文化を必死に摂取しようとした近代日本の立場が影響している。たしかに国家主導の文化摂取は、遣唐使廃絶とともに長く廃れる。だが国家主導ではない、つまり民間主導の交流はこの後も行なわれ、それはむしろはるかに頻繁で、広がりを持つものだった。それを可能にしたのは海商の出現である。海商たちが常時日中間を往来したことで、その船に便乗して留学したり、必要な舶来文物を入手したりすることが可能になったのである。その頻度や規模がどの程度だったかは本文の中で触れるので、ここではとりあえず、遣唐使の時代よりも圧倒的に多くの機会が提供されていた点のみ明記しておきたい。

平安時代と鎌倉時代

さて、本書は「選書日本中世史」と銘打つシリーズの一冊である。それなのに、なぜこの本はひたすら平安時代の話、つまり古代史の話を書いているんだと思われるかもしれない。単純な言い訳を書けば、たしかに平安時代の話は書くが、ちゃんと鎌倉時代の話も書きますよ、とは言っておくが、もう少し積極的な説明もしておこう。それは、本書で扱うところは日本史で「対外関係史」と呼ばれる分野だが、中世の対外関係を説き起こすならば、中世的、少なくとも鎌倉時代的な要素の一部が現れるのは、平安初期、すなわち九世紀からになるからである。

では鎌倉時代的な要素とは何かと言えば、東シナ海を行き来する海商たちの活動をベースに海上交流が行なわれていたという点に尽きる。もちろんこれだけで鎌倉時代の対外関係を語り尽くすことはできない。蒙古襲来のような突発的な（非日常的な）事件はともかくとして、京都や鎌倉の権門や畿内大寺社による貿易への関与、多くの入宋・入元僧や渡来僧による中国文化の移入など、検討すべき様々な問題はある。しかしこれらの基礎には、いずれも海商の往来があった。鎌倉時代の海商も宋人の系譜を引いており、[9] 寺社・権門の貿易関与は彼ら宋海商と関係をもつことによって、僧侶の往来は宋海商の船に便乗することによって、初めて実現した。そしてこうした対外関係のあり方の萌芽は、海商が出現した九世紀に認められるのである。もちろん平安時代と鎌倉時代の対外交流には異質な部分も少なからずあるが、もっとも基礎となる部分は共通していた。

倭寇と海禁

むしろ大きな変化は日本史で言うところの古代・中世の転換期ではなく、一四世紀後半、南北朝時代から室町時代にかけて起こった。原因の一つは高麗や元・明を襲った海賊、倭寇《わこう》の出現である。彼らの正体を語る具体的な史料は乏しく、そのイメージも論者によって大きく異なり、なかなか結論は出ていない。だが彼らの活動が一因となって、明と高麗（一三九二年以後は朝鮮）が日本に対して軍事的警戒を強めることになったことは間違いない。実は一四世紀後半には、倭寇に限らず様々な海賊勢力が活動を活発化させていたから、明・高麗が警戒したのは、むしろ海から来る者一般だったと言うほうが妥当かもしれない。明・高麗は九州の地方勢力や室町幕府に倭寇禁圧を要求するが、それでは十分な成果は得られなかった。高麗の跡を継いだ朝鮮は、倭寇に官を授け貿易も認めてその懐柔を図り、一五世紀にはそれなりの成功を収める。概して言えば朝鮮は、暴力の場となった海に対して、貿易というエサを撒いて、平和を取り戻した。これによって倭人たちは朝鮮に殺到するようになり、日朝貿易は盛行を迎えた。日本・朝鮮ともに中国を向いていた時代から、おたがいに向き合う時代になったとも言えよう。ただしこの関係を維持するために必要な対倭人の接待費・回賜品や官貿易の費用などの負担は、朝鮮の朝廷にとって楽なものではなかった。朝鮮は一五世紀半ばからは、倭人たちに対して資格制限を強める方向を示すようになる。

もう一点の大きな変化は、明が貿易相手を国家使節に限定し、一般商船の往来を一切禁止したことである。これ以前、宋元の時代には、むしろ税収を期待した国家が貿易を奨励し、中国商船の出航や外国商船の来航を歓迎した。これが宋元時代における海上貿易の繁栄をもたらす一因となったのであるが、これに対して明は、建国後まもなく民間貿易を禁止する原則を打ち出した。これは直接には反政府的な海賊勢力（当時は明のライバルだった張士誠・方国珍の残党が関与していると考えられていた）の活動に対する対抗措置の側面もあり、海上の情勢変化を反映した施策とも言えるが、東シナ海にとってはきわめて深刻な事態だった。それまで五世紀間、公権力の推奨下に日中間を往来し続けた海商たちは、これ以後国家使節の肩書きを得ない限り、貿易活動を継続できなくなったのである。そのため琉球や東南アジアに移住し、現地の朝貢船を仕立てる商人となった明人も現れた(10)。

日本の場合、一三七〇年代と一四〇〇年代に限っては連年の使節派遣が行なわれたが、一三八〇〜九〇年代や一四一〇〜二〇年代には、使節派遣がほとんどあるいはまったく行なわれなくなり、一四三二年以後は安定的な使節派遣が行なわれるものの、それは一〇年一貢という極限された機会にすぎなかった。遣唐使ほどではないものの、これでは日中交流はほとんど臨時のイベントという以上のものではない。宋元代のように恒常的な海商の往来が見られた時代から見れば、まったく異なる環境になってしまった。もちろん海賊による略奪や密貿易によってもたらされる物や人はあったかもしれないが、現存の史料を見る限り、少なくとも前期倭寇・後期倭寇の盛期の狭間にある一四二〇〜一五三〇年代に関しては、この点を過大評価することはできない。

制限交流の時代

日本史で中世対外関係史というと、一五世紀を中心に、一四世紀終わりから一六世紀前半頃が主に研究の対象とされる。史料が豊富なだけでなく、交流の広がりもあり、海上を通じた盛んな交流が行なわれた魅力的な時代として、近年よく取り上げられる。だがこの時代の東シナ海は、前代と比べれば明らかに制限が強まった時代である。少なくとも明と朝鮮は、貿易をすべて国家で管理しようとし、その資格や頻度・数量にも厳しい制限を加えた。このため日本では、その資格が経済的利益を得るための特権となる。船を仕立てたり商品を委託したりする財力や、船を運航する海商との人脈などがあれば、誰でも貿易に参入できた一四世紀以前とは、事態は一変していた。遣明船派遣資格を得るための勘合《かんごう》という料紙を多額な礼金で取引・予約したり（有力守護などが室町幕府より購入）、偽の名義を作って資格審査をクリアしようとしたりするなど、貿易特権をめぐって日本人たちは暗躍した（そのため多くの史料が残ることになる）。

こうした中で貿易によって繁栄したのが琉球だったが、これは明の厳しい貿易資格制限と表裏の関係にある。東シナ海・南シナ海に面する地域の人々の多くは、明と貿易することが極めて困難だったが、その中で例外的に連年の朝貢が認められた琉球は、比較的多くの下賜品を獲得することができ、これが求心力となって、中国製品を求める者たちが琉球に殺到した。またその対価で支払われる南海産品や日本製品も流通し、琉球は貿易センターとなったのである。琉球は明の貿易制限があって初めて海域の核となり得たのであり、したがって一六世紀半ばに密貿易商人たちが明の貿易統制からあふれ出て海上に跋扈《ばっこ》するとともに、琉球の存在感は低下し始める(11)。もしも一五世紀にも中国が開放的なままだったら、琉球の繁栄はそれほど大きなものにはならなかっただろう。封鎖されてしまった中国沿海部という経済核の代わりを求める海上の動向が、琉球の（どう考えても自生的な経済発展の結果とは思われない）急激な繁栄をもたらしたのであり、それは逆に言えば、明から拒絶されてしまった海上貿易の需要がいかに巨大なものだったかを示してもいる。

つまり一五世紀は公権力によって貿易が極度に制限された時代であり、多くの人々がその制限をすりぬけるために尽力せざるを得ない時代でもあった（尽力すればすりぬけられる可能性がある制限だったとも言えるが）。これと比較すれば、一四世紀前半までの数世紀間は、海商が往来しただけでなく、公権力によってそれが奨励された時代でもあって、海商や権力者たちが貿易資格を得るために必死になる必要もなかった。早い話、対外交流を行なうための条件は、むしろ良好だったのである。

筆者は九世紀から始める本書の結末を、一四世紀後半に置こうと思う。つまり日本史で言えば、古代後半から中世半ばまでを扱うということになり、一見すると半端な内容に映ってしまうかもしれない。だが以上で述べてきた東シナ海交流のアウトラインから、その意図はわかっていただけるものと思う。つまり九世紀から一四世紀は、日本と海外との交流のあり方を見る場合、一つのまとまりを持つ時代なのである。

史料上の問題点

ところが、以上の動向は、様々な史料からおおまかに概説することはできるのだが、その具体相を語ることはあまりたやすくない。国家の貿易政策や外交などならばともかく、交流の現場にいた海商たちを扱おうとする場合は、特にそうである。遣唐使や遣明使のような国家プロジェクトに関しては、中央で作成された日記や歴史書に多く関係史料が残される一方で、京都や鎌倉から離れた東シナ海の民間交流が記録される機会は、非常に少ない。これは従来日宋貿易が軽視されてきた理由の一つでもあるが、こうした史料状況は仕方ないこととも言える。たとえば現代でも、首脳会談や国際戦争の記事は新聞に掲載されるが、一人一人のビジネスマンのスケジュールを掲載することなど、まずありえないだろう。あるとすれば、そのビジネスマンが犯罪を犯したり、事故に巻き込まれたり、その他何らかの異常事態が起こった時くらいである。それは古代や中世でも同じことであって、海商が船で行き来したことなど、必要がなければわざわざ記録に留められることはない。特に官撰史料が中心となる中国では、この点はかなり絶望的である。

ただ実は平安時代の日本では、それなりに海商の来航・帰国の記録が残っている。それは平安時代には海商は公的管理下に置かれることが原則で、大宰府や国司はその来航を朝廷に報告することが義務づけられていたからである。もちろんそのすべてが現存の記録で知られるわけではないが、いくつかの具体的なサンプルは、朝廷の会議に出席した貴族の日記で知ることができる。これは中国史料ではわからない個別具体的な海商の姿を伝えてくれる貴重な記録である。また一一〜一二世紀、朝鮮半島の高麗でも海商は公的管理下に置かれ、海商は来航すると国王に貢献を行なったから、海商の来航は中央で記録され、その具体例は簡略な記事ながら、朝鮮時代に編纂された官撰史料の『高麗史』『高麗史節要』で知ることができる。

ところがこうした記録は、通時代的には存在しない。日本の場合、一二世紀後半になると中央で海商の待遇に関する議論が行なわれなくなったようで、貴族たちの記録には現れなくなる。関連の有無は不明だが、同時期に高麗でも、海商の来航記録が見られなくなる。この時代でも海商が日本・高麗に継続的に来航していたことは、中国側史料でも明らかであり、むしろ日本では一三世紀以後、中国製陶磁器が全国各地に流通するようになる。つまり海商の往来は相変わらず続いていたが、これが中央で公的に把握されなくなってしまうらしい。

この状態は以後一四世紀まで続く。

このような史料状況の変化は、日本・高麗の政権と東シナ海の関係の変化を反映したものであるが、中央の記録に基づく限り、これ以後の東シナ海史を描くことが極めて困難となってしまう。むろん、海商に関する史料が絶えるわけではないが、それまで以上に断片的な記録が多くなる。このため一二世紀以前と以後を通して東シナ海の様子を統一的に俯瞰することは、なかなか容易ではない。

記録する僧侶たち

ところがありがたいことに、その中で通時代的に史料を残してくれた人々がいる。それが本書で扱う僧侶である。言うまでもなく、仏教はインドで生まれた宗教で、中央アジアを通って中国に伝来し、六世紀には朝鮮半島を経由して日本に伝わったのだが、それ以後も日本からは室町時代まで多くの僧侶が、最新の仏教を学ぶために様々な機会をとらえて、東シナ海を越えて中国に渡った。中国で学んできた教説、中国で入手した典籍は、その伝来の由緒も含めて教団で大事に保管され伝えられた。あるいは中国で学んだという経歴自体、僧侶にとっては大いにハクづけとなったので、彼らは自らの留学体験を記録したり、あるいは弟子筋がその事績を伝えたりした。

遣唐使・遣明使に関しては、海を渡った僧侶たちの苦難が語られることも珍しくないが、実はその間の時代でもそうした僧侶は存在し、むしろ頻度・規模は圧倒的に大きかった。彼らによって残された史料も、遣唐使・遣明使を凌ぐ量が確認できる。従来、日宋・日元関係は史料がほとんどないから研究は難しいと言われてきたが、ちゃんと使われてこなかっただけなのである。

彼ら僧侶の中には、一人で日中間を何往復もする者もいたが、多くは一生の間で一往復、二回の航海を行なうだけだった。したがって彼らにとって東シナ海の渡航は日常の体験ではなく、彼らを海商と同列に東シナ海の住人と見ることはできない。だが彼らは旅行者として東シナ海を見て、時には記録した。また彼らの航海は海商の協力なくしては不可能であって、少なくとも東シナ海において僧侶たちの最大の恩人は海商だった。僧侶たちの中には、彼ら恩人たちのことを記録した者もあり、そこからは国家の記録とは異なり対等に近い視点から叙述された海商の姿も垣間見られる。また、海商のことを直接記録していなくても、僧侶が中国に渡ったという事実がわかれば、そのときの海商の往来を推測することが可能である。

本書では九世紀から一四世紀の東シナ海の交流を通時的に見るために、海を渡った僧侶たちに軸足を置くことにしたい。そこから見られる世界は東シナ海交流の一断面だけかもしれないが、少なくともその一断面については、どのように展開したのかを把握することができるはずである。その中では、僧侶たちが関わった海商や貿易管理者、あるいは彼らが直面した貿易管理政策の様子などが見えてくることだろう。ただし、海商海商と言ってきた割にはいささか羊頭狗肉だが、時には史料上の限界のため、海商よりは貿易管理者のほうが中心になってしまうこともある。だが、貿易管理は海商にも直結する問題であり、その方針の背後には海商の動向を推察することも可能である。僧侶や貿易管理の問題についても、本書では海商と関連する動向としてとらえていきたい。

これからは抽象的で概念的なことは極力述べず、ひたすら具体的な史実を追っていくことにする。もやもやとした疑問が氷解するようなことはおそらくないと思うが、東シナ海に豊かな民間交流の世界が存在したことを、史実の中から感じ取っていただければ、本書の目的は達成されたことになる。

なお、冒頭で本書では僧侶を扱っても仏教のありがたい話は扱わないと述べたが、それは本書の主眼が仏教史ではないためであり、筆者が彼ら僧侶たちに敬意を払っていないからではない。実際に僧侶の行状を調べる中で「こんな人がいたのか。すごい！」と感激することもしばしばである。もしも読者の中に、本書に登場する僧侶の誰かに対して、「こんな人がいたのか。すごい！」と感じた方がいらっしゃれば、それはそれとして望外の喜びである。

第1章「遣唐使以後」へ

1　最後の遣唐使、出発

円仁の入唐

僧侶による対外交流のパターンを見る時、使節派遣の機会を利用した時代から、海商の船を利用した時代への変わり目に位置するのが、円仁《えんにん》である。彼は七九四年、平安遷都の年に下野で生まれ、比叡山の最澄《さいちょう》に弟子入りした。最澄は言うまでもなく日本天台宗の祖である。八〇四〜八〇五年には桓武天皇主催の延暦度遣唐使の一員として入唐し、かねてより関心のあった天台宗を学んで帰国した。円仁は、帰国して数年後の最澄に弟子入りし、比叡山で唐から伝えられた最新の教説を学んだ。八一四年に得度、八一六年に受戒し、僧侶としての身分も正式に手に入れた。

八三四年、三〇年ぶりの遣唐使派遣が決定し、翌年にはそのメンバーも決定したが、円仁もその選に入った。入唐は八三八年のことだった。当時の遣唐僧には、長期滞在を前提とした留学《るがく》僧と、遣唐使の帰国に同行する短期滞在の請益《しょうやく》僧の別があった(俗人の場合は、留学生《しょう》と請益生)。円仁は後者に属する。比叡山からは、他にも留学僧として円載《えんさい》が入唐した。

また円仁には惟暁《ゆいぎょう》・惟正《ゆいしょう》（後に長安で客死）・丁雄満（遺唐使の水手《かこ》）、円載には仁好《にんこう》・伴始満という同行の従僧・行者がいた。遣唐僧にはこのように、身のまわりを世話する従僧や行者が付き従うことが普通であった。なお円載には他に仁済《にんさい》・順昌《じゅんしょう》という従僧がいたことが知られる。彼らも円載の従僧として入唐した者のように見えるが、円仁の日記『入唐求法巡礼行記《にっとうぐほうじゅんれいこうき》』（以後『行記』と略記）に引用する文書に拠れば、唐に対する天台山行きの申請も、それに対する唐側の許可も、円載・仁好・伴始満の三人について行なわれており、仁済・順昌の名は見えない（開成三年八月四日条・開成四年二月二六日条）。仁済・順昌の片方は始満が出家したものかもしれないが、もう片方は唐人かもしれない。

遣唐僧の使命

この時の遣唐使は、年号を取って承和度遣唐使と呼ばれ、結果として二〇〇年に及ぶ遣唐使の歴史の最後を飾るものとなった。この時に比叡山の教団から円仁に託された使命は、「諸法の難義」の解決であった（『慈覚大師伝』）。これは日本国内では解決できない仏法上の疑問のことで、古代においてはしばしばその解決を目的に、中国僧に疑問を問いただすことが行なわれた。中国僧に提出された難義の事項は「唐決」と呼ばれ、鎌倉初期まで（あるいは室町時代にもこれに倣って）作成され続けた。比叡山においては、最澄請来《しょうらい》の典籍によって天台宗の研究が続けられたが、その中で現出した解決困難な問題は少なくなく、三〇年ぶりの遣唐使派遣は、教団側からすれば、これを解決する絶好の機会となったのである。ただし円仁の場合、天台山の僧に回答を求める予定だったが、唐が円仁の天台山行きを認めなかったため、この使命は天台山行きが認められた同門の円載に託されることになった。

経典の請来も遣唐僧の重要な使命だった。円仁は遣唐使帰国の途上で下船し、唐に残留することを決意したが、これ以前に揚州の諸寺で書写した経典類については、遣唐使准判官の伴須賀雄《とものすかお》に託して延暦寺に送ることを依頼した。円仁がこれ以後中国各地を渡り歩くことを考えれば、その間に大量の経典を持って歩くことは不便極まりなく（揚州で一三二部一九三巻の典籍、二〇鋪の仏画、五粒の仏舎利を入手）、不要なものだったとも言えるのだが、そもそもこれら大量の経典は、円仁が個人蔵書として入手したものでもなかったのだろう。

須賀雄の乗る遣唐使船が出港したのは八三九年四月五日の朝のことだったが、円仁はその様子を日記『行記』に、「岸に登りて、白帆綿連として行きて海の裏《うち》に在るを望見す。僧ら四人（円仁とその従僧・行者のこと）、山岸に留住す」と記している。さらば遣唐使船よという気持ちと、これから唐での求法生活第二段が始まるという期待感を胸に抱いていたものだろう。ところが話はそううまくはいかなかった。円仁はその後に出会った新羅人から宿心配をされ（この時点では自らを新羅僧と偽り、日本遣唐使の一員であることは秘密にしていた）、紹介された宿城村の新羅人の家に赴いたところ、その素性を見破られ、役人の取り調べを受けて、近くに停泊していた別の遣唐使船のもとに送られてしまったのである。

この時点で円仁は観念して、（チャンスをうかがってはいただろうが）唐残留をあきらめることになり、四月二〇日には『日本国承和五年入唐求法目録』を記した。これは円仁が遣唐使として唐で入手した経典などの目録で、文体から見ても円仁が帰国後に朝廷に提出する予定だった可能性が高いという指摘がある。[1] 円仁とともに入唐して（不法滞在など余計なことは考えずに）遣唐使船で帰国した常暁《じょうぎょう》・円行《えんぎょう》は、帰国した八三九年の間に、自ら請来した経典の目録をそれぞれ作成して仁明天皇に提出しており、請来経典の報告は遣唐僧に義務づけられたものだったに違いない。

請来経典が一部の献上品を除いて、基本的には入唐僧所属の寺院に保管されたことは、円仁請来の経典が最初に延暦寺へ送られたことからもわかる。朝廷はどのような経典が日本に請来されていたのかは把握していたが、その管理・利用は寺院に任せていたらしい。経典類は官庫に死蔵させるよりも、拠点となる寺院で有効活用させ、鎮護国家という寺院の「実務」に供させるほうが現実的な用途だった。

なお円仁は『日本国承和五年入唐求法目録』を記した後、結局また遣唐使船から降りて唐残留を決行した。一方延暦寺では、遣唐使帰国後に伴須賀雄が届けた経典類の目録を、『入唐求法目録』も参照しつつ『在唐送進録』としてまとめている。この目録はまた、帰国しなかった円仁に代わって天皇に報告するための資料でもあっただろう。その後円仁は八四七年に帰国するが、その時には改めて入手した経典も含めて、自ら『入唐新求聖教目録』を作成し、仁明天皇に提出している。入唐の成果は、やはり天皇への報告事項だったのである。

太元帥法の請来

教学上の難義解決、経典の請来と並び、遣唐僧に期待された役割は、もちろん中国僧に就いて仏法を学び、日本に伝えることであろう。奈良時代の道昭《どうしょう》や道慈《どうじ》などもその例になるが、ことに密教修法は典籍のみで学び取ることは困難であり、中国僧より直接口伝を受ける必要があった。承和度遣唐使で言えば、円仁も密教修法を伝えて台密（天台宗の密教）の発展に寄与したが、常暁の伝えた太《たい》（大）元《げん》帥法も注目される。常暁は奈良の元興寺の僧で、長安に留学する予定だったようだが、上京も留学も唐に認められず、求法の場所は上陸地の揚州に限られた。そこで常暁は揚州の寺院で文璨《もんさん》・元照《がんじょう》より顕密両法を学んで、遣唐使の帰国に従って帰国した。

図2　太元帥明王像（醍醐寺理性院所蔵、14世紀、『世界遺産醍醐寺展』76頁より）。中世、太元帥法の修法の役目は醍醐寺に引き継がれた

この時の遣唐使の大半は、八三九年八月中旬に帰国したが、常暁もこの一行にいたようで、九月二日から五日にかけて『常暁和尚請来目録』を作成している。これは准判官藤原貞《さだ》敏《とし》を介して朝廷に提出された。八月二四日、貞敏や遣唐大使藤原常嗣《つねつぐ》ら一三人の入京を命じる勅が出されているが（入京は九月一六日以前）、この勅の内容は九月初めまでには遣唐使一行に伝わっていただろうから、常暁はそれを踏

まえて請来目録を作成したに違いない。

目録には自らが唐で金剛海《(界カ)》瑜伽と太元帥法を学んだことを特記し、特に太元帥法については、「今唐朝みなこれに依って、治国の宝、勝敵の要と為すを見る。……この法もまた吾が朝多くは流行せず。これを以ってほぼ法儀・図像を案じて請来す。息災招福は比無ければ、この法誰か帰依するに非ざらんや」と述べている。「治国の宝、勝敵の要」とあるように、太元帥法は国家に敵する賊徒を調伏する修法であり、まさしく鎮護国家の新修法を紹介したわけである。

仁明天皇は九月二三日に大宰府に命じ、「大唐より奉請するところの大元帥画像」を進上させているが、これは当然大宰府にいた常暁の請来品だろう。このように、遣唐僧が提出した目録は朝廷で参照され、必要があればそこに記載されたものを提出させることもあった。経典類は基本的に請来した僧侶の寺院に属するとしても、天皇は必要があれば召し上げる権利も潜在的に保持していた。ちなみに常暁帰国翌年には仁明が所司に命じ、この修法のために法壇・種々の道具や、一〇〇本の利剣と一〇〇組の弓矢を作らせている（『平安遺文』四九〇二）。おびただしい数の剣と弓矢をどのように用いるのかはわからないが、ともかく外敵調伏の修法のおどろおどろしさだけは想像できるだろう。

太元帥法の場合は、修法を知るものが常暁一人であったという点も重要である。典籍や法具が請来されただけでは、口伝に依るところの大きい密教修法の次第を十分に知ることはできない。したがってもしも入唐して学んだ修法の価値が認められれば、その僧は修法の秘訣を知る者として大いに活躍できるチャンスが得られる。常暁の場合、帰国の翌年に京都法琳寺を太元帥法の修法院とすることを仁明に求めて認められており、後には毎年宮中でこの修法を行なうことを命じられた。以後朝廷は代々、密教僧から太元帥阿闍梨《あじゃり》を任命し続けた。帰国後の常暁は、国家の安全を守る栄誉ある地位についたわけであり、それはひとえに太元帥法の伝授という業績によるものであった。

留学生たちの未来

このように遣唐使の派遣は、仏教界にとって新たな知識を得る絶好の機会だった。もちろん仏教に限らず、儒教・医学・音楽など、様々な文化が遣唐使を通じて日本にもたらされた。だが遣唐使による文化摂取には、制限も大きかった。(2) 日本側が求めたものが何であれ、遣唐使は第一には外交使節であり、唐の皇帝に国書と貢ぎ物を届けて国家間の関係を保つことが、形式的には主要な目的だった。遣唐使に付随する留学僧・留学生、請益僧・請益生の派遣や文物の獲得も、唐による恩典であって皇帝の許可が必要であった。

遣唐使や留学生たちはたしかに唐で保護を受け、便宜を提供されたが、それは国家的な管理と表裏のものであり、唐の朝廷が許可した場所以外で自由に学ぶことなどはできなかった。たとえば円仁は、当初師の最澄が学んだ天台宗の聖地天台山で学ぶことを希望していたが、唐の文宗がこれを許可しなかったため、以後上陸地の揚州で仏教を学ぶことになる。同じ遣唐使船で入唐した常暁は長安で学ぶことを希望したが認められず、やはり同じく揚州で修学にいそしんだ。このように、遣唐僧は自らの希望する場所で仏教を学ぶことができない場合もあり、ことに九世紀の遣唐使はそのような事例が少なくなかった。

さらに留学にはもう一つの問題があった。彼らの入唐の手段と同様、帰国の手段も遣唐使船だったことである。当時日唐間には、遣唐使の派遣を二〇年間隔とする了解があったことが、東野治之によって明らかにされた。(3) 実際に八世紀の遣唐使の派遣事例を見ると、唐使の送還など例外的なものを除けば、足掛けで一六〜二六年間隔となっており、幅はあるものの、だいたい二〇年前後で派遣されていることがわかる。これはすなわち、一度遣唐使の便が帰ってしまえば、二〇年近く唐に残らなければならないということでもある。吉備真備《きびのまきび》や玄昉《げんぼう》（ともに七一七年入唐、七三四年帰国）など、遣唐留学僧・留学生は長期滞在の印象が強いが、それはそもそも遣唐使の派遣間隔によって、否応なく滞在せざるを得なかったためである。

ちなみに史上有名な阿倍仲麻呂は二〇歳の時、霊亀度遣唐使（七一七）で入唐した。留学生の資格での入唐だったので、帰国は次の天平度遣唐使（七三四年帰国）になるはずだった。だが仲麻呂の帰国は唐から許可されず、(4) 日本に帰る機会を逸してしまった。次の機会は天平勝宝度遣唐使で、七五三年に帰路についたがこれも漂流し、仲麻呂は漂着地の安南から長安まで帰って一生を終えた。唐ではこの直後に安史の乱が起こり、長安も戦火に巻き込まれるから、晩年も苦労したことだろう。仲麻呂は安南漂着の時点ですでに五六歳であり、次の遣唐使が来ても、それに同行して帰国することはほとんど不可能だった。たしかに二度も帰国の機会を逸したことは、遣唐使船に漂流・難破が多いとは言え、かなり不幸だった。だが一度遣唐留学生として入唐すれば、一生の間に帰国のチャンスは二回しかなかったとも言えるのであり、留学生という立場は帰国を前提に考えれば、かなりのリスクを負うものだった。

高まるリスク

八世紀初めから半ば、大宝度（七〇二）・霊亀度（七一七）・天平度（七三三）・天平勝宝度（七五二）の四回は、それぞれ十数年周期で遣唐使が派遣されていたが、その後は宝亀度（七七七）・延暦度（八〇四）・承和度（八三八）と、二五年を超える周期で派遣されるようになる（七五九年・七七九年の遣唐使は例外的な性格なので除外）。これは留学僧・留学生の帰国の機会も減少させることになり、留学のリスクはより高くなった。実は仲麻呂は、二度帰国を試みることが可能だっただけまだマシだった。八世紀後半以後に留学した者は、一度帰国に失敗すればそこで終わりで、以後祖国の土を踏む機会は与えられなかったか、一度も帰国のチャンスがない場合すらあった。こうなってしまえば、留学はまさに人生を賭けたギャンブルにほかならない。

たとえば霊仙《りょうせん》は留学僧として延暦度遣唐使で入唐し、以後五臺山《ごだいさん》霊境寺に住したほか、長安醴泉寺では訳経事業にたずさわった。空海《くうかい》は本来霊仙とともに留学するはずだったが、結局先に帰ってしまい（漂流・難破により遅れて渡唐した第三船に乗って、八〇六年に帰国)、後に真言宗の祖として日本で大いに活躍することになる。これに対して霊仙は、帰国して日本で労をねぎらわれることはなかった。正確な年代はわからないが、八二五〜八二八年頃に唐で毒殺されてしまったのである。[5] 結果論だが、もしも平均的な周期である二〇年の間隔で、八二四年頃に次の遣唐使が派遣されていれば、この悲劇は防ぐことができたはずである。しかし実際には、次の承和度遣唐使は八三八年に到来して翌年に帰国した。実に延暦度から見て、三四年後のことだった。遣唐留学僧に二〇代後半から三〇歳前後での入唐事例が多いことより推して、[6] 霊仙はもしも毒殺されていなくても、承和度遣唐使が帰国する時点ではすでに還暦前後になっていたと思われる。体力の問題で帰国がかなわなくなっていた可能性も十分にある。

　俗人の留学生は二〇歳前後で入唐する事例が多いので、生きて帰ることはまだ可能かもしれないが、それでも帰国の時点では壮年の半ばに差し掛かっていることになるだろう。実際に延暦度遣唐使の留学生として八〇四年に入唐した橘逸勢《たちばなのはやなり》などは、おそらくその危険を察知して、滞在条件の劣悪さを主張した上で、「豈《あに》(どうして)廿《にじゅう》年の期を待たんや」(『性霊集』巻五)として、二〇年の留学予定を変更し、遣唐使船第三船でただちに帰国することを遣唐判官高階遠成《たかしなのとおなり》に申上して認められた。留学僧として入唐した空海も同様に留学の予定を変更して帰国している。こうして国費渡航の上で留学を早々に切り上げた二人だったが、帰国後には嵯峨天皇と並んで三筆と称せられたように、当代を代表する文化人としての名声を、現在まで一〇〇〇年以上にわたって獲得している。ちなみに空海の寿命は六二歳、遷化は八三五年なので、唐に留学しても同じ寿命だったならば、八三九年帰国の承和度遣唐使では間に合わなかったはずである。彼個人の栄達を考えれば、彼の判断は正しかったと言えよう。

延暦寺の留学僧・留学生

承和度遣唐使船で帰国した留学生としては、「記伝留学生長岑宿禰《ながみねのすくね》」なる人物がいたことが知られる（『行記』開成四年二月二〇日条）。「記伝」は「紀伝」の誤りと思われ、長岑宿禰某は中国史を学ぶ紀伝道の留学生だろう。普通に考えれば、彼はこれ以前の遣唐使で留学して帰国したことになるが、現実的に可能な年代としては前回の延暦度（八〇四）となる。だが、佐伯有清は、白鳥氏と同族の民氏主《たみのうじぬし》が八三五年に長岑宿禰姓を賜ったことを、遣唐使任命に伴う措置とし、長岑宿禰某をこれに充てている。だとすれば、長岑宿禰某は承和度の留学生だったことになる。(7)

承和度遣唐使については『行記』という詳細な旅行記が存在し、史料については比較的良好である。それにもかかわらず、承和度遣唐使で帰国したことが知られる延暦度の留学僧・留学生は存在しない。あるいはひっそりと混じっていたのかもしれないが、その後に活躍したことも知られない。つまり延暦度の留学僧・留学生には、人生の半分近くを費やした長期留学の苦労が報われて、歴史に名を残すほどの成果を出すことができた者はいなかったと見られる。

承和度の留学僧・留学生

承和度の留学僧としては、すでに述べたように円載一行と常暁がいた。この内で円載は留学を果たしたが、常暁は唐の許可を得られず留学できなかった。常暁は帰国直後に仁明天皇に提出した『常暁和尚請来目録』の中で、自らの遣唐使選出の経緯に触れて、「逢時（運良く）人に乏しく、留学の員に篕《そ》いたり。限るに三十年を以ってし、尋ぬるに一乗（仏教の真理に到達する手段）を以ってす」と述べている。常暁はもともと留学年限としては三〇年を想定していた。さらに同じ目録の別の箇所では、入唐後の予定について、「常暁本より謂《い》わく、『三十年を果たして、漢里を経歴し、仏法を求め来り、国家を護らんと幸《ねが》う』と」と述べており、本来は留学僧として三〇年間唐に滞在して仏法を学び、帰国して日本をその仏法で守護しようと考えていたという。二ヵ所に見える「三十」は誤写などではなく、やはり留学期間は三〇年を想定していたと見るべきであろう。

これは延暦度・承和度遣唐使の間隔を前提としたものと思われ、承和度の留学僧・留学生は、すでに二〇年で帰国できることは期待していなかったらしい。遣唐使の留学期間は、すでに阿倍仲麻呂時代の二倍近くになっていたわけである。ちなみに常暁は八六六年に遷化したが、留学して同じ年数の命を保ったとしたら、仮に三〇年後（八六八年）に帰国の便があっても間に合わなかっただろう。

一方、円載は八〇六年頃に生まれたと推測されているので、入唐の時点ですでに三三歳前後。もしも常暁と同様に三〇年の在唐を覚悟していたとすれば、帰国の時点で六〇代である。やはり帰国が可能かは躊躇せざるを得ない年齢である（実は円載はこの後、七〇歳前後で帰国を試みるのだが）。彼自身は仏法のためならば自らの命も惜しまない、立派な人物だったのかもしれないが、朝廷や教団からすれば、帰国して成果を持ち帰ることができない可能性が高いならば、わざわざ渡航費用などを用立てて派遣する動機は低くならざるを得ない。いわばこの時期の遣唐留学僧・留学生派遣は、派遣する側からすれば、見返りの見込みの薄い投資となっていた。

なおこの時の留学僧としては、他に真然《しんぜん》がいたが、後にメンバーから外された。留学生としては先に触れた紀伝道の長岑宿禰某がいたが、結局留学せずに帰国している。他に暦道の佐伯安道と天文道の志斐永世も確認できるが、彼らは渡航前に逃亡し、入唐しなかった。渡航を果たさなかった真然・安道・永世らが本気で留学するつもりだったのかは、推し量りようがない。

円仁の行動

承和度の留学僧・留学生の場合、少なくとも常暁や円載を見る限り、留学僧拝命はかなり危険な賭けだったように見える。ただ当初から三〇年の在唐を覚悟の上で入唐したのだから、自分の寿命に対して自信があったか、あるいは認識が甘かったとしても、当人たちがそれで納得していたのならばそれでもよいだろう。

だが実は、この時に常暁や円載以上の年齢で、遣唐使帰国後も自発的に唐に留まった者がいた。四六歳（八三九年の時点）の円仁である。彼は当初の目的である天台山行きを唐に申請したが、結局認められなかった。八三九年二月八日、天台山行き不許可の件を長岑高名より手紙で伝えられている。円仁も初めは素直にこれに従い、遣唐使一行とともに、揚州より帰国のために楚州へと向かう。だがまもなく気が変わったようで、三月五日には大使藤原常嗣に手紙を送り、唐に留まる意向を伝えた。常嗣は「これ仏道のためなれば、敢えて違意（反対）せず」と返事し、諒解している。

円仁はさっそく遣唐使一行の新羅訳語（新羅語の通訳）金正南に相談して唐滞在の方策を図り、山東の密州で金正南とともに下船することにした。二四日、遣唐使は楚州を発ち、二九日に海州東海県の海辺に出る。ところがこの後、遣唐使一行は当初の予定を変えて、密州まで行かずにただちに海に出ることにしたため、円仁は従者の惟正・惟暁・丁雄満とともに四月四日に下船した（金正南は下船せず）。円仁はこの後、すでに触れた通り、役人に見つかって遣唐使船に戻されるが、その後六月七日に山東の登州赤山浦に到着すると下船し、七月一五日に遣唐使船を見送った。円仁はここに、待望の唐滞在を成功させた。

次の遣唐使派遣が延暦度・承和度の間隔（三四年）で行なわれたらもちろん、本来の間隔である二〇年後の派遣であっても、四六歳の円仁が生きて帰国できる可能性は低い。一体円仁はどういうつもりだったのだろう。あるいは帰国できなくても、仏教の聖地で死ねれば本望だとでも思ったのだろうか。

実は円仁の行動は、決して無謀なものではなかった。承和度遣唐使の時代は、延暦度遣唐使の時代と決定的に異なる条件が海上で生まれており、それが円仁の留学を可能にしたのである。それは前近代の東シナ海史を二分する大きな変化、すなわち海商の登場である。

2　海商の登場

新羅海商たち

ここで言う海商は、当初新羅人を中心としていた。彼らが海上活動を始めた時期は明確にはわからないが、円仁が揚州で会った新羅人王請は、かつて八一九年に諸物の交易のために、唐人張覚済と同船で揚州から出航し、悪風に遭って日本の出羽に漂着したことがあった（『行記』開成四年正月八日条）。八一〇年代には新羅海商が唐を拠点として、唐海商とともに交易活動に従事したことが知られる。王請はおそらく新羅・唐間の交易に従事した海商だろう。新羅海商の中には、彼と同様に風に流されて日本にまで来る者もいたと思われ、八一四年に長門に漂着した新羅商人三一人も、同様のケースかもしれない（『日本後紀』弘仁五年一〇月一三日条）。

おそらくこうした偶発的な漂流事件を通じて、彼ら海商は日本の事情も知ることになり、その貿易網は日本まで延長されることになったのだろう。日本史料では八一〇年代に新羅人の来着・帰化の記事が頻出する。特に八一八年・八二〇年に驢《ろば》（ロバ）や羖䍽羊《これきよう》（黒ヒツジまたはヤギ）などを献じた例は漂流民や海賊などとは思われず（『日本紀略』弘仁九年正月一三日条・同一一年五月四日条）、日本の朝廷との取引を目的に来航した海商の可能性が高い。

新羅社会の危機

彼らはなぜ活動を活発化させたのだろうか。その中心的な拠点だった山東半島が、古くから中朝交流の場だったことから、新羅海商の活動をかなり早く見積もる見解もある。たしかに黄海を越えて行き来する人々は早くからいたのだと思うが、彼らが江南や日本まで活動圏を広げ、東アジアの広域的物流の主役として動き出すのは、史料上で見る限りは八一〇年代からである。

この頃の新羅では、八世紀後半以来貴族・民衆の反乱が相次いでいた上、飢饉・疫病もかなり頻発していたことが、三国・新羅の歴史書である『三国史記』から垣間見られる。同時期の九州でも不作が続いていたようで、八世紀末から頻繁に九州飢民への賑給《しんごう》が行なわれているが、特に八一五年には九州諸国が連年不作のため、三年間田租免除の特別措置が講じられている。同年の五月から九月に長雨が降ったため、諸国で被害が出たとも言う（『日本後紀』弘仁六年今年条）。この頃に九州で慢性的な異常気象が続き、十分な収穫量が得られなくなっていたことが知られるが、これは九州に近接する新羅でも同様だったのであろう。八一四年五月、新羅西部で洪水が起こり、おそらくこの影響で翌年には西辺の州郡で、飢饉の中で盗賊が蜂起し、討伐軍によって鎮圧されている（『三国史記』新羅本紀、憲徳王六年五月条）。新羅でも九州と同様に夏に大雨が続き、その影響で洪水が起こったのではないだろうか。異常気象が不作と災害をもたらし、栄養失調が疫病を蔓延させ、追い詰められた民が盗賊に身をやつし、さらには暴動を起こす。こうした負の連鎖が、当時の新羅で起こっていた。

追いつめられた新羅人たちの中には、外の世界に活路を見出そうとした者もいただろう。八一一年には対馬海上に三艘の新羅船が現れ、一艘は佐須浦に来着したものの、二艘は行方をくらませた。ところがその翌日には二〇艘以上の新羅船が火をともして現れたため、対馬ではこれを海賊船と判断し、先に佐須浦に上陸していた一艘の乗員一〇人中五人を殺害した。残りの五人は逃げたがその内の四人は捕獲したという（『日本後紀』弘仁三年正月五日条）。また八一三年には、新羅船五艘・新羅人一一〇人が小近島《おぢか》（五島列島の小値賀島《おぢか》）に来着し、島民と戦闘に及んでいる（『日本紀略』弘仁四年三月一八日条）。これらが本当に海賊船なのかどうかは明らかではないが、おそらくは飢饉と疫病・盗賊にあえぐ新羅人たちが、一か八か海外に可能性を賭けたものだったのであろう。

こう考えるのは、新羅の情勢がさらに悪化する八一四年以後、日本への帰化を望む新羅人の来着が続出しており、上記二例の新羅船はその前段階だったと思われるからである。つまり異常気象に苦しんでいた新羅人たちの中には、すでに食料の交易や略奪のために一時的に日本に来た者もいたが、八一四年以後には事態がより深刻化して、日本移住を決意して来航する事例が多くなったのであろう。だが日本側の待遇は不十分なものだったようで、八二〇年には遠江・駿河で新羅人七〇〇人が反乱を起こしている[8]。朝廷は、スパイ行為などを恐れて彼らを東国に配置したのだろうが、帰化新羅人の移配先の一部に過ぎないはずの遠江・駿河だけで七〇〇人であるから、数千人規模の新羅人が日本に流れ込んだものと思われる。

これらの実態を貿易商人として見る見解もあり、確かにそのような者が紛れ込んでいた可能性はあるが、八一六年に唐の史料で、浙東に新羅飢民一七〇人が食を求めて来たという記録がある（『旧唐書』巻一九九上、新羅国伝）ことより見ても、飢民の海外移住の流れは間違いなく存在していた。全体としては、飢饉によって発生した難民の集団的な海外移住の動きと考えるべきであろう。彼らはまず飢民として移住し、海外に拠点を築いた上で、祖国との間での通商活動を始めたものではないか。

海を越えた人身売買

飢民の移住は、自発的なものとは限らない。新羅人が身内の「ごくつぶし」を商品として売りさばくことがあったことは、たとえば『三国史記』新羅本紀、憲徳王一三年（八二一）春の、「民饑《う》うれば、子孫を売りて自活す」という簡略な記事からもわかる。飢饉に苦しむ新羅国内では、人身売買に関わる内需は限界があったはずで、海外に向けて売られることも少なくなかったと思われる。

この頃、唐人が新羅人をさらって奴隷にしてしまう事態があり、新羅はこれを問題視して唐に訴え、唐もたびたび禁令を出した。(9)奴隷売買の手順は、「海賊、新羅の良口を訬掠《けんりやく》し（誘い連れ去り）、当管（平盧軍節度使の管下。節度使は要地に置かれ、地方の軍・民・財・政を掌った）の登莱州界及び縁海の諸道に将到し（連れて行き）、売りて奴婢と為《な》す」というもので、海外移住を希望する新羅人をだまして中国まで連れて行って奴隷として売って儲けるというものだった（『唐会要』巻八六）。非道な唐人がいたことは間違いないとしても、国家的問題になるほど大量の新羅人が流出したのは、海外移住を希望してその誘いに乗る新羅人が多く存在したからこそである。新羅人奴隷が唐羅間で問題になるのが八一六年からであることを考えても（『冊府元亀』巻四二）、やはり八一〇年代における新羅の社会情勢悪化と直結する動向だったと見ざるを得ない。

唐の禁令の影響をどこまで評価できるかはわからないが、八二三年頃には解放された新羅人奴隷が唐の沿海部に多く居留していたようである。新羅は彼らが帰国しないのを問題視し、船便があったら彼らを帰国させ、沿海の州県がこれを止めることがないように求め、唐もこれを認めている（『唐会要』巻八六）。実際には自発的な渡航者も多かったのだろうし、解放奴隷でも唐に生活基盤を築いていれば、わざわざ飢饉にあえぐ故郷に帰ろうとしない者も少なくなかっただろう。円仁の日記に拠れば、新羅人は八三〇年代末には唐の各地に集落を形成していたが、それは新羅社会の混迷の中で、新羅人たちが自発的・非自発的に外にあふれ出たことを直接の契機としたものだろう。

赤山浦と漣水県

唐の新羅人集落については、円仁が遣唐使船に別れを告げた山東半島先端の赤山浦のほか、楚州・泗州漣水県にあった新羅坊の存在が知られる。(10) 特に山東は朝鮮半島の対岸にあるため、古くから中朝交流の舞台となっており、唐羅交通の拠点として多くの新羅人が居住したようである。赤山浦は新羅の中央政界でも力を持った張保皐の拠点でもあり、張保皐が外護《げ ご》者となった法花院があった。法花院の運営を担当していた張詠は、勾当新羅所の押衙《おうが》として、新羅人集落の現地責任者を務めたようだが、円仁が唐滞在や国内移動の許可を得る際には、地方役人との交渉にも当たっている。新羅人集落は唐の地方役人の公認下で一定の自治を行なっていたようである。

張保皐は新羅から唐に渡り、三〇歳頃には軍中小将として武寧軍節度使に仕えていた。新羅の飢饉を避けて、唐で軍人になったものかもしれない。その後帰国し、八二八年に興徳王に進言して、奴隷貿易禁止を名目として新羅西南の莞島に清海鎮の設置を建言し、自らその大使となった(『樊川文集』巻六、張保皐・鄭年伝)。ここは以後、唐羅日貿易の一大拠点となる。八三九年には神武王の即位を助けるなど権勢を振るうが、八四一年には反乱を起こして殺害された。反乱に先立っては日本にも使者を送り、背後を固めようとしたようである。(11) 円仁は入唐に先立って筑前守から張保皐宛の手紙を預かっており、遣唐使出航の八三八年時点の日本でも、かなりよく知られた人物だった。

張保皐が清海鎮を設置したのは、海上貿易に対する影響力の増大が主要な目的であろう。

彼は「海島人」と呼ばれる海民の出身であり、海のもたらす富への関心は強かっただろう。また渡唐経験も大きかったはずで、特に漣水新羅坊は、その影響下で発展したものと思われる。唐代最大の物資集散地だった揚州では、新羅海商の活動も確認できるが、ここからは、大運河を北上して楚州まで出て、そこから淮河を通じて北東に進めば海に出る。漣水新羅坊は楚州から海に出る途中の淮河川岸にあった。つまり漣水は揚州と海をつなぐ経由地であり、しかも山東半島・新羅へ向かう場合は、揚州から南東に長江を下って東シナ海に出るよりも漣水経由のほうがショートカットになった。

漣水新羅坊と張保皐の関係を想定するのは、張保皐の仕えた武寧軍節度使との関係による。漣水は楚州の属県だった時代もあるが、六七四〜九七八年には泗州の属県だった。泗州は武寧軍節度使の支配下だから、当然漣水もその支配下である（なお『行記』開成四年三月二五日条、「徐州管内漣水県」とあるのを誤りとするものがあるが、「徐州」は徐州に治所を置いた武寧軍節度使を言っているから、これで正しい）。内陸に位置する武寧軍節度使にとって、漣水は管下で唯一の海への出口だった。一方で新羅に近接し海に面する登州・萊州・密州・海州などは平盧軍節度使の李師道の支配下で、武寧軍節度使はこれと対立していた（李師道は八一九年に唐の討伐を受けて滅亡）。こうした支配関係を見れば、武寧軍節度使に仕えた張保皐と漣水の縁は、きわめて自然であろう。張保皐がこの漣水と（おそらく李師道滅亡後から）登州赤山浦を押さえていたことは、つまり新羅と揚州をつなぐ交通の中継地点を確保していたことにほかならない。

張保皐の影響の及んだエリアを確認するために、清海鎮で兵馬使を務めた張保皐配下の崔暈という人物を見てみよう。彼は赤山浦で円仁に会った時に名紙を渡し、漣水に来た時に帰国のお世話をしましょうと言っていた。八四〇年には、崔暈が揚州より登州乳山浦に来航したことを円仁が知り、崔暈と張保皐に宛てた手紙を書いて法花院に託している。円仁は、崔暈が後日法花院のある赤山浦に来ることを想定していたのだろう。翌年張保皐が新羅本国で滅亡すると、崔暈は漣水に逃げ込むが、八四五年に円仁と再会し、漣水より円仁を送り出すに当たっては、登州（赤山浦を念頭に置くか）での再会を期している（『行記』開成五年二月一七日条・会昌五年七月九日条・一三日条）。これより張保皐の関係者が登州の赤山・乳山と漣水・揚州を往来し、特に赤山・漣水に深い縁を持っていたことが知られよう(12)。

新羅人の活動圏

一方で日本では、こうした新羅人社会が少なくとも目立った形では現れない。日本に帰化した新羅人は多く東国に移配されたから、本国との連絡を取り続けながら貿易の拠点を築き上げることは困難だったのだろう。これ以前から、日本に帰属した蝦夷の西国移配が行なわれており、現住地との縁を切り離して内応を予防しようとしたものかと思われる。八三一年には、新羅人が日本に来航した場合に大宰府管理下で貿易を行なう原則が確認されており（『類聚三代格』巻一八）、日本に来航した海商は公的管理下（監視下）で貿易に従事したようである。したがって唐の場合以上に地方役人との関係は重要になっただろう。

集落の形成はともかく、日本でも、数年間のスパンで滞在する新羅人はいた。円仁は赤山浦で親しくした新羅還俗僧李信恵のことを日記に記している（還俗したのは八四五年に唐で出された外国僧還俗令に因るものか）が、これに拠れば李信恵は八一五年に大宰府に到り、筑前太守の須井宮の哀恤（哀れみいつくしむこと）を受けた。その後八二四年に張大使（張保皐と張詠説がある）の船で日本を離れ、赤山に移住したという（会昌五年九月二二日条）。年代から見て李信恵は、新羅の飢饉を避けて来日したものと見られるが、その後は足掛け一〇年（日記では六年とも八年とも記す）大宰府の保護下に日本に滞在した。そのため李信恵は日本語も話すことができた。なお承和度遣唐使で新羅訳語を務めた金正南・道玄・朴正長も、同様の事情で来日した新羅人だった可能性がある。特に当初は円仁とともに唐に残る予定だった金正南は、在唐新羅人社会とも縁を持つ人物だったのではないか。

　円仁の唐での活動圏が長江以北に限られるため、その日記に基づく在唐新羅人研究では、あたかも新羅人の活動圏が長江以北を中心としていたかのように語られるが、中国の史料を見れば、長江以南でも新羅人の活動を伝える痕跡は多い。近年知られるようになった登州牟平県の『無染院碑』は、九〇一年に刻まれたもので、無染院に寄進を行なった人物につき、「又《ま》た鶏林の金清押衙、家は榑桑に別れ、身は青社に来《きた》り、貲《たから》は鄞水《ぎんすい》に游び、心は金田を向く」と記す。「鶏林」は新羅の雅称、「榑桑」は扶桑と同じで中国の東を指し、日本を言う場合もあるが、この場合は「鶏林」人の出身地だから新羅である。「青社」は青州を中心とする山東の地を言うが、この場合は無染院のある登州だろう。「鄞水」は鄞江の流れる浙江の明州を指し、金田は菩薩の住まうところ、ひいては仏寺を言う。つまり押衙の地位にあった金清は新羅人で、新羅から登州に移住し、明州まで商売に行き、その収益から寺院に捨財を行なったのである。明州は杭州湾南東にある貿易港だが、ここを取引地とする新羅海商が九〇一年頃には登州にいたのである。

さらに南に目を向けよう。『嘉定赤城志』（一二二三年序）の巻二に引く「旧志」に拠れば、台州黄巖県には新羅人居留地があり、「五代時」（台州が宋の支配下に入る以前、九〇七〜九七八年か）に新羅坊と名づけられた[13]。「五代時」という表現から見て、「旧志」は宋代の台州か黄巖県の地志だろう。黄巖は明州の南、福建の北に当たる場所で、元末に海上から浙東を制圧した方国珍の出身地でもある（第４章参照）。さらに昭宗の頃（八八八〜九〇四年）に書かれた劉恂『嶺表録異』巻上に記す陵州刺史周遇の体験談に拠ると、山東から福建へ向かう際に乗った船には「新羅客」を含む五〇人あまりの船員がいたとあり、唐末の新羅海商が福建まで商路を広げていたことがわかる。

このように、彼ら新羅海商は、唐滅亡の頃には、日本から福建まで、広大な商圏を築いていた。もっとも杭州湾以南における新羅海商の活動は、いずれも九世紀末から一〇世紀の事例であり、当初は長江以北を中心にしていたものが活動圏を広げたという可能性も否定できない。だが、そもそも長江以南の記事が少ない円仁の日記のみを根拠にそれを断言するのは控えたほうがよいだろう。

琉球に漂着した新羅人

ちなみに『嶺表録異』の説話には、さらに興味深い話が付随している。福建に向かった船は五日間漂流し、以後六ヵ国を巡って帰国した。「新羅客」はその最初の国で「ここは狗国だ」と言ったという。それがどこに当たるかはともかくとして、「新羅客」が福建周辺の異域の情報を持っていたことをうかがわせる。

五国目は流虬（liúqiú）国といったが、これは同音の琉球（liúqiú）であろう。「新羅客」はその言葉を「半訳」することができたという。「新羅客」は以前にも流虬に来てその言葉を聞いたことがあったのだろう。流虬では地元の人々が食べ物を持ってきて、競って釘鉄を購入しようとしたと言う。当地にはたまに商船が流れ着くことがあり、そこから鉄を入手できることを流虬人は知っていた。元代以前の中国史料に現れる琉球が沖縄を指すのか台湾を指すのかは、古くから論争のあるところで、おそらく中国人も特に区別していたわけではないと思うが（福建の東の島という程度の認識だろう）、それはともかくとして、一般に琉球が国際交易の舞台に登場するのは一四世紀以後である。それ以前には隋や元の遠征があったものの、現地の様子を伝える記事はほとんどない。そのような中でこの話は、なかなか興味深い。

宋代の史料では、李復『潏水集』巻五、喬叔彦通判に引く張士遜『閩中異事』に、泉州の東一三〇里を船で行くと、二日で高華嶼、二日で鼊鼊嶼、一日で琉球国に着くという記述がある。『隋書』巻八一、琉球国伝にほぼ同文があり、その引き写しと思われるが、その後には『隋書』に見えない記事がある。すなわち「其の国（琉球）別に館を海隅に置き、以って中華の客を待す」とあり、中国人を接待する館舎が海岸に設けられていたというのである。『閩中異事』は現存しないが、李復によれば、張士遜が泉州近くの建州邵武県の知県だった時に記したもので、その時期は張士遜の前後の官歴より、一〇〇四～〇七年の間に絞ることができる。(14) 福建海商より聞いた一一世紀初頭頃の様子を記したものだろう。これを見るに、琉球では外国商人の来航を待って取引を行なう体制が存在していた。『嶺表録異』の記事を参照すれば、鉄などを入手しようとしたものだろうか。ただ現状では、台湾・沖縄でこの時期のまとまった中国製品の流入を認めることはできない。ごく小規模な交易だったものかもしれないが、あるいは未発掘の地域で局所的な取引が行なわれていたものかもしれない。今後の発掘成果に期待したい。

円仁留学の前提

話を円仁に戻そう。前節で提起した問題だが、円仁はなぜ唐に残ろうと思ったのか。遣唐使船の派遣頻度を考えれば、この行動は一見帰国を諦めたものとしか見えない。だが実際にはそうではなかった。ここまで書けばわかるだろう。新羅人が唐に居留区を作り、唐・新羅・日本をつなぐ交易圏を作り上げていた中で、唐からの帰国を遣唐使船に頼る必要はすでになくなっていたのである。さらに言えば、入唐の手段も遣唐使に限らなくなっていた。新羅海商の船を利用することで、いつでも日唐間を行き来することが可能になっていたのである。

そもそも承和度遣唐使も、実際には新羅船を利用して帰国した。承和度遣唐使は八三八年以前に、二度の渡航失敗により四艘中の第三船を破損していた。残る三艘中、第一船と第四船は唐に到着することこそできたが、帰国は困難なほど破損してしまった。つまり帰国の時点で使い物になる船は、四艘中で一艘、第二船のみとなっていた。遣唐使一行は帰国に先立って、帰国用の船を用意する必要があったが、ここで活躍したのが新羅訳語金正南だった。彼は滞在地の揚州から楚州へ向かい、そこで船を用意した。これは明らかに楚州新羅坊に向かったのであり、用意された船は新羅船九艘、水手は六〇人余りの新羅人だった。水手は海路を良く知るものだったと『行記』にあり、恒常的に日唐間を往来していた者だろう（開成四年三月一七日条）。船の準備ができると、遣唐使一行も楚州に移動して帰国の途に就くが、円仁が金正南に残留の相談をするのはこの時である。新羅人たちを頼ればいつでも帰国できることが、円仁にもわかったに違いない。

新羅船の性能

日本では承和度遣唐使の出航後、帰国前の八三九年、大宰府に新羅船を建造させている。新羅船が風波に耐えることができるという理由からだった（『続日本後紀』承和六年七月一七日条）。日本にいた新羅人船工に造らせたものだろうか。遣唐使が新羅船を雇って帰国するまでもなく、日本では新羅船の優秀さはすでに知られていた。翌年の大宰府には六艘の新羅船が備えられていたが、「能《よ》く波を凌ぎ行く」性能を伝え聞いた対馬は、その中から一艘の分給を求めて認められている（『続日本後紀』承和七年九月一五日条）。

実際に承和度遣唐使における新羅船と遣唐使船の行く末を見ても、このことは明らかである。新羅船は八三九年四月五日、海州で離岸した後で赤山浦に入り、七月二二日に出航したが、その内の一艘が帰着したことを、同年八月一四日に大宰府が報告している。その五日後には、七艘が肥前国生属島《いきづき》（平戸北西の生月島）に到着したことが、大宰府より奏上された。この一ヵ月半後、一〇月九日には、新羅船最後の一艘も博多に帰着した。新羅船の大半は、唐を出航して一ヵ月も経たずに日本に到着し、風波に流されたと思しき一艘も二ヵ月半で日本にたどり着いたことになる。特に大きな損害などもなかったようである。

これに対して遣唐使船第二船は悲惨だった。第二船は八三九年七月一五日に登州赤山浦を出航したが、年内には日本にたどり着くことができなかった。この船は途中で南海の賊地の島（台湾・沖縄・奄美の辺りか）に漂流し、そこで戦闘にまで及んだ。音声長の良枝清上《よしえのきよかみ》など、何人かがこの時に殺されている。すでに遣唐使船は破損して使い物にならなかったので、乗員はこれを解体して小船を作って出航し、ついに大隅に帰着できた（したがって四艘の遣唐使船で、元の形のまま入唐・帰国できたものは一艘もなかったことになる）。その帰国は八四〇年四月八日に大宰府から上奏されているから、大隅にたどり着いたのは三月だろう。この時に帰着したのは知乗船事菅原梶成《すがわらのかじなり》一行だったが、第二船の責任者である准判官良《よし》岑長松《みねのながまつ》らが乗り換えた別の小船の到着はさらに遅れ、大隅にたどり着いたことが六月一八日に大宰府から報告されている。実に唐を離れて八ヵ月から一一ヵ月を経て、帰着を果たしたのである。

これは船の性能のみの問題ではなく、船員の航海知識の問題などもあったに違いない。当時の文献を見るに、新羅海商もかなり漂流には苦しんでいるようだが、彼らは海を通じた物資輸送をなりわいとしている以上、生き残って帰ってきた後もまた航海に従事することになる。彼らはその時の経験から、地理や気候など航海に関わる知識を蓄積していったことだろう。その知識は仲間内で共有され蓄積され、彼らの航海を確実で安全なものにしていった。

これに対して遣唐使は、もちろん水手らは日常的に日本沿岸で航海にたずさわっていた者だろうが、遠洋に出て異国まで行く機会は極めて稀であって、特に中国まで行くという機会などは、八世紀でも二〇年に一回しかなく、承和度遣唐使などは三四年ぶりの機会だった。おそらく水手個人の立場で見た場合、一生の間に日唐間を行き来するのは普通は一回だけで、多くて二回だろう。その時の情報は口伝や記録などで残されるかもしれないが、航海の経験という点でははなはだ不安きわまりないものである。言ってしまえば日本人にとって、唐との交通は一生に一回か二回のイベントに過ぎず、「日常」ではありえなかったのである。

新羅船が航海においてはるかに先んじていたのは当然である。文化レベルだとか経済力だとか、そういう問題ではない。新羅海商たちは、日常的に海を越えて行き来する人々であって、海上交通をなりわいとしていた専門家であり、にわか航海の遣唐使などとは、よって立つところがまったく異なるのである。

東シナ海交流の新段階

そしてこのような海上交通の専門家たちの出現によって、東シナ海の人の移動のあり方は一変した。その具体的な様子を円仁の行程から見てみると、円仁は赤山浦で新羅人の協力で唐残留の手続きを行ない、新羅人の勧めで五臺山巡礼と長安での修学を行なった。そして八四一年に帰国しようとして唐に申請を行なった（唐では外国人が無断で帰国することはできなかった）が、これに対する返答は翌年までずれ込み、しかも許可しないとの旨だった。ちょうど「会昌の廃仏」と呼ばれる仏教弾圧が始まろうとしている時期であった。この後円仁は従僧惟暁の死に悲しみ、法令によって還俗させられたりと、様々な苦難を味わうが、長安の新羅人李元佐の協力もあって、八四五年には帰国許可を得ることができた。

唐国内の政治情勢のため、円仁は帰国に手間取ったが、船便自体を見つけることは難しくなかった。赤山浦に到着すると、以前からの知り合いだった張詠は円仁のために船を作ることとなった。船は八四七年二月に完成したが、閏三月十日、張詠を讒言する者がいたため、その船は使えなくなった。そこで円仁は明州から日本へ向かう張友信の船の情報を聞き、二日後にこれに乗るために明州へ向かう。ところが途中の楚州まで来た六月五日、円仁は張友信の船が出港してしまったことを聞く。この情報は蘇州から山東経由で日本に向かっていた新羅船からの情報だったようで、その新羅船の船員らは、円仁らを乗せるから自分たちのところに送り届けるようにと、手紙で楚州新羅坊に伝えている。円仁は北上し、七月二〇日に登州乳山長淮浦でこの新羅船に合流、九月二日に赤山浦から新羅西岸を南下して一〇日に対馬を通り過ぎ、肥前沿岸を経由して一七日に博多湾の能古島に到着した。

円仁はこのように、目当ての船が使えなくなると、すぐに別便の情報を得ている。この情報網は新羅人の協力があってのことだが、当時頻繁に日唐間を往来する商船が存在したことがわかる。円仁はそれらを利用することで、遣唐使船の到来を待たずに安全に日本に帰国することができた。

張保皐滅亡の波紋

このように、東シナ海の交流を一変させた新羅海商だったが、まもなく日本側史料では、彼らの活動がほとんど見られなくなる。これは八四一年一一月、張保皐の滅亡から始まった。張保皐が同年に反乱を起こすと、閻長（閻丈とも言うが、どちらも現代韓国音では音通で염장《エンジャン》）という人物がこれに合流すると称して、清海鎮の張保皐幕下に投降してきた。張保皐はこれを信じて受け入れ、ともに酒を酌み交わしたが、張保皐が酔うと閻長はその剣を奪って斬殺してしまった（『三国史記』新羅本紀、文聖王八年春条）。張保皐副将の李昌珍はその後も抵抗したが、年内には鎮圧された。

これ以後新羅と海商たちの関係はギクシャクし始める。張保皐配下で、うまく閻長に取り入ったものもいたが、随わなかった者も少なくなかったらしい。新羅にとって厄介だったのは、彼らが唐や日本にもネットワークを有していたことであり、すでに触れた崔暈のように唐の新羅坊に逃れるもの、あるいは日本に亡命して帰化するものなどが続出した。閻長は張保皐を滅ぼして一ヵ月余り後、日本に使者を派遣して、張保皐残党の引渡しと今後の協力を要請している。日本がこれにどのような回答をしたのかは不明だが、八四二年の公卿たちの会議における議論の内容を見るに、かなりの不信感を持っていたようである。

会議の三日後には蔵人頭、つまり仁明天皇の側近である藤原衛《まもる》が大宰大弐《だざいのだいに》（大宰府長官）として赴任し、その後大宰府現地で問題点を調査して奏上した。その内容は四点に及ぶが、その一条目は、新羅人が商売に事寄せて日本の動静を探っているので、その入国は一切禁止すべしとの提言だった。仁明は流来（漂流）の扱いで食糧を与え帰国させ、海商に関しては来航したら民間と貿易をさせてただちに帰国させること、その場合には大宰府鴻臚館に安置（九三頁参照）させないことを決定した。[15] 大宰府鴻臚館は本来日本・外国の外交使節の滞在施設だったが、九世紀になると海商の滞在施設としても使われるようになっていた。この決定はつまり、貿易をしに来たなら早く済ませろ、ただし官貿易は行なわない、国家としては関わりあいを持たないということである。新羅海商との関係が新羅との外交問題・軍事問題に発展する可能性を事前に封じる方策であった。

「唐海商」の登場

当時外国製品をまとめて購入できる巨大な購買力を持っていたのは何よりも朝廷であり、その朝廷との貿易が認められなくなったことは、新羅海商としては大きな打撃だった。新羅海商が日本史料からほとんど姿を消すのはこのためだろう。代わって日本史料では、唐海商の来航が頻繁に記録されるようになる。

ただしここで言う唐海商とは、実は新羅人の場合も多かった。たとえば円仁帰国船の乗員は「唐人江長・新羅人金子白・欽良暉・金珍」（『行記』会昌七年六月九日条）で、その船は日本で「新羅商船」と呼ばれたが、新羅人金珍は、「唐人」「唐客」とも呼ばれている。こうした例は珍しくなく、たとえば新羅人であるはずの欽良暉も、入唐僧の円珍から「大唐国商人」と呼ばれている（『園城寺文書』第一巻、講談社、四二号文書）。他にもやはり円珍から「大唐商客」「渤海国商主」「本国（日本）商人」と呼ばれた李延孝（『東京国立博物館所蔵文書』『園城寺文書』）をはじめ、こうした例は枚挙にいとまがない。つまり唐海商と扱われている者が民族的な意味で唐人だとは必ずしも言えず、実際には唐に拠点を置いた新

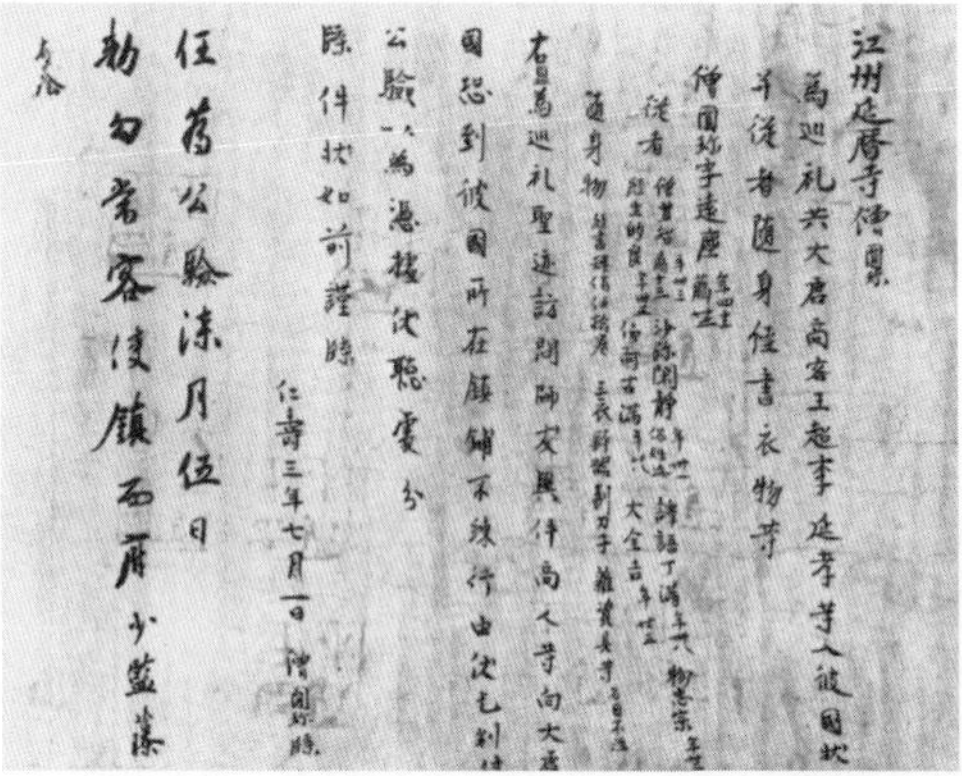

図3　鎮西府公験（園城寺文書、853年、『園城寺文書』第1巻、講談社より）。2行目に「大唐商客王超・李延孝等」と見える

羅人を唐海商と扱う場合も多かった。[16]

すでに触れた新羅人王請と唐人張覚済の貿易船の例に見るように、新羅海商はもともと唐海商と協同で貿易活動に当たっていた。その船は新羅商船とも呼び得るものだが、彼らは八四二年以後、日本で官貿易を行なうために、もっぱら唐商船として来航するようになったのだろう。もちろん日本側も、こうした事実に気づいてはいたはずだが、外交問題を引き起こさない限り新羅人の来航は問題ではなく、在唐新羅人の往来は特に警戒するものでもなかったのだろう（その点で特に問題になったのは、新羅から来航する新羅人と思われる）。結局彼らは一〇世紀まで唐で新羅人社会を保ち、東シナ海を舞台に活動を続けたのである。

新たな航路の開拓

張保皐滅亡の影響はもう一つあった。この頃から新羅沿岸を経由しない東シナ海直航ルートが用いられるようになるのである。[17] この航路は八世紀から遣唐使が利用しており、存在は知られていたはずだが、それまで新羅海商によって利用された形跡はなかった。新羅海商からすれば新羅を経由したほうが安全だった上、清海鎮を含む新羅沿岸部との関係もあったから、あえて東シナ海を利用する必要はなかった。だが新羅の混乱は、新羅沿岸部を避ける動機になったはずで、その結果東シナ海直航ルートが開拓され、恒常的に利用されるようになったのだろう。

これ以後日中交通は、新羅沿岸ルートではなく東シナ海直航ルートを取るようになる。序章で述べた通り、技術の壁さえ乗り越えれば、直航ルートの方が経済的には可能性を秘めていた。この航路に代わるメインルートが登場するのは、実に一三五〇年代のことである。しかも一五世紀には、東シナ海直航ルートが明によって日本の入貢路に指定されたから、再びメインルートの地位を取り戻した。つまり遣明使が絶えるまで七〇〇年間、この航路は東シナ海の動脈であり続けた。この航路が相対化される一六世紀半ばは、九世紀に続く東シナ海の動乱期だが、それまでの東シナ海には大きな変動もなく、新羅海商が切り開いた航路が利用され続けた。新羅海商は、歴史世界としての東シナ海を生み出したのである。

3　「遣唐使以後」の入唐僧たち

恵蕚の入唐

商船を通じた僧侶たちの往来は、八四七年の円仁の帰国が嚆矢ではなかった。直接の契機は八三九年、承和度遣唐使の帰国だったらしい。唐における新羅人の様子が朝廷や仏教界に伝わり、これを利用することで唐との交通が常時可能になることが、はっきりと理解されたのだろう。もちろんそれ以前から新羅人の到来は頻繁になっていたが、彼らが唐の社会に根づき、役人たちとの縁も有していることなどは、遣唐使が現地で確認して初めて伝わったのではないだろうか。これは前回の延暦度遣唐使では、まったくつかめない情報だった。唐における新羅人集落の形成と海上交通の活性化は八一〇年代のことであり、延暦度遣唐使が帰国した八〇五年の時点では、まだ目見することはできなかったはずである。

遣唐使船に依らず入唐したことがわかる僧の初見は、恵蕚《えがく》（慧蕚）である。入唐の後に三人の弟子とともに五臺山に入った後に、二人の弟子を五臺山に留めて（つまり一人の弟子は連れて）、自らは帰国のために五臺山を出たことを、円仁は八四一年九月七日に長安で伝聞して、日記に記している。五臺山・長安間の情報伝達の日数から考えて、恵蕚が五臺山を出たのは八月以前だろう。後の円仁の日記に拠れば、無事帰国したらしい（『行記』会昌五年七月五日条）。

恵蕚に関しては、さらに詳しい情報がある。楚州新羅坊の訳語劉慎言が、八四二年二月一日付けで円載の従僧仁済に送った手紙には、遣唐使を送った梢工・水手らが「前年秋」に日本から帰ってきたこと、恵蕚がその船で楚州に来たこと、五臺山をめぐって「今春」帰国しようとしていること、「去秋」天台山に赴いたこと、帰国の予定を天台山より「冬中」に手紙で連絡してきたこと、などが記されている（『行記』会昌二年五月二五日条）。これらを素直に読めば、八三九年に遣唐使を送った新羅船は「前年」の八四一年秋（なお太陰太陽暦では秋は七〜九月）に楚州に帰り、恵蕚がそれに乗って入唐して楚州に到来し、秋の間に五臺山をまわり（上記の通り、八四一年八月以前に五臺山を出たので、到来はそれ以前の七〜八月のこと）、「去秋」である八四一年秋に天台山に行ったことになる。参考までに、『行記』に引用される劉慎言の手紙の節略文を、以下に全文引用しよう。

朝貢使を送れる梢工・水手、前年秋彼国より廻《かえ》る。玄済闍梨の附せる書状幷《ならび》に砂金廿四小両、見《げん》に弊所に在り。恵蕚和尚、舩に附して楚州に到り、已《すで》に五臺山を巡り、今春故郷に返らんと擬すれば、慎言已に人・舩を排比し訖《おわ》んぬ。其れ蕚和尚、去秋蹔《しばら》く天台に往《ゆ》けり。冬中書を得て云く、「李隣徳四郎の舩に趁《おもむ》き、明州を取りて帰国せんと擬す」と。蕚和尚の銭物・衣服幷に弟子、悉《ことごと》く楚州に在り、又た人・舩已に備われるに依り、奉邀して此《ここ》より発するを免れざらん。

恵蕚の行程

しかしこの日程では、かなり無理があるのではないだろうか。恵蕚は八四一年七月から八月の間に楚州に来て五臺山をまわり、九月以前におそらく楚州を経由して、さらに南の天台山へ行ったことになるが、これではあまりにも慌ただしい。たとえば、これより二〇〇年以上時代をくだった一〇七二年、駅馬など整備された交通網の恩恵を受けて宋国内を旅行した入宋日本僧成尋《じょうじん》の場合、楚州から開封まで二五日かかり、その後半月開封に留まった後、二八日をかけて五臺山に到着し巡礼している。その後開封まで二五日かけて帰り、四ヵ月半留まった後、九日で楚州に到着した（『参天台五臺山記』。以後『参記』とする）。恵蕚より恵まれた条件下でも、楚州から五臺山は移動日だけで往復八七日かかっており、約三ヵ月を費やしている。これを見るに、恵蕚が楚州を七月に発ったとしても、五臺山を巡礼して九月までに天台山へ行くのは、まず不可能だろう。

また諸史料を見るに、新羅船は遣唐使一行を乗せて八三九年三月二四日に楚州を出航し、八月から一〇月に日本に到着した。日本と楚州の間は半年前後の行程と見られる。となると、八四一年秋に楚州に帰った新羅船は同年春まで、つまり一年半近く日本に留まり続けたことになる。取引のために長期滞在した可能性も考えられるが、この船の使命は遣唐使の送還なのだから、しかるべき風が吹いたらその時点でただちに出航しそうなものである。つまり、新羅船の帰還が八四一年秋というのは、前後関係から見て不自然な感が否めないのである。しかし八四二年の手紙にその帰還を「前年秋」と明記しているため、この点はなかなか否定しづらいものがあった。

だが冷静に考えてみると、「前年」は漢文では必ずしも一年前ではない。今年以前の某年を指す言葉である。したがってこれが八四二年の一年前であるという保証はどこにもない。むしろ現代中国語で「前年（qiánnián）」と言えば、おとどしのことである。「前年」がもっぱらおととしを指すようになるのがいつからかという問題もあるが、手紙の中の表現ということもあり、口語的な表現が使われた可能性はある。だとすれば前後関係から見ても、この「前年秋」は八四〇年秋のことと考えるべきではないか。そうすれば新羅船と恵蕚一行の行程も自然に理解することができよう。つまり新羅船は八三九年に遣唐使を送って日本へ行き、八四〇年秋に恵蕚を乗せて楚州に戻り、恵蕚は三人の弟子とともに五臺山へ赴いた後、二人を五臺山に残して楚州に戻り、八四一年秋に天台山へ赴き、八四二年春に明州から帰国する計画を立てたのである[18]。

以上の行程を傍証できる材料がある。八五八年に円珍が唐で記した『円珍入唐求法目録』に、「本国僧の田（円覚の俗姓田口を指す）円覚、唐開成五年（八四〇）過来し、久しく五臺に住し、後長安に遊ぶ」とあることより、円覚《えんがく》なる僧が八四〇年に入唐し、その後五臺山に登って久しく留まり、さらに長安に遊方したことがわかる。円仁は八四〇年四月二八日から七月一日まで五臺山を巡礼しているが、その日記に円覚のことが見えない以上、円覚の五臺山入りは円仁が五臺山を出た後、つまり八四〇年七月以後だったことになる。この八四〇年という年次は、先に想定した新羅船帰還・恵蕚入唐と同じ年であり、さらに五臺山巡礼という行程も恵蕚と一致する。恵蕚には三人の従僧がおり、その中の二人は五臺山に留まったことはすでに述べたが、おそらく佐伯有清が言うように、その一人は円覚であろう[19]。とすれば、やはり恵蕚の入唐は八四〇年のこととなる。

なお恵蕚帰国便の情報も重要である。これに拠れば恵蕚の衣服・銭物・弟子は楚州にあり、劉慎言も楚州で恵蕚帰国の船を準備していた。この弟子は、五臺山から連れてきた一人の弟子に当たるものだろう。彼は八四一年秋、恵蕚が天台山へ行く途上で楚州に預けたものと思われ、恵蕚は天台山から楚州に戻った後に、劉慎言が用意した船で彼とともに帰国する予定だったはずである。承和度遣唐使や円仁の行程を参照するに、楚州からは淮河を下って山東半島南方の海州に出て、そこから半島を北上して赤山浦に向かい、新羅沿岸を南下するというのが通常の航路で、劉慎言が想定していたのもこれだっただろう。

ところが同年冬、恵蕚は明州から帰国することを劉慎言に連絡してきた。明州は宋代以後、東シナ海直航ルートの窓口となる港であって、すでに七八〇年には遣唐使がここを利用した例がある。おそらく恵蕚は帰国の便を新羅沿岸ルートから東シナ海直航ルートに変更したのである。変更の時期は八四一年秋から冬（七〜一二月）で、張保皐の乱の時期（八四一年一一月前後）と一致する。戦乱を避けたルート変更の可能性が高い。この例は海商が東シナ海直航路を用いた初見だが、それが張保皐の乱の時期であることは興味深い。

恵蕚のその後

恵蕚入唐の背後には、嵯峨上皇の后である太皇太后橘嘉智子《かちこ》があった。嘉智子は恵蕚を五臺山に派遣して袈裟や宝幡・鏡箱などを施入させたという（『文徳天皇実録』嘉祥三年五月五日条、橘嘉智子伝）。恵蕚が帰国したのも、五臺山に僧供料を納める件について日本で話をまとめるためだったが（『行記』会昌元年九月七日条）、これもやはり嘉智子による捨財を念頭に置いたものだっただろう。なお嘉智子の母は田口氏であり、このことは田口氏の出身の円覚が従者として入唐したこととも関わるのだろう。恵蕚はその後再入唐し、八四四年三月には蘇州南禅院にいた。入唐年次は八四三年だろうか。だとすれば、第一次帰国の翌年には早くも二度目の入唐を行なったことになる。この時には日本の芳名を流布させるため、五臺山に日本国院を作る計画もあった（前田育徳会蔵『白氏文集』奥書）と言うが、供料寄付と表裏のものだろう。現代も中国の寺に行くと、日本や韓国の教団が寄付と引き換えに記念碑や記念堂を建てているのを目にするが、こんな時代にも同じことを考えていたのである。

だが蘇州にいた時点の恵蕚は、会昌の廃仏に遭って還俗を蒙っており、五臺山再拝も果たしていなかった。この頃唐では五臺山への供料寄付が法令で禁止されており、嘉智子の所願はおそらく実現しなかった。[20]

図4　普陀山新羅礁（筆者撮影）。恵蕚の船が動かなくなったといわれる場所。新羅海商の船という説もあり、新羅礁の称はこれにちなむか

だが恵蕚の二度目の入唐は、何ももたらさなかったわけではない。恵蕚は八四七年七月、明州から張友信の船（円仁が乗り損ねた船である）で帰国した時、杭州の禅僧義空《ぎくう》を伴っていた。[21] 義空は来日後に嘉智子の帰依を受け、『元亨釈書』『善隣国宝記』など中世禅僧の著述では、しばしば日本禅宗の祖として言及されている。この後恵蕚は、義空とその関係者との連絡を取るため、三度目の入唐を行ない、八四九年秋に唐海商徐公祐の船で帰国している。同年初めには在唐しているので、これ以前（八四八年頃）に入唐していたはずである。[22] このように恵蕚は八四〇年代に三度の入唐を行なっており、それは嘉智子およびその周辺の依頼を受けてのことだったようである。しかし嘉智子が八五〇年に崩じると、その後しばらく恵蕚の活動は追えなくなり、義空もまもなく帰国したらしい（八五二年までは日本に滞在したことが確認される）。

『仏祖統紀』など南宋以後の史書では、八五八（または八五九）年に恵蕚が五臺山の観音像を持って明州から帰国しようとしたが、途中の普陀山《ふださん》（補陀山）という島で、観音像が留まることを求めて船を動かそうとしなかったため、これを普陀山に安置して日本に帰ったと記している。だが、この年代の信憑性は確かではなく、また日本側の史料で対応する記事を確認することができない。その後八六二年、恵蕚は後述の真如《しんにょ》法親王とともに張友信の船で入唐し、翌年帰国したことが知られる（『頭陀《ずだ》親王入唐略記《しんのうにっとうりゃっき》』）。張友信の船を利用したのは八四七年に続いて二回目となり、何らかの縁があったものか。最初の入唐から最後の帰国まで二三年の期間、少なくとも日唐間を四往復したことになる。(23) この後の恵蕚の動静は不明だが、日本の寺院で高い地位に登った様子は無く、その入唐に円仁・円珍のような学僧としてのハクづけの意味はあまりなかったようである。日唐仏教界の連絡を任務とし、学僧としての役割は期待されていなかったものと推察される。

円載の場合

しばらく触れてこなかったが、留学僧の円載のその後も見てみよう。円載は入唐後にも遣唐使を介さずに本国の情報を入手していた。たとえば八四一年一二月一八日、天台山から円仁に宛てた手紙で、藤原常嗣や淳和上皇の死、遣唐使第二船の漂流の件などを記している（『行記』会昌二年五月二五日条）。これらはすべて八四〇年五月以前（淳和崩御が五月）の出来事なので八四〇～八四一年に日本から入唐した者が円載に接触していたことになる。この間に可能性がある者としては、八四〇年秋に新羅船で入唐した恵蕚一行だろう。恵蕚は八四一年秋に天台山に来たから、円載にも接触していたはずである。

天台山にいた円載は八四三年、その前年に入唐した恵運《えうん》（慧運）・円修《えんしゅう》と会っているし、八五三年には同年入唐したばかりの円珍と会っている。円珍が入唐して福州に上陸し、天台山へ向かう途上、円載は行者を派遣して手紙を送っており、この頃入唐する日本僧の世話を積極的に行なっていたことがうかがえる（『行歴抄』大中七年一二月一一～一五日条）。もっとも円珍はこの時、円載に会って失望したことを自ら記している。

円載はこれ以前、皇帝に表請して弟子二人を帰国させ、衣糧を求めさせた。二人は楚州の劉慎言のもとに来て船を手配してもらい、八四三年九月に出発した（『行記』会昌三年一二月条・四年二月条）。この二人の名は仁好・順昌であることが、『続日本後紀』にある帰国記事よりわかる。これに拠れば一二月九日、二人は新羅人張公靖ら二六人の船で長門に到着した。翌年七月二日、仁明天皇は仁好の再入唐に際して、円載・円仁分の黄金をそれぞれ二〇〇小両ずつ与え、滞在費とさせた（順昌は日本に留まったか）。円載は自分の分だけでなく、円仁の滞在費も請求したのだろう。遣唐留学僧は一般に出国に当たって日本朝廷から滞在費を支給された上、円載は唐からも天台山での五年間の滞在費支給を認められたが、唐からの滞在費は八四四年には途絶えることになる（八三九年に天台山入り）。そこでその後の滞在費を日本の朝廷に依頼したのだろう。なお円仁の滞在費は円仁弟子の性海《しょうかい》が入唐して届けた。八四五年に俗人四人とともに揚州に来て、翌年赤山浦で出航を待っていた円仁のもとにもたらしている（『行記』会昌六年正月九日条・一〇月二日条）。

円載滞在費を受け取った仁好の再入唐は、八四五年になっても楚州新羅坊で確認されていない（『行記』会昌五年七月五日条）。だが唐には着いたらしく、仁好は八四七年に日本に二度目の帰国を果たしている。この船は張友信の船であり、つまり仁好は恵蕚・義空と同船していたことになる（さらに恵運とも同船だった）。この時仁好はまた円載の滞在費を要求し、仁明天皇より黄金一〇〇小両を賜った（『続日本後紀』承和一四年七月八日条・一五年六月五日条）。その後円載は八五五年にも日本に表文を送っている（『文徳天皇実録』斉衡二年七月二〇日条）。詳細は不明だが、滞在費を請求したものかもしれない。

真如法親王の周辺

円載の世話になった入唐僧に真如法親王がいる。八六二年、真如は張友信の船で入唐した。俗名は高岳《たかおか》親王と言う。七九九年、平城天皇の第三皇子として生まれ、平城が弟の嵯峨天皇に譲位すると幼少で立太子したが、翌年の薬子の変（八一〇）を機に廃太子の憂き目に遭った。出家の後は空海の下で活躍し、朝廷の許可を得て入唐した後にはインドに向かうも、東南アジアの羅越国で死亡したという、数奇な運命をたどった人物である。その行程は、真如とともに入唐した伊勢興房《いせのおきふさ》が記した『頭陀親王入唐略記』に詳しい。

真如は明州望海鎮（今の寧波市鎮海）・越州より揚州へ赴き長安入京の許可を求め、これが許可されると八六四年一二月に揚州を出発した。伴の者は宗叡《しゅえい》・智聡《ちそう》・安展《あんてん》・禅念《ぜんねん》・伊勢興房・任仲元・丈部秋丸《はせつかべのあきまる》の七人で、他の者は日本に帰国した。同行者の大部分は真如入唐時にも名前が確認でき、確認できない者でも丈部秋丸は真如お仕えの仕丁だから、やはり日本から随行したものと見てよいが、智聡のみは入唐時のメンバーに入っていない。

実は、これは円載の従僧で、さらに言えばもともと円珍の従僧として入唐したものが円載に従ったものである。円珍従僧時代は豊智と言った(24)。智聡が真如に従ったのは円載の指示もあったものと見え、真如一行は長安に到着すると、円載のいる西明寺に滞在した。その間、円載は真如の長安入城やインド渡航を皇帝に奏請している。このように拠点を長安に移してからも、円載は入唐日本僧の便宜を図る役割を果たし続けた。

円載の最期

宗叡など真如のインド行きに同行しなかったメンバーは八六五年に帰国したが、『入唐略記』は智聡のみは唐に残ったと記している。智聡はすでに唐に拠点を置く心積もりだったのだろう。円載・智聡らは、長年の在唐生活の中で役所とのやり取りなどに熟練しており、自らの帰国申請を行なうこともたやすかったに違いない。彼らが帰国しなかったのは、遣唐使のように便がなかったためではない。いつでも帰国できる状況の中で、あえて唐を活動拠点に据えていたのである。その点で彼らは、あくまでもお国のために(つまり帰国を前提に)留学した遣唐使たちとは発想が異なっていた。円珍は帰国後、円載の堕落・腐敗した姿を言い立てて非難したことで知られる。その真偽や円載の真意は確かめようがないが、円珍の非難には、日本仏教界の常識では把握し難い境地に達した先達を理解できなかった故の誤解・憎悪も、少なからず含まれていたのではなかっただろうか。

だが晩年になって、円載・智聡は帰国を試みる。すでに時は八七七年で（あるいはもう少し前の可能性もある）、承和遣唐使の帰国から三八年を経過していた。智聡は五七歳、円載はおそらく七〇歳代である。二人がなぜこの時になって帰国を思い立ったのかはわからないが、日本で活躍することを念頭に置いていたのならば、遅すぎる年齢である。ただ帰国に当たって唐人顔萱から「儒書および釈典を挟《さしはさ》みて日本国に帰る」（『全唐詩』巻六二九）と言われ、陸亀蒙から「見翻の経論多く篋《はこ》に盈《み》ち」と言われているように（『全唐詩』巻六二六）、円載はこの時までに多くの儒書・経典をそろえ、日本に持ち帰ろうとしたらしい。あるいは自らの死期を悟り、典籍類を日本に送り届けることで一生を締めくくろうと思ったのではないか。多額の留学費用を送ってくれた朝廷に対し、最後の恩返しのつもりだったのかもしれない。『大宋僧史略』巻下に拠れば、この時に唐から紫衣を賜ったという。

しかし運命とは残酷なものである。円載は日本に帰ることはなかった。智聡が日本に帰って語った顛末が、『円珍伝』に引用されている。これに拠れば、二人は唐海商李延孝の船に乗って日本に向かったが、悪風に遭って難破し、円載も李延孝も溺死してしまった。もしも円載が無事に帰国していれば、その評価は変わっていたはずで、その点でも惜しまれる結末であった。智聡のみは破れた船材につかまって温州の岸にたどりつき、改めて他船で帰国した。この時円載が送り届けようとした典籍は、ほとんど失われてしまったと思われる。ただ智聡が日本にもたらした『梵字仏頂尊勝陀羅尼』一巻の存在が知られ、智聡請来の本はわずかに伝わったらしい。

ちなみに円載と運命をともにした李延孝は、八五三年に円珍を乗せて唐に向かった海商である。三年後には日本へ向かい、また唐に来て八五八年に円珍を乗せて日本へ向かっており、円珍との縁は強かった。その後は、八六二年と八六五年に唐から日本に来たことも知られる（八六五年は宗叡が同船）。八六五年までの一二年間で、少なくとも日唐間を四往復したことになり、八七七年は五往復目（かそれ以上）の航海になるはずだった(25)。こうしたベテラン海商の船であっても、海難はなかなか避けられるものではなかったのである。

中瓘の場合

円載の後、唐に長期滞在した僧としては、中瓘《ちゅうかん》がいる。入唐の経緯や時期などのみならず、帰国の有無すら不明で、少なくとも日本で活躍することはなかったらしい。この人物は三つの事件で名前が現れる。一つ目は八八一年一〇月一三日、真如法親王が東南アジアで非業の最期を遂げたことにつき、陽成天皇が所司に文書を下して、哀悼の意を示した件である（『日本三代実録』元慶五年一〇月一三日条）。真如の最期が判明したのは、中瓘が唐から送ってきた申状によるものだった。中瓘がこの事実を知った背景は不明だが、東南アジアに旅立った僧の最期を知りえるのは海商の情報以外に考えられず、中瓘は唐と海外を結ぶ海商たちと関係を持っていたものと思われる。

中瓘が次に史上に現れるのは、有名な八九四年の寛平度遣唐使派遣計画である。そもそもこの時に遣唐使が計画されたのは、同年に届いた中瓘の上表文が始まりだった（『菅家文草』巻九・一〇）。温州刺史の朱褒が海商王訥を派遣し、日本に朝貢を求めたのに当たり、中瓘も王訥に宇多天皇への上表文を託して、唐の現状を伝えるとともに、朱褒の要求に疑念をさしはさまないように言っている。これを受けて日本では翌年に、半世紀以上ぶりの遣唐使派遣が決まったのだが、当初これに応じた菅原道真《すがわらのみちざね》は、後日改めて中瓘の上表文を見て、そこから唐の衰退の様子を読み取り、九月一四日に宇多に対して、遣唐使派遣の是非について再検討を求めた。この結果遣唐使の派遣は先送りになった。

一方で中瓘に対しては、滞在費として砂金一五〇小両を送ることが決定した。その旨は八九四年七月二二日、宇多の勅を受けて太政官から中瓘に宛てられた牒（文書の一種）に記されている。この牒は砂金とともに王訥に託され、中瓘に送られたことだろう。このように中瓘は、唐滞在中に海商や地方官との関係を築き、日唐間をつなぐ潤滑油のような役割を果たし（ただし朱褒のもくろみは果たされなかったが）、また日本の朝廷に対しては、そのような機会をとらえて滞在費を請求した。

中瓘に関する最後の記事は、九〇九年二月一七日、弁官が中瓘に送る牒状に請印《しょういん》を行なったというものである（『扶桑略記』裏書）。この時は砂金一〇〇両も木箱に入れて絹で包んで送られている。これ以前に滞在費の請求があったものだろう。この時点ですでに八八一年から二八年を経過していた。中瓘は短くても三〇年近くは唐に滞在し続け、日唐間の連絡を行なう役割を果たしたのである。その在唐は円載死亡からまもなく確認されるから、承和度遣唐使（八三八）から唐の滅亡（九〇七）以後まで七〇年以上、唐には常に日本への連絡役となる僧侶が滞在していたことになる。もしも重大なできごとがあれば、彼らは日唐間を行き来する海商を通じて常時日本に連絡ができた。日本の朝廷は、もう遣唐使などなくても唐の情報を得ることができるようになっていたのである。

新時代の入唐僧たち

以上のように、承和度遣唐使の帰国後、日本の権力者や寺院は必要に応じて、海商の船を通じて随時僧侶を派遣することができるようになった。八四〇年に入唐し八四二年に帰国、八四三年頃入唐し八四七年に帰国、八四八年頃に入唐し八四九年に帰国した恵蕚の行動を見るだけでも、二〇年に一度（承和度の頃には三四年に一度）の遣唐使しかなかった時代と比べれば、日唐間の往来は明らかに容易になっている。また日常的に海を渡る海商たちによって航海知識が蓄積されていくにつれ、その安全性も高まっていった。こうして承和度遣唐使の帰国を契機として、日唐間では仏教交流が一挙に盛んになっていったのである。日唐文化交流の象徴のように言われる遣唐使だが、いささか逆説的な言い方をすれば、実際には遣唐使がなくなってから、恒常的な仏教交流が実現するのである。

彼ら入唐僧たちの中には、教学上の成果を唐から請来し、仏教界のホープとなる者が多く現れた。天台宗では円仁・円珍がそれぞれ山門派・寺門派の祖となったように、この時期の入唐僧のカリスマ性は高い。密教（東密・台密）史上で重要な役割を果たしたとして顕彰されてきた入唐八家の中で、空海・最澄・常暁・円行の四人は遣唐使で入唐・帰国したが、他の円仁・恵運・円珍・宗叡の四人は海商の船を利用して入唐・帰国している（ただし円仁の往路は遣唐使船）。古代仏教界の大物にも「遣唐使以後」の入唐僧がかなりおり、頻度だけでなく後世に与えた影響においても、「遣唐使以後」の存在感は大きい。

また「遣唐使以後」の特徴としては、仏教界のホープ的存在以外に、恵蕚のように何度も日唐間を往来してメッセンジャーとなった者や、円載・中瓘のように長期滞在して日本僧滞在の便宜を図る者もいたことが挙げられる。彼らの出現は頻繁な日唐交通を前提としており、その意味で「遣唐使以後」の時代をより直接反映する存在だったと言えるであろう。

第2章　古代から中世へ

1　平安王朝の対外政策

僧侶往来の谷間

八三九年、最後の遣唐使が帰国したことを契機に、東シナ海には僧侶入唐の波が押し寄せた。遣唐使船を利用しなくても入唐が可能になり、二〇年一貢の制限にとらわれる必要がなくなったことで、入唐を留める壁が取り払われた。東シナ海は日唐間をさえぎる壁から道へと、変貌を果たしたのである。

　ところがこの趨勢は、このまま続かなかった。一〇世紀に入る頃から、入唐僧の波がはたと静まってしまうのである。もちろん絶えるわけではないが、明らかに頻度は低下する。九二七年に入唐した興福寺僧寛建《かんけん》以前で年代が確実に判明する例は、八八二年に入唐した三慧《さんね》までさかのぼらなくてはならない。ただ、八九三年に唐から日本に連絡を送った好真《こうしん》なる入唐僧がおり、また九一三年に帰国した智鏡なる僧も知られる（青蓮院吉水蔵『熾盛光経仏頂大威徳銷災大吉祥陀羅尼経』奥書）。世紀変わり目の入唐僧で知られるのはこの程度であり、いずれも存在感は薄く、知られる活動も限定的である。寛建の次は九五三年に日延《にちえん》が入唐するが、両者の間隔は二六年である。後に一〇七〇年、入宋僧成尋が、海外渡航勅許を求める際に、前例として寛延（寛建の誤り）・日延・奝然《ちょうねん》・寂照《じゃくしょう》を挙げており（『朝野群載』巻二〇）、少なくとも代表的な入唐僧として挙げるべき者は、寛建と日延の間にはいなかったようである。

その後奝然は九八三年、寂照は一〇〇三年に入宋した。前の入唐・入宋僧との間隔は、それぞれ三〇年・二〇年である。奝然・寂照の入宋と関連して、その従僧が別便で帰国したり入宋したりもしているのだが、中心となる僧侶の留学サイクルは、また遣唐使時代に戻ってしまった。いったいこれはどうしたことだろうか。

国家事業としての入唐

まず前提として確認しておきたいのは、「遣唐使以後」の僧侶たちはどのようにして入唐したのかということである。もちろん海商の船を利用して入唐したことは前章で見たとおりだが、ならば海商からOKをもらえば、誰でも入唐できたのだろうか。答えは否である。入唐に当たっては、天皇の勅許をもらうことが必須であって、無断で入唐することは公式には認められなかった。

円載は八五三年、天台山で円珍に再会した時に、「牒を送りて本国太政官に与え、王勅に因らざれば、人をして来たらしめざれ」と言ったという（『行歴抄』大中七年一二月一四日条）。帰国したあかつきには、勅許を得た者以外は入唐させないように、太政官に言っておくように、円珍に申しつけたのである。円珍はこれを聞いて、「太々好々（大変よろしいことです）」と答えたというが、つまり当時、僧侶の入唐は勅許を得た者に限るべきであるという意識が、円載・円珍にはあった。

この条件に関して言えば、遣唐使として入唐した円載はもちろん、八五三年に貿易船で入唐した円珍もクリアしていた。円珍について確認してみると、八五八年、唐から帰国するに当たり、円珍は三回にわたって出国許可を求める牒を台州に提出している。その一通目は案文が残っており、そこには自らの前半生および日本仏教の歴史を長々と記している（『園城寺文書』第一巻、講談社、一七―三号文書）。これに拠れば、円珍は八五〇年、文徳天皇が即位すると、奏状を提出して入唐学法を求めた。この時に執奏にあずかったのは右大臣藤原良房《よしふさ》で、弟の藤原良相《よしみ》も協力した。八五一年には入唐の勅許を得て、紫衣・路糧などを賜って大宰府に下り、そこで勅に従って糧食を与えられ、八五三年に新羅商人王超らの船で入唐したという。

これを見るに、円珍の入唐は奏請が勅許されたことによって初めて可能になった。勅許を受けると糧食の提供などの便宜を受けることができたこともわかる。ただし天皇への奏上は誰にでもできるわけではなく、何らかの人脈が必要とされるであろう。円珍の場合、延暦寺という有力寺院に属していたことは大きかっただろうが、それとともに奏請を取り次いだ藤原良房兄弟との縁も重要だったらしい。良房は文徳の母順子の兄であり、また皇太子惟仁《これひと》親王（後の清和天皇）の祖父（文徳女御明子《めいし》の父）として、当時権力を振るっていた。円珍は入唐に当たって良房・良相より資金援助を受けたことも知られ、入唐勅許の背後に良房との人脈があったものと見られる。

この頃の入唐は、このように天皇の勅許を得られる人脈を持たない限りは困難だった。[1]「遣唐使以後」の入唐僧第一号である恵蕚が太皇太后橘嘉智子の後援を得ていたことにも、同様の事情が想定できる。つまり「遣唐使以後」も海外渡航は自由に行なわれたわけではなく、宮廷との人脈を持つごく一部の僧侶以外にとっては、やはり中国は遠い存在だったのである。言い換えれば、船便がいかに増加して、遣唐使とは無縁に留学することが可能になったとは言っても、海外留学は依然として国家事業だったのである。その点で「遣唐使以後」の入唐僧たちも、遣唐留学僧に連続する性格を持っていた。

入唐勅許の恩恵

入唐が国家事業だった以上、入唐僧たちは留学資金など様々な便宜を朝廷から受けることができた。円載・円仁や中瓘が朝廷から一〇〇～二〇〇小両程度の金を滞在費として賜っているのも、その点では当然の措置だったと言える。真如が入唐するために大宰府に下向した時は、大弐藤原冬緒《ふゆお》らが一〇〇人以上の随身・騎兵を引き連れて大宰府を慰問したという(『頭陀親王入唐略記』)。真如の場合は、元皇太子という尊貴な身分ということもあったのかもしれないが、勅許を得て下向した入唐僧は、行路の過程や大宰府でかなり丁重な扱いを受けたであろう。

勅許を受けた渡航は、渡航先の唐での行動にも有利だった。円珍は大宰府に到着すると、入唐を認める大宰府の公験《くげん》を求め、八五三年二月一一日に与えられた（『東京国立博物館所蔵文書』）。さらに七月一日には、あらためて別書式の公験を申請して受け取っている（『東京国立博物館所蔵文書』、六五頁の図3参照）。一通目の公験では円珍の従者・従僧が「従者捌（八）人」と書かれていたのに対し、二通目には従者・従僧が七人しか記されていない。何らかの事情で一人欠けてしまったために、公験の再発給を求めたものだろうが、一通目では人数しか書かれなかった従者・従僧が、名前・年齢まで明記されている。内容・書式の試行錯誤もあったのだろう。

円珍はこれを持って、七月に入唐する。船は五島列島の奈留《なる》島から出航するが、八月一四日、風に流されて琉球に漂着する。海商たちは人食いの島として恐れおののき、風が吹くとすぐに出航し、翌日福州に到着した。円珍はここで台州へ行く公験の発給を求めたが、おそらくこの時に大宰府公験を身元証明書として提出したのだろう。以後円珍は目的地に到着するたびに、次の目的地へ向かうことを認めた公験の発給を求めて、唐国内を移動する。

円珍が大宰府で一通目の公験発給を求めた時に提出した申状に、「将《まさ》に西国（唐）に遊行して、聖に礼して法を求めんとすれば、大唐商人王超等の廻郷の船に□附するも、到る処所、来由を詳らかにせざるを恐る。伏して乞う、判して公験を附し、以って憑拠と為さんことを」とあるとおり、大宰府の公験は、唐に渡航した後で、入唐の事情を証明するものが必要だったために発行された。したがって当初から唐で用いることを念頭に置いて作成された文書だった。二通の大宰府公験に見える人名が、従者だけでなく大宰府の官人も中国風に「藤（藤原）有国」「越（越智）貞原」と書かれているのも、そのためだろう。特に二通目、円珍の提出した牒の後ろに地方官が「任為公験」の文言と日付・署名を追筆して公験とするという書式は、同時代の唐代の公験と同じで、これをモデルにしたものである。

このように書類上の便宜を図ってもらえるのは、勅許による入唐の利点だったが、円珍の場合はさらに、伝灯大法師位に任じられた僧位記と、内供奉《ないぐぶ》持念禅師に補任《ぶにん》された旨を記した治部省牒を、入唐に先立って与えられている。これらは園城寺・東京国立博物館に現存するが、人名・官名を唐風にしたり、実際の発給日をさかのぼる日付で書かれていたりと、不可解な文書である(2)。

治部省牒には円珍の追記があり、僧位記・治部省牒を唐に持っていったこと、その発給が藤原良房の尽力に依るものだったことを記している。これらが良房という権力者の口添えによって発給されたこと、またその発給は唐に携行するためであったことがわかる。これらは唐での身分証明書として作成されたものだったのだろう。遣唐使の一員ならば国家から身分の保証が受けられるが、個人で入唐する場合はそうはいかず、自らが何者なのかを唐で証明しなくてはならない。そこでこうした文書が必要となったのだろう。こうした文書がすべての入唐僧に対して与えられたとは思われないが、権力者との人脈は入唐に様々な便宜をもたらしたのである。

入唐僧の義務

入唐僧は原則的に遣唐使と同様に、帰国の後にはその成果を天皇に報告する義務を負った。少し後の例になるが、十国の一つ浙江の呉越国に渡った日延の例を見よう（『大宰府神社文書』年欠大宰府政所牒）。呉越王銭弘俶は、唐末の混乱で国内に仏典が欠けていることを嘆き、高麗・日本に書写を求めた。これに応じた天台座主延昌《えんしょう》は、九五三年に書写した仏典を延暦寺僧日延に託して送らせた。三道博士（天文道・陰陽道・暦道の博士）の賀茂保憲《かものやすのり》は、この機会に最新の暦を請来することを奏し、村上天皇の勅許を得た。かくして入唐した日延は、新修符天暦という新たな暦を学び、一〇〇〇巻以上の内典（仏典）・外典《げてん》も得て、九五七年に帰国した。蔵人の源是輔《これすけ》とともに駅伝で入京したというが、駅は国家大事に用いられる緊急の交通手段である。日延の帰国が注目されたこと、また入唐僧が厚遇を得られたことがわかるだろう。

日延は入京後、請来品をすべて村上天皇に献納した。村上天皇はこれを一覧した後、内典は延暦寺、暦経は暦博士の賀茂保憲、『春秋要覧』『周易会釈記』などの外典は学者を多く輩出した大江氏に与えたという。この手続きよりわかるように、入唐僧の請来品は個人の所有物ではなく、公的なものとして天皇に献納された。内典などは日延所属の延暦寺に与えられたが、手続き上はあくまでも天皇から与えられたのであって、個人の所有物として請来されたのではない。その証拠に、寺院で扱うことが最適とは思われない暦や外典類は別の者に与えられている。暦の請来は入唐前から勅によって命じられていたことであり、日延はこれを守って新修符天暦を請来したのだが、このように入唐行為は、天皇から命じられた典籍・文物を請来するという公的な目的のために行なわれる建前だった。「遣唐使以後」の入唐僧も、立場や役割は遣唐使と変わらないことがわかるだろう。

さらに日延には、「在唐之間日記」も存在した。村上天皇は式部大輔橘直幹《なおもと》や文章得業生藤原雅材《まさき》らを召して、その日記の真偽を日延に確認させたという。入唐僧は帰国の後に在唐中のできごとを報告するために報告書を作成していた。朝廷ではその日記を元に内容の確認を行ない、海外情報源としたのである。(3)勅許を得て入唐・入宋し帰国した僧の日記としては、円仁『入唐求法巡礼行記』と『奝然法橋在唐記』(逸文のみ残存)のほか、『行歴抄』の元になった円珍の日記くらいしか知られないが、他の入唐僧も同様に日記を提出したものだろう。成果報告は、国家の使命を得て入唐・入宋した者の義務だったのである。

入唐交易使

「遣唐使以後」の入唐僧がこのようなものであってみれば、結局のところ僧侶が入唐できるかどうかは、天皇が入唐を許可するかどうかにかかってくる。天皇から認めてもらえなければ、船便があっても利用できないわけである。そうなれば入唐僧の減少は、朝廷側の対外姿勢の問題と関係するものである可能性も考えられる。

実は「遣唐使以後」に入唐したのは、僧侶のみではなかった。九世紀には朝廷から派遣された俗人の使者が存在し、入唐交易使と呼ばれる。「交易使」と呼ばれるのは、もっぱら貿易のために派遣された使者だからで、遣唐使のように国家儀礼などには参加せず、したがって外交使節としての役割はなかった。たとえば八六一年、「遣唐の使者、摂津国住吉神社に向かい、神宝を奉《たてまつ》る」という記事がある（『日本三代実録』貞観三年二月七日条）。一見するとこの時代にも遣唐使があったことにされかねないが、この前後には外交使節を任命したという記録も派遣したという記録もない。交易使がもたらした中国製品を神社に奉納した記事と見るべきであろう。

具体的なものとしては、八七四年、伊予権掾大神巳井《おおみわのみい》と豊後介多治安江《たじひのやすえ》らを唐に派遣して香薬を購入させたという記事がある（貞観一六年六月一七日条）。また八七七年には大唐商人崔鐸ら六三人が、日本の国使である多安江らと、彼らがもたらした多くの貨物を台州で載せて、筑前に来航している（元慶元年八月二二日条）。「多安江」は、多治安江が唐で一字姓を名乗ったものだろう（円珍に与えられた大宰府公験を参照）。八七四年に入唐した安江が八七七年に帰国したのか、その間に一度帰国して再入唐したのかはよくわからないが、ひとまず彼らが朝廷によって派遣され、海商の船を利用して日唐間を往来したことは了解できよう。またこの時のことかはわからないが、大神御（巳）井が入唐使として派遣される時、藤原山蔭《やまかげ》から多くの黄金を託され、白檀を購入した。山蔭はこれで千手観音像一体を作ったという（『朝野群載』巻一、総持寺鐘銘）。このように入唐交易使派遣は、貴族層が個人的に外国商品を入手する機会にもなった。

大神巳井は早くから入唐していたらしい。すでに何度か言及した船だが、円仁が八四七年の帰国時に利用しようとして逃した明州の張友信の船（仁好・恵蕚・義空らが乗船）には、日本人の神御井なる者が乗っていた（『行記』大中元年閏三月一〇日条・六月九日条）。大神巳（御）井が唐で一字姓を名乗ったものに相違ない。巳井と同船で帰国した者に春大郎がいるが、これは後に渤海使や唐海商の接待を行なった春日宅成《かすがのやかなり》である(4)。彼は入唐後に広州に行ったが、ここは東南アジア・インド方面との貿易の拠点であり、香薬が多く集まる場所だった。春大郎は香薬など南海産品を購入し、日本に持ち帰ったのだろう。来航した海商から商品を購入するよりも、使者を唐に送り込んで商品を購入させたほうが、確実に良質なものを選定して入手することが可能だった。

安江・巳井は少なくとも唐に二回派遣されているし、宅成は他の対外関係事務を担当している。彼らは当時の対外関係事務の専門家と思われ、その点で何度も入唐し日唐仏教界の連絡役となった恵蕚と近い存在と言えるかもしれない。

ところで入唐交易使の活動は、八四七年に帰国した巳井・宅成（宅成は上陸地―広州―明州という長距離移動の後で六月に帰国したから、入唐は八四六年以前か）が初見で、八七七年帰国の安江が終見である。彼らのような中級官人（最終的には六位・外五位）の場合、僧侶と違ってわざわざ伝記などは残されず、その活動は偶然史料に現れたものしかわからないから、実際にはもっと事例は多かったと思われる。特に八八七年九月以後は六国史がなくなり、詳細な史料がしばらく欠けてしまうから、本来ならばもっと後の事例もあった可能性がある。だが史料状況が好転する一〇世紀末になっても入唐交易使は現れないから、九世紀末以後のある時点で絶えてしまったとは言えそうである。

年紀制の制定

入唐僧の盛んな往来の時期と入唐交易使の活動期が重なり合うことは、注意してよい。入唐交易使は、朝廷の命令で入唐し外国製品を購入したものだから、当然勅許を得た上で入唐した者である。九世紀末に彼らの活動が見えなくなるのは、天皇が命令しなくなったためと考えられる。その時期が入唐僧の動向と重なるということは、やはり僧俗含めて朝廷の対外方針の変更が背後にあったと考えるべきであって、入唐僧の減少も仏教界の動向のみの問題ではないことになる。

ただ結論を急ぐ前に、一応もう一つだけ考えておくべきことがある。海商側の事情である。唐の滅亡後の混乱の中で海商の往来頻度が減少し、入唐の便も限られてしまったという可能性も、一応考えられないではないからである。だが六国史がなくなる八八七年以後でも、断片的な史料から八九〇年・八九三年・九〇三年・九〇九年・九一三年・九一九年・九二〇年・九二四年などに、商船の往来が確認できるか推測できる。少なくとも入唐僧が二、三十年間隔になる原因となるほどの往来の減少はなかっただろう。

また九一一年、日本で年紀制という新たな制度が発足し、海商の来航頻度が制限されたことも参考になる。これに違反した者は原則として貿易を認められず、帰国を命じられた。これを「廻却」と言い、一方で日本滞在と貿易が認められた場合は「安置」と言った。従来年紀制の内容は、帰国から次の来航まで二、三年の間隔を空けることを義務づけるものとされてきたが、近年渡邊誠が、一一世紀終わりに成立した『参議要抄』巻下に記す「唐人来朝年紀」に「中古十余年」とあること、九一一年以後の海商の往来の頻度、朝廷の対応などから、年紀制で義務づけられた間隔は一〇年以上、その基準は来航から次の来航までであると指摘した。(5) 間隔がかなり長いようにも見えるが、この頃の海商は日本に一度来航すると六〜八年滞在する例が少なくないので、その場合は帰国から来航までの間隔は数年程度になる。

この頻度は九世紀の日唐間（たとえば李延孝は一二年間で四往復）だけでなく、一一〜一二世紀の宋麗間と比べてもかなり少ない。『高麗史』を見れば、一〇五四年・五五年・五九年に高麗に来航した黄助や、一〇五七年・六一年・六三年・六五年・七一年に高麗に来航した郭満など、数年単位で宋麗間を往来した海商の例は事欠かない。おそらく東シナ海の海商としては、この程度の往来頻度がもっとも自然なのであって、それと比べれば一〇年以上という年紀は、海商の往来の機会をかなり制限するものだったことになる。もしも朝廷の規制がなければ、宋麗間と同じ程度の頻度で海商の来航が望めただろう。

もっとも渡邊も明言しているように、廻却の処分を前提に、年紀を無視して来航する海商もいた。彼らは来航して追い返されるまでの事務手続きの間（数ヵ月かかる）に民間貿易を行なったり、別人に商品を委託して次回来航時に代価を受け取ったりしたものだろう。たとえば陳詠は、一〇四八〜六九年の二二年間で日宋間を五往復しており、しかも五回目は四年間在日しているので、廻却処分は受けていないらしい（『参記』熙寧五年六月五日条・六年四月一二日条)。渡邊はこれを綱首=船の代表者ではなくその下にいる上級船員として渡海したものと見るが、もしもそうならば、他人名義の船で来航すれば年紀にかかわらず日宋間を何往復もすることが可能だったことになる。ただ陳詠は一〇四八年に宋で公憑(出港許可証)を得ており、公憑は綱首に与えられるものだから、陳詠はこの時は綱首として渡海しているはずである。まずは綱首として、以後は船員として渡海したと考えるか、二〜四回目は廻却前提の短期滞在だったと考えるか、可能性はいくらでもあるが、ともかく実態としては海商は一〇年一往復しかできなかったわけではなさそうである。

そもそも日宋間を往来する海商は同時に複数いたわけだから、仮に一人が一〇年に一回しか往来しなかったとしても、便自体が一〇年に一回しか得られなかったわけではない。すでに見たように、九世紀末から一〇世紀初めで数年に一回の海商来航は確認できるし、これは宋代になっても同様であった。要するに僧侶の留学頻度の減少は、船便の減少によるものではなかった。

逼迫する財政

九世紀末以後も日唐・日宋間には一定の頻度で海商の往来があり、船便もあった。だが朝廷は、日本人がこれを利用して海外に渡航するのを抑制する方向に向かっていった。中瓘のように在唐して日本に情報を送って来る連絡役も、一〇世紀に入るといなくなる。これは海外の文物や情報の入手を海商に一任するということでもあった。しかもその海商の来航頻度にも制限が加えられている。朝廷が必要とする程度の外国商品さえ入手できれば、それ以上の海商の来航は望まなかったということで、全体から見れば、対外交流の制限を目指していたと言えそうである。ただし朝廷は貿易の禁止は終始行なっておらず、中国の商品や情報を一定程度の間隔で入手することが可能な状態は維持していた。

当該期の日本の対外方針と言えば、遣唐使派遣の見送りや渤海使来航の終焉に象徴される、公的外交関係の消滅がまっさきに思い浮かぶ。また唐末五代の混乱の中で東アジアの諸王朝が滅亡する中、一〇世紀前半には呉越・東丹・後百済・高麗などの新興国から次々と使者が到来していたのだが、日本はそのどれとも外交関係を結ばなかった。つまり文化・経済だけでなく政治面においても、日本朝廷は対外関係希薄化の方向を目指していた。また近年佐藤全敏は、九世紀末から一〇世紀初頭の日本で起こる政治体制や文化的動向の変容を、唐の規範性の衰滅という文脈でとらえている(6)。

ただ外交関係の拒絶や入唐僧の減少は、唐の規範性の問題で説明はできても、貿易制限とは直結しなそうである。前後して見られた貿易の制限と入唐僧の減少を関連するものと見る場合、それをどのように説明すればよいか。これは大きな問題で、私もまだこれという結論はない。ただ渡邊誠が、年紀制による貿易制限の背景に財政問題を想定するのを参照すれば、一つの可能性を示すことはできるかもしれない。この時期はいわゆる寛平・延喜の治と呼ばれる改革期に当たっているが、そのさなかの九一四年、醍醐天皇の指示に従って廷臣たちが提出した時務策の中に、有名な三善清行《きよゆき》の『意見封事十二箇条』があり、国家財政破綻の対策として一二の条目が列挙されている。財政問題は、九世紀末以来の重要課題だった。財政破綻にあえぐ現代日本と同様に、この頃の朝廷も無駄な出費の効率化を標榜した。特に外交関連の出費は、無駄な支出としてやり玉に挙げられた[illegible]年、従来八〇人だった渤海使接待の宴会要員である権酒を四〇人に削減し、また音声[illegible]人も二〇人に削減している。この内で権酒については「彼の数すでに多くして用無し」という理由からであった（『扶桑略記』延喜一九年一二月五日条・一六日条）。

もっとも外交はともかくとして、貿易に関しては、むしろ振興すれば利益が上がるはずだと思う読者も多いだろう。だがこの後で述べるが、朝廷が海商の管理を志向したのは、自らが必要とする商品の確保のためであり、貿易を通じた利益獲得が目的だったわけではない。したがって徴税も行なわれなかった。現代人からすればいささか奇異に思われるかもしれないが、この時代の貿易は、収入ではなく支出につながるものだった。

日本でも中世になれば、港湾の使用に当たって津料を徴収することは広く行なわれたし、少し後の中国の市舶司制度や、ヨーロッパをモデルにした近代世界の貿易制度においても、貿易船は入港地で税を支払うことが義務づけられた。だがこの時代の日本の官貿易はより素朴で、出費と引き換えに海外の商品を入手する行為にほかならなかった。したがって外交だけではなく貿易関連の出費も、財政的見地から削減されることになったのではないか。

貿易関連支出の削減

支出費目の一つとして海商の接待費がある。九世紀には海商に対する処置として「安置供給」が行なわれたが、一〇世紀には「安置」のみとなった。「安置」とは前述のとおり日本国内に滞在させることで、多くの場合は大宰府鴻臚館に収容することを言う。一方「供給」は滞在用の衣糧の支給である。「安置供給」を施すのは、渤海使など外国使節への対応と同じである。海商も単なる取引相手としてではなく、天皇の恩徳を示す化外《けがい》の民としても扱われたのである。その終見は八七七年、先に見た入唐交易使多治安江を乗せて来航した崔鐸の例である。その後はしばらく海商来着後の対応を記す例がなくなってしまうのだが、九四五年に来航した呉越海商蔣袞について、太政官で「唐人安置」を指示した官符が作成された一方で、「供給」については言及されていない（『本朝世紀』天慶八年八月五日条）。以後も唐人に「供給」した記事が存在しないため、九世紀末から一〇世紀前半の間に「供給」は行なわれなくなったと考えられる。

たとえば関白藤原頼忠《よりただ》が九八二年に円融天皇に奏上した（大宰府の?）解文に、「唐人来りて年を経ること尚《ひさ》しく、或いは飢饉して死去し、或いは本国に還《かえ》るを請えば、尤《もっと》も哀 べし」とあり、来航後商品の代価が支払われず帰国できない海商が飢え死にし る（『小右記』天元五年三月二五日条）。死亡の原因が本当に飢餓なのか はずもない。一〇世紀には海商への「供給」が行なわれていればそもそもこのようなこ 世紀には「供給」がなくなったと考えられる。

九〇九年には唐物使《からもののつかい》の派遣が停止され、代わりに朝廷が必要とする物のリストを大宰府に送っている（『扶桑略記』延喜九年閏八月九日条・一一月二七日条）。唐物使とは九世紀半ば以後蔵人所から派遣された使者で、来航した貿易船の商品を確認して朝廷に必要なものを選定し、京進する役目を負った。代価は後日改めて蔵人所から、支払いの使者（返金使）を通じて送られた。一一世紀初めまでは貿易船が来航すると唐物使を派遣するのが通常だったが、一〇世紀に書かれた『新儀式』に、唐物使について「或いは遣使せず（大宰）府官に付す」とあるように、大宰府に委任することもあった。一〇一二年に大宰府に委任した時は、日照りの被害があったことや宇佐使の下向が続いたことで路次の国々が苦しんでいたことが理由とされている（『御堂関白記』長和元年九月二二日条）。つまり唐物使の派遣は路次の国々の負担になったことが知られ、中央にとっても財政上の負担になったものと思われる。一〇世紀初めに唐物使の派遣を停止する例が生まれたのも、臨時的な支出削減の意味があったのだろう。

官司先買制

この頃の貿易は、すべて国家の管理下に行なわれることが原則だったが、これに関する法令を確認してみよう。八八五年、朝廷は大宰府に命じて、唐海商の来航が報告された時に、王臣家および九州の吏民が、値段を吊り上げて商品を争って購入することを禁じさせている（『日本三代実録』仁和元年一〇月二〇日条）。これと同趣旨の法令が九〇三年にも出されている（『類聚三代格』巻一九）。唐海商来航の情報があると、諸院・諸宮・諸王臣家と総称される中央の権力者たちは、官司が到着する前に使者を派遣して争って商品を購入し、また大宰府の管下（九州全域）に住む富豪たちは、値段を吊り上げて貿易を行なう。このために商品の値段が定まらない。そこで朝廷は大宰府に命じて、律令の規定の遵守と違反者の厳罰を命じている。

この法令からうかがうことができる朝廷の貿易方針は二点ある。まずは海商が来航して最初に行なう取引は官貿易であるという原則（官司先買制）である。その法源は律（失われた雑律か）と令（関市令に該当条文あり）であり、関市令に「凡《およ》そ官司未だ交易せざるの前、私に諸蕃と共に交易するを得ず」とあるように、官司よりも先に「諸蕃」と貿易を行なうことは禁止するというものだった。もちろん日本が唐から律令を導入した時点で、まだ東シナ海には存在しなかった海商との取引が想定されていたはずはなく、当初「諸蕃」として念頭にあったのは新羅使など国家使節だろう。朝廷はこれを海商に関しても適用したのである。本来国家使節の滞在施設だった大宰府鴻臚館に海商を収容したことも含め、平安王朝は律令国家の遺産を、海商の貿易管理制度としてたくみに転用したのであった。

優良品は最初に確保しなければ、すぐに売れてしまう恐れがあった。だから朝廷は民間貿易が先に行なわれることを防止したわけだが、逆に言えば、朝廷は自分が必要なもの以外は買い取らなかったわけで、民間貿易を認めた。つまり平安時代の朝廷は貿易の公的管理を志向していたが、それは国家による貿易独占を意味するのではない。たとえば八四二年に新羅海商の商品をすべて民間貿易の対象としたのは、朝廷に貿易独占の発想がなかったことを示している。

朝廷が優良品を確保するためには、海商が来航したらすぐに公的管理の下に置かなくてはならない。海商管理と搭載品の確認は、来航地が九州ならば大宰府、九州以外なら国司が担当した。もっとも来航地は九州の場合が圧倒的に多く、その場合海商は大宰府鴻臚館に収容された。その後は朝廷に報告が行なわれ、天皇が貿易を許可した場合は、唐物使が派遣されて官貿易が行なわれる。このように日本では、九世紀の間には官貿易を確実に遂行するためのシステムができ上がっていた。

公定価格の死守

貿易方針の二点目は、取引価格の安定である。当時は商取引一般について公定価格（沽価）が存在し、官貿易に当たってはそれに従って支払えばよいとも言えるのだが、それがあまりにも実勢レートとかけ離れてしまうと、官貿易自体が忌避されて、貿易船の来航がなくなったり、密貿易に走られたりする恐れもあった。たとえば曾令文なる宋海商は、商品の代価として金三〇〇〇両を受け取ることになっていたが、実際の支払いは大宰府管内の官物から米で行なわれることになったため、九九八年に米と金の換算レートをめぐって朝廷に訴えている。朝廷は公定価格に従って金一両を米一石としたが、曾令文は米三石を主張し、最終的には米二石で決定した(7)。このように、公定価格も海商の抵抗に遭うことがあり、朝廷もそれをまったく無視できなかった。

特に問題になったのが、院宮王臣家や富豪層など海商に群がる人々たちによって、商品の値段が跳ね上がってしまうことである。官貿易完了後の民間貿易は、鴻臚館で大宰府の監視下に行なわれるから、公定価格に準じて取引が行なわれるはずだが、官貿易前に取引されてしまうと、それもできなくなってしまう。官司先買制はこうした事態を予防する意味もあり、これを守るように大宰府に通達したのも、取引価格の高騰を防ぎ、貿易による財政圧迫を抑えることが直接の目的だったのだろう。

なお官司先買制や公定価格遵守の原則は、すでに八三一年に新羅海商との取引に当たっても明確にされていた（『類聚三代格』巻一八）。八八五年と九〇三年の指示は、こうした既定の方針をないがしろにする動向が強まってきたことに対して、引き締めを狙ったものであった（大宰府の役人の職務怠慢に対する注意でもある）。その原因は一に院宮王臣家・富豪層にあるが、彼らの経済活動は当時朝廷で問題とされており、寛平・延喜の治が目指したものも、その活動を抑制して国司を通じた地方支配を確実にすることだった。有名な延喜の荘園整理令（九〇二）がその一例だが、同時期の大宰府に対する指示もこれと同様の関心に基づくものであって、対外的関心による政策というよりは、多分に国内対策の意味が強かった。

「仕分け」された入唐僧

入唐僧の減少や入唐交易使の廃絶も、以上の動向の中で考えられるかもしれない。つまり一度に金一〇〇〜二〇〇小両規模（一両＝三小両）の留学費を必要とする入唐僧や、すでに制限の対象になるほどの海商来航がある中でわざわざ海外に商品の買いつけに行く入唐交易使などは、緊縮財政を求める立場からすれば無駄な支出そのものであり、「仕分け」の対象となるべきものであった。

ちなみに一〇世紀最初の入唐僧である寛建は、九二六年に五臺山巡礼を奏請して認められ、翌年大宰府牒を賜って、商船で福州へ赴いた。この大宰府牒は、かつて円珍が得た大宰府公験と同様のものだろう。この時に支給された旅費は金一〇〇小両だったが、さらに宇多院の仰せによって五〇両が与えられた（『扶桑略記』延長四年五月二一日条・六月七日条・『日本紀略』延長五年正月二三日条）。後者も小両だとすれば、合計一五〇小両（五〇両）の金を与えられたことになる。この額は九世紀の入唐僧が在唐中に追加支給された額とだいたい同じで、九世紀の前例が参照されたのだろう。

この額はどの程度のものなのかと言うと、平安時代の朝廷はもっぱら陸奥からの貢納によって金を獲得していたが、一〇世紀初頭までの貢納額は年間三五〇両だった（『延喜式』巻二三、民部下、交易雑物）から、なんとその七分の一が一人の入唐で費やされたことになる。これでは確かに「仕分け」の対象にされても文句は言えないだろう。九世紀末に入唐僧が激減したのも、こういうところに一因があったのではないだろうか。ただ一〇世紀に入ると陸奥の貢金年額は数千両規模に膨れ上がるから[8]、入唐僧の旅費支出は相対的に容易にはなったただろう。一一世紀になれば、朝廷は宋海商に数百両から一〇〇〇両規模の支払いを行なっている。だが今さら入唐僧の規模が増大することはなかった。一度引き締めを行なった文化事業を改めて守《も》り立てることで、あえて「無駄」を増大させる方向には向かわなかったのだろう。

2 帰国しなかった僧たち

寛建入唐の結末

久しぶりの入唐僧寛建は、あまり成果を挙げることができなかった。そもそも寛建は、出自も入唐の経緯もよくわからない。藤原氏の氏寺である興福寺の僧なので、左大臣藤原忠平《ただひら》あたりの推挙だろうか。円珍と良房の関係はすでに見たとおりだし、後の入宋僧も摂関家を後援者とした者が少なくないから、忠平あたりの関与はありそうな話である。

寛建の事績がわからないのは、日本に帰らなかったことも一因である。それは中国に骨をうずめようとしたためではなく、まったく不慮の事故によるものだった。大宰府牒を得て商船で入唐した寛建は、予定どおり福州に到着したらしい。その後福州の隣り、建州に赴いたことが知られるからである。寛建に同行した従僧の超会《ちょうえ》は、後に開封天寿寺で入宋僧奝然と会って、寛建が建州の浴室で死亡したことを伝えている（『鵞珠鈔』巻下二所引、奝然在唐記）。久しぶりの入唐僧にしては、なんとも無念な最期だった。ちなみに奝然が開封にいたのは九八三〜九八五年のことで、超会は八五歳だった。超会は入唐の時点で二七〜二九歳だったことになる。

なぜ寛建が福建から入国したのかは謎である。最澄や円珍が福州から上陸した例はあるが、二人とも漂流によるものである。だが寛建は入唐申請時から福州に行くことを決めていた。しかも福州からそう遠くない天台山の巡礼を目当てとした最澄・円珍と異なり、寛建の目的地は中国北辺の五臺山で、浙江から入ったほうが距離は近い。つまり寛建の都合で福州が選ばれたとは考えられない。利用予定の船が福州に帰ることになっていたためと考えるべきだろう。福州は福建北部の港町で、当時は十国の一つ閩《びん》の都になっていた。閩王の王審知は、ここの黄崎（甘棠港）に外国人や商人を招致したという（『新五代史』巻六八、王審知伝）。宋代の福建では南部の泉州が南海貿易の拠点となるが、福州は東シナ海とのつながりも強い。日本との間にも海商の往来が見られたのだろう。宋代になれば福州海商の日本来航の事例も散見される。

寛建従僧たちのその後

奝然が超会から聞いた話に拠れば、寛建一行は一一人で、寛輔《かんほ》・澄覚・長安・超会の四人の従僧を含んでいた。長興年間（九三〇～九三三）に入京し、さらに五臺山や鳳翔・長安・洛陽なども巡ったという。「京」を当時の都長安とすると、巡礼先が重複するので、この場合は奝然時代の都開封を指すのだろう。寛輔については、九三二年に洛陽にいたことが確認できる（『参記』煕寧六年二月一五日条）。

その後半世紀を経て奝然と出会った時点で、超会は紫衣と照遠大師の号を賜っていた。超会によれば、寛輔は紫衣と弘順大師号、澄覚は紫衣と資化大師号を賜ったと言う（長安は不明。これ以前に客死か）。超会と同時に与えられたものだろう。寛輔は後唐明宗の治世（九二六〜九三三）に開封に入った後、九三二年には「持念弘順大師賜紫」と名乗っているが、入唐したのも明宗の時代だから、紫衣・師号を与えたのは明宗のはずである。外国僧に紫衣と師号を与えるというのは唐代には見られない一方で北宋期には慣例化している。その始まりは五代頃の後梁・後唐にあったようである(9)。

寛輔は開封になかった密教を広め、授法灌頂を行なった弟子は三〇人以上に及んだという。九五八年に寛輔に会った義楚は、寛輔を「日本国伝瑜伽大教弘順大師賜紫寛輔」と呼んでおり、寛輔が瑜伽大教（密教）を伝えたことは中国でも高く評価されたらしい（『義楚六帖』巻二一）。中国仏教界でこれほどの活躍をした日本僧はかつていなかったはずで（訳経事業にたずさわった霊仙が挙げられるくらいか）、帰国せず日本の歴史には名を残さなかったものの、なかなかの人材だったものと見える。

澄覚も漢語を学んで唯識論・上生経などを講ずるほどの学識だったが、帰国のために両浙（今の浙江省と江蘇省南部）へ去ってしまったという。日本行き貿易船の発着地の中心は両浙だったから、その便を求めたものだろう。澄覚の日本帰着は知られず、両浙への途上で死亡したか、船が沈没したものと見られる。一方で超会・寛輔は開封に留まった。日本行きの便が得られる見込みがあったにもかかわらず帰国しなかった彼らは、日本での栄達を期待していなかったと思われ、その点で円載らと同様の姿勢だった。

なお九五五年には、後周世宗によって、「三武一宗の法難」と呼ばれる中国史上の四回の大規模な仏教弾圧の、最後の一回が行なわれた。これは後周の勢力圏内でしか有効性はなかっただろうが、超会らのいた開封は後周の都であり、影響を直接こうむったはずである。奝然が書き残した断片的情報ではわからないが、さぞかし苦労したものと推測される。あるいは澄覚の帰国も、そうした事情と関係するのかもしれない。

呉越国の義通

五代十国時代に日本と関係が深かったのは、福建の閩国や中原の五代王朝よりは、浙江の呉越国だった。呉越は海を通じて五代王朝や遼に朝貢し、また日本・高麗・後百済・渤海などと通交した。呉越は唐末に東シナ海の主要貿易港となっていた明州・台州・温州などを領内に有し、閩滅亡後には、九四七年にその旧都福州も併せた。都は杭州に置かれたが、海港としては条件の悪い杭州にも、この頃から海商の来航が見られるようになる。まさに東シナ海交流の核に位置する国が呉越だった。

この国は文化史上では、仏教の保護が特筆される。呉越の仏教事業でよく知られるのは、唐末の混乱で失われた仏典を高麗・日本に求めたこと、王の銭弘俶による命令で鋳造した八万四〇〇〇基（この数が実数かどうかは怪しいが）の阿育王塔の内五〇〇基を日本に送ったことなどである。仏典求請に応えて九五三年に日本から派遣されたのが日延だったことはすでに述べたが、彼が帰国する時に呉越王は阿育王塔を彼に託して日本に送っている。阿育王塔は現在も数基が伝世品・出土品として日本・中国に現存する。また高麗も九六〇年の呉越王の求請に応え、翌年に諦観《ていかん》を派遣して天台論疏をもたらしている（『仏祖統紀』巻二三）。

呉越時代の浙江仏教は、東シナ海交流に直結する形で展開したという点で注目される。これを象徴する人物が、高麗僧義通《ぎつう》だった。彼は天福年間（九三六〜九四四）に呉越に至り、天台山の徳韶《とくしょう》と義寂《ぎじゃく》に学んだ（『四明尊者教行録』巻七、宝雲通公法師石塔記）。天台山で浙江仏教を学んだのは日本人だけではなく、新羅僧も早くから参学していたのだが、それは呉越時代にも見られたのである。

徳韶と義寂は、呉越王に高麗・日本への仏典求請を勧めた張本人である（『宋高僧伝』巻七、義寂伝）。彼らが異国に仏典を求めるという発想を持ったのは、一つには門下に義通のような高麗僧の出入りがあったからにほかなるまい。またその背後には海商もいたらしい。一一世紀初頭に書かれた、楊億『楊文公談苑』に拠れば、呉越王が日本に仏典を求請したのは、「賈人」の情報によるものだった（『皇朝類苑』巻七八所引）。賈人とは商人のことだが、この場合は浙江から日本や高麗に行き来して彼の地の仏教の様子を知っていた海商たちに違いない。呉越の仏教復興事業は呉越王の崇仏の姿勢によるところが大きかったが、それは同時に、海上交流の盛行によって導かれたという側面もあったのである。

義通は後に、帰国のために明州に向かった。ところが義通はそこで、銭惟治（呉越王銭弘俶の子）の懇請を受けた。「もし利生と曰わば、何ぞ必ずしも雞林（高麗）ならんや」、民を救うという仏教本来の目的のためなら、高麗でやらなくてもいいではないですか、というのが、銭惟治の発言だった（『宝雲通公法師石塔記』）。ここに義通は明州に留まり、九六八年に漕使顧承徽の宅地の喜捨を受けて伝教院を建てることになった。その後、宋は呉越を接収すると、九八二年伝教院に額を賜り宝雲院（後の宝雲寺）とした（『宝慶四明志』巻一一）。義通は九八八年、明州で示寂（死去）し、阿育王寺の西北に葬られた。その門下からは四明《しめい》知礼《ちれい》が出た。九九一年に明州乾符寺に、九九六年に明州保恩院に住し、一〇一〇年には保恩院を延慶院（後の延慶寺）に改めた（『四明尊者教行録』巻七、尊者年譜）。

義通・知礼より始まる一派は山家《さんげ》派と呼ばれ、宋代天台宗の一大門派となった。その中心地は明州だったが、それは直接には高麗僧が海上を通じて呉越に至り、また高麗への便を求めて明州に来たことを契機としていた。この件に象徴されるように、明州では外国僧の往来が一つの刺激となって、仏教の活性化が果たされたのである。

明州から外に出て行く流れもあった。九三五年、明州僧の子麟《しりん》は「高麗・百済・日本諸国」に行って天台の教えを授けたといい、日本・後百済については疑わしいが、高麗はこれを受けて李仁旭を派遣したので、呉越王はその安置のために建物を作り、九四二年にこれを改めて保安院としたという（『宝慶四明志』巻一一）。唐代の明州は外国僧にとって、天台山への出入り口となる港町に過ぎなかったが、呉越時代になるとこの港町自体が仏教交流の舞台に現れるようになってくる。義通と天台宗山家派の登場は、東シナ海の交流の大勢を前提とした動向だったと言わざるを得ない。他に呉越の都杭州でも高麗僧の活動は目覚ましかったが、これは紙数の都合から割愛しよう。

知礼と寂照

以上のように、呉越と高麗の仏教交流は盛んだったが、高麗の国家制度が整備されるとともに、一〇世紀終わりには高麗からの僧侶留学も日本と同様に減少していく。その過程自体は筆者も関心を持っているが、ここではそろそろ日本のほうに話を戻そう。実は以上見てきた高麗僧の法流の内、明州の知礼一派は日本とも関係がある。それは延暦寺僧の源信《げんしん》やこれと親しくした勧学会《かんがくえ》メンバーによる天台浄土教の研究と絡むもので、その橋渡しを行なったのが入宋僧寂照だった。

寂照の師は寂心《じゃくしん》というが、これは慶滋保胤《よししげのやすたね》の法名である（他に源信などにも師事した）。保胤は『日本往生極楽記』で知られ、当代の浄土教結社の中心人物である。実は一〇世紀の天台浄土教の成立と発展の背景には、呉越から請来された浄土教関係の典籍が大きな役割を果たしていた。その典籍をもたらしたのが、先に触れた日延であった(10)。たとえば日延請来の『往生西方浄土瑞応刪伝』は、『日本往生極楽記』で言及されている。『瑞応刪伝』は中国で初めて編まれた往生伝であるが、日本初の往生伝『日本往生極楽記』が唐の『浄土論』『瑞応刪伝』を参照して書かれたことは、その序文に明記されている。保胤兄の賀茂保憲は、日延による新暦請来を提案した人物で、日延とも縁があった可能性が高い。なお日延請来の仏典は延暦寺に収められたので、最初にこれを目見できたのは延暦寺僧だっただろうが、実際に延暦寺僧の源信は『往生要集』で『瑞応刪伝』に言及している。そもそもこれら初期の日本浄土教の著作は、宋へ送ることを念頭に置いて書かれたものであるとする見解もある。[11] これらの著作物は、一〇世紀の東シナ海交流を背景に成立したものだったのである。

さて、寂照の入宋は一〇〇三年のことである。五臺山巡礼を求めて一条天皇に入宋勅許を求めたが得られず、ひとまず九州に下向した。後に成尋が、勅許を得て入宋した僧の一人に寂照を挙げていることから見て、この後勅許を得られたようである。『歴代皇紀』に拠れば、一〇〇三年八月二五日に九州を発って、九月一二日に明州に到着した。寂照は明州に入港すると知礼を訪れ、源信の提出した教学上の質問を提出した。『四明尊者教行録』巻四には、これに対する知礼の回答が『答日本国師二十七問』として収録されている。明らかに遣唐使時代で言うところの唐決であり、源信はその伝統にのっとって寂照に質問を託したのであろう。

この時に寂照は経典類も知礼のもとにもたらした。[12] 具体的に知られるのは『大乗止観法門』と『方等三昧行法』で、知礼門弟の遵式《じゅんしき》はこれを宋で刊行している。また遵式の手に成る『天台教観目録』序に拠れば、遵式は日本から送られた目録からは三師（義寂・義通・知礼）の著以外は『天台教観目録』に採用しなかった。この日本からの目録というのは現存しないが、日本（延暦寺か）にどのような仏典があるか知礼に伝えたものだろう。なお知礼は源信に『仁王護国般若経疏』を求めて送ってもらったが、船が大風に遭う中で海に捨てられ、知礼のもとには届かなかった。そこで知礼は二人の僧を日本に送ったが、彼らは日本で死んでしまったという（『仁王護国般若経疏』序）。このようにアクシデントはあったが、寺同士で典籍の交流が志向された様はうかがうことができる。

もう一つ注目されるのは、三師の著以外は日本の目録から採用しなかったという点、つまり日本の目録には山家派の著がすでに含まれていたということである。義寂の著は日延が請来したものかもしれないが、その後に成る義通・知礼の著は、海商を通じて日本に輸入されたものだろう。このように明州と日本の間では、海を挟んで仏教界最新の成果が、それほどの時間差もなく共有されていたが、だからこそ相互に連絡を取り合うことで効率的に仏典を融通しようという発想も生まれたのである。

この後寂照は一〇〇四年（一説に一〇〇六年）に開封で真宗に謁見し、天台山・五臺山巡礼も果たした後、蘇州呉門寺（普門院か）に入った。その間寂照は、開封で楊億という文人と親交を深めた。楊億の著『楊文公談苑』には寂照の前半生が記されている（『皇朝類苑』巻四三）。この楊億は、知礼の俗弟子である。知礼との縁は、明州から遠く離れた都の開封まで通用したわけである。

源信・寂照の意図

以上一連の行程について、寂照は（源信の指示では）当初から知礼を訪問する予定だったとするのが一般的だが、藤善眞澄はこれに疑問を呈する。明州に上陸した寂照は、明州保恩院で知礼を知り、源信の疑義を提出する相手としてこれを選んだのではないかという。(13)つまり港が明州にあったから、明州の天台僧を訪ねることになったというわけである。根拠としては、これ以前に源信が『因明論疏四相違略註釈』など法相宗関係の著を宋に送り、しかもその送り先として江南ではすでに絶えていた法相宗の僧を想定していたことから、源信が宋仏教界の動向について詳しい知識があったとは思われないことを挙げている。源信が送った本は、婺州《ぶしゅう》海商楊仁紹と台州海商周文徳を通じて婺州雲黄山と台州天台山に届けられたが、これはいずれも海商の出身地にほかならない。天台山はともかく雲黄山は日本で知られた寺院があったわけではない。源信が宋に自らの著を流布させようと海商に丸投げしたものであって、送り先を具体的に指示したものではないのだろう。

図5　『普門禅寺記』拓本（筆者蔵、明代後期）。5行目に「日本僧寂照入貢」と見える

ただこれ以前、九八八～九八九年頃、源信は来日中の宋僧斉隠《さいいん》に自著『往生要集』など日本浄土教の著述を託している。一応斉隠の関係者のところに届くことは想定していただろう。斉隠は杭州奉

先寺住持の源清《げんせい》にこれを届けたらしく、九九五年、斉隠は再度来日し、源清が天台座主暹賀《せんが》と延暦寺諸僧に宛てた牒二通をもたらしている。源清は源信の働きかけをきっかけとして利用し、日本仏教界の代表者との交流を期待したのである。

この時源清は、『法華示珠指』など自著や一門の著を送り、宋で逸書となっている『仁王護国般若経疏』などを日本に求めている。もしも欠けている仏書があればまた送るとも言っており、知礼と同様の対応をしている（奇しくも要求している本も同じである）。日本に期待するところはかなり大きかったらしい。暹賀はこの時に送られた仏典や牒状を朝廷に提出し、返牒の作成は朝廷で行なった。源清としては寺院間の交流のつもりだったのだろうが、延暦寺は朝廷を介すべきと考え、外交案件に準じて扱われてしまったのである。この返牒が送られるまでは時間がかかった。斉隠を乗せてきた海商朱仁聡にトラブルが続き、一〇〇二年まで帰国できなかったからである。この間、源信は一〇〇〇年に斉隠に自著『因明論疏四相違略註釈』『纂要義断注釈』を託して、さらに宋に送ることを依頼しており、斉隠―源清との関係を続けるつもりは満々であった。

寂照が知礼の下に到ったのは斉隠が帰国した翌年のことだったが、この源信―寂照―知礼の関係と源信―斉隠―源清の関係は連続するものなのだろうか。普通に考えれば連続しているはずだし、おそらく源信の脳内では連続していたのだろう。しかし実は源清は天台宗山外派に属する僧で、しかも知礼より激烈な非難を受けた当事者だったのである。日本仏教界と交流して散逸した仏典を得ようとしたのも、こうした状況下で知礼への反撃に備えたものにほかなるまい。

　だとすれば寂照の行動は、源信が山外派から山家派にパートナーを乗り換えたことを意味することになるし、さもなければ両門派を天秤にかけていたことにもなるのだが、そんな深読みをすることもあるまい。江南に法相宗があるはずという源信の宋仏教界に関する認識の程度を考えれば、その門弟の寂照も宋仏教界の派閥抗争など気にしてはいなかったと思われる。藤善が言うとおり、上陸地明州に有力な天台僧がいたから訪問したという程度の話なのであろう。もっとも源清側としてはそうもいかない。以後源清と延暦寺の交流は、はたと途絶えてしまう。一方で知礼の跡を継いで一〇二八年に延慶院（保恩院が改称）住持となった広智尚賢《こうちしょうけん》のもとには、延暦寺から紹良《しょうりょう》ら二人が派遣され、金字法華経が贈られた。紹良らは三年修学の後に帰国したという（『仏祖統紀』巻一二）。この時点では延暦寺は、明らかに山家派を目当てに僧侶を派遣しているのであろう。

　このように、仏教史の面から見れば、源信・寂照の行動はどうなのだということになるが、僧侶を通じて海域交流の歴史を見たい立場とすれば、このほうがかえって面白い。日宋仏教界の交流は海上交通のあり方に規定されていたのである。おそらく源信にしてみれば、明州という特定の港町ではなく、「中国」仏教界の意見を聞くのが趣旨だったのだろうし、寂照もそうだったのだろう。しかし現実に仏教交流の仲立ちをするのは、海商であり貿易船であった。そのため彼らの交通拠点となった浙江、その中でも特に明州が、仏教交流においても拠点的な場になり、日本が交流の相手とする「中国」仏教は、結果的に明州やその周辺の浙江仏教にならざるを得なかったのである。

宋代海域世界と文化交流

この頃日中交通路は、九世紀半ば以来の大きな転換点を迎えていた。それは宋による中国統一を契機としていた。九六〇年、後周恭帝の禅譲を受けて即位した趙匡胤（太祖）は宋を建国し、弟趙匡義（太宗）の代、九七九年までには、遼（契丹）が領有した燕雲十六州と、北ヴェトナムに独立した大越国という二つの「回復されざる中国」を残して、中国全土をほぼ統一した。浙江の呉越も、九七八年に王による宋への国土献納を受けて消滅した。安史の乱で事実上分裂状態になった唐後半期以後、二世紀ぶりに中国全土を支配する安定政権が誕生したのである。宋は軍事的には北方の遼に対して劣勢だったが、一〇〇四年には遼と澶淵の盟を結んで、歳幣支払いを約束することで国境保全の同意を取りつけ、言わば金で平和を買うことに成功した。以後この安定した支配体制と国際情勢下で、宋は中国史上未曾有の経済発展を実現した。

その中で海上貿易に関して注目されるのが市舶司の設置である。宋は特定の港に市舶司を設置して、貿易関係の事務を担当させた。中国海商の出航・帰国や、外国海商・朝貢船の受け入れ、港を出入りする船や商品・人間の管理、徴税（抽解）・官貿易（博買）を行なった。海上貿易から利益を得ようとする姿勢は、特に呉越・閩・南漢など十国中の沿海諸国でも見られたが、宋はこれを引き継ぎ、より整備された形で発展させたのである。東シナ海方面は明州・杭州、南シナ海方面は広州の市舶司が担当したが、一一世紀末には華北の山東半島に密州板橋鎮市舶司が、福建には泉州市舶司が置かれるなど、市舶司は以後増廃を繰り返した。その中で明代に入るまで中心的役割を果たし続けたのが明州・泉州・広州の市舶司である。

浙江の両浙市舶司設置は九八九年だが、これは杭州に置かれた。その後九九二年に明州定海県に移され、九九九年に杭州・明州に併置された。九～一〇世紀、東シナ海の貿易港は明州・台州・温州・福州などに分散していたが、市舶司の設置によって、一一世紀にはほぼ明州に一本化する。これは法令上の規定だけでなく、実際に日本史料で確認される事例を見ても、一一世紀から一四世紀前半までほとんどの船が明州を利用している。杭州・江陰（市舶司かその下部機構の市船務の設置港）を用いたものが数例あるが、他は漂流か、特殊な政治事件に巻き込まれたことによる例外的事例である⑭。たとえば両浙市舶司設置直前に入宋・帰国した奝然は、台州より入国して台州より帰国しているが、明州・杭州での市舶司併置後まもなく入宋した寂照は、明州より入国しており、奝然・寂照の間が東シナ海交通の転換点だった。

明州は呉越の時代にはすでに主要貿易港の一つであり、仏教交流の舞台にもなっていたが、宋代には市舶司設置という政治的措置により、貿易港としての地位はさらに強化される。仏教交流の拠点としての地位も、当然補強されることになったであろう。寂照の目が明州に拠点を置く天台宗山家派のほうに向いたことも、こうした文脈で理解すれば海域交流の一コマとして見えてくる。

海商たちを介した交流

源信・寂照周辺の動向からもう一点指摘したい。それは海商による仏教交流である。すでに述べたとおり、僧侶の入唐・入宋は九世紀末から激減した。その頻度は遣唐使と変わらない。これでは九世紀に一時的なブームが来ただけで、また元の木阿弥ではないか、と思われるかもしれない。しかしそれは断じて違う。やはり仏教交流は、遣唐使時代よりも頻繁に行なわれたか、あるいは行なうことができた。

それは源信をめぐる宋仏教界との交流を見れば瞭然である。すでに触れた事項も含むが、速水侑『人物叢書　源信』(吉川弘文館)を参照しつつもう一回整理しよう。九八七年、朱仁聡の船で斉隠が来日した。九八八〜九八九年、源信は『往生要集』などを斉隠に託して宋に送らせた(おそらく楊仁紹・周文徳の船)。九九一年頃、楊仁紹・周文徳が再来日して、『往生要集』を受け取った旨を記した婺州雲黄山の行辿の手紙などをもたらした。九九二年、源信は『因明論疏四相違略註釈』を楊仁紹に託して行辿のもとに送らせた。九九五年、斉隠は朱仁聡の船で再来日し、源清が延暦寺に送った仏典や牒状を届けた。これに対する返事は朝廷で作成された。また源信は斉隠に改めて『因明論疏四相違略註釈』『纂要義断注釈』を託して、行辿のもとに送らせた。朱仁聡・斉隠らは一〇〇二年に帰国した。一〇〇三年には商船で寂照が入宋し、経典類とともに源信の唐決を明州保恩院の知礼のもとにもたらした。後に知礼は源信に『仁王護国般若経疏』を求め、源信はこれを送ったが、海上で失われた。そこで知礼は再度僧二人を派遣したが帰らなかった。

　これに先んじた僧侶の往来状況も確認しよう[15]。九八三年、奝然は勅許を獲得して陳仁爽・徐仁満の船で入宋し、九八六年、鄭仁徳の船で帰国した。九八八年、新訳経典の獲得のために、弟子の嘉因《かいん》を鄭仁徳の船で派遣した。九九〇年、嘉因は帰国した。この間、九八九年には寂照が入宋を奏請したが、この時は認められなかったらしい。

　以上で見たように、九八三年から一〇〇三年の二〇年間で五往復半、日宋仏教界の交流が行なわれている。その中の二往復半は奝然・嘉因・寂照の入宋によるものだが、あとの三往復は海商の往来やそれに付随した宋僧を通じた交流だった。ここからわかるのは、海商を通じた仏教交流の比重の高さだろう。仏典の求請などに関しては、海商を介することでもかなり対応できたわけである。もちろん僧侶が直接入宋したほうがより誤解が少なく密度の濃い交流が可能だっただろうが、より薄く融通の利く海商を介した交流もかなり多かったわけである。なおうんざりされそうなので省くが、入宋後の寂照もしばらくは、海商を通じて二〜四年周期で日本と連絡を取っている。

3　密航僧の出現

勅許された入宋僧たち

さて、以上で見てきたところの入唐僧・入宋僧は、すべて勅許を得て中国に渡っている。これ以外の例を見ても、一一世紀前半まではだいたい勅許を得ているようである。何度も触れたように、成尋は自分よりも前に勅許を得て入宋した僧として、寛建・日延・奝然・寂照の四人を挙げている。他に勅許を得て入宋したことが知られる僧として嘉因がいるが、これは奝然入宋のおまけとしてカウントしていないのだろう。一〇一五年に入宋した念救《ねんきゅう》は寂照の従僧で、寂照が一時帰国させて日宋間の連絡に当たらせたものである。朝廷は寂照や天台山の要求に対応し、作成した文書などを念救に託して送らせているから、念救の再入宋は公認下で行なわれたものと見てよい。

他にも事績がほとんど伝わらない僧侶が何例かいる。その中で一〇二八年以後の某年に入宋した紹良については、日本史料が皆無でよくわからないが、『仏祖統紀』に拠れば源信が派遣したことになっている。この時点で源信は死去しているが、延暦寺の源信関係者から派遣されたものだろう。その背後には、寂照の仲介があったのかもしれない。晩年の寂照は、一〇二七年に藤原道長に手紙を送り、これに対して子の藤原頼通が一〇三四年に返事を送ったことが知られるが（道長は一〇二七年末に死亡）、紹良入宋はこれに付随した可能性もある。もちろん積極的な根拠はなく、紹良入宋勅許の有無は不明としか言えないが、密航と断定する必然性は特にない。

一二世紀に心覚《しんかく》が撰した『入唐記』に拠れば、慶盛《けいせい》は一〇四九年に「官符を申給し入唐」したという。『尊卑分脈』藤原魚名流に見える師方《もろかた》の子で、注記に「入唐聖人」とある慶成と同一人物だろう（草書体が似ているので、「盛」「成」はよく誤られる）。『血脈類聚記《けちみゃくるいじゅき》』巻三に拠れば、慶盛は京都大谷清住寺の上人で、一〇三六年に小野僧正仁海《にんがい》より付法しているが[16]、寂照も仁海より付法しているので、この点では寂照と同じ立場だったことになる。

以上を見て、読者の方々はどう思うだろうか。大学院生時代の筆者は、平安時代には管理の建前はあっても、現実には自由な交流の世界が開けていたはずと素朴に思っていた（あるいは、そうだといいなと思っていた）のだが、意外と朝廷の管理はきちんとしているという印象である。

何しろ寂照などは、九八九年に入宋を奏請して（『日本紀略』永祚元年三月七日条）、それが認められないと、その後一四年間も勅許を待っているのである。一〇〇二年には入宋の許可を得ないままに、入宋のために九州に下向したが（『小記目録』長保四年六月一八日条）、その後出航まで一年間九州に留まっており、勅許が下りるのを待っていたらしい。藤原道長がバックにいたようなので（入宋後に何度も手紙を送っている）、道長が何とかしてくれることを見込んでの見切り発車だったのかもしれないし、あるいは勅許が下りないなら密航も辞さないつもりだったのかもしれない。だがそれにしても、最初の入宋奏請からすでに一〇年以上我慢していたのだから、基本的には勅許を前提にしていたのだと思う。勅許までかかる時間の長さについては奝然（九八三年入宋）も同じで、入宋勅許が決まった折に、天禄年間（九七〇～九七三）以来の宿願がかなったと述べている（『本朝文粋』巻一三）。

密航僧成尋

なぜ彼らはこんなに我慢するのだろうか。勝手に行ってしまえばいいのではないか。結論を言えば、勝手に行くようになるのが中世なのだが、となれば、勝手に行こうとする人が現れるのは、対外関係史から見た時の中世の胎動と言えるかもしれない。その初見は成尋である。京都岩倉大雲寺主を務め、かつて藤原師実《もろざね》の護持僧を務めたこともあるキャリアの持ち主だった。成尋は一〇七二年に入宋したが、この時点で六〇歳に達していた[17]。

この年齢は他の入唐・入宋僧と比べても高い。奝然入宋は四六歳（入宋奏請時は三〇代半ば）、寂照入宋は四四歳前後（入宋奏請時は三〇歳前後）である。六四歳で入唐した真如は例外的に高齢だが、あとは帰国はともかく出国が六〇歳という例は、ほとんどない。ただ中国僧が日本の招聘で渡来する場合は、必然的に一定のキャリアを積んだ人が選ばれるから、高齢のケースが増える。唐僧鑑真は六六歳（来日打診は五五歳）、元僧明極楚俊《みんきそしゅん》は六八歳、清僧隠元隆琦《いんげんりゅうき》は六三歳で渡来している。なお管見でもっとも驚くべき例は永正度遣明使（一五一一）の了庵桂悟《りょうあんけいご》で、八七歳で入明（遣明使任命時は八一歳）、八九歳で帰国した。現代でもびっくりの超人坊主である。

ただ成尋とて、六〇歳で入宋を志したわけではない。四九歳の時には天台山の石橋を渡る夢を見ており、この頃には入宋を志していたらしい。入宋を後三条天皇に奏請したのは一〇七〇年のことだったが、そこでも「巡礼の情、歳月すでに久し」と言っており、これ以前に入宋のために三年間常坐不臥（寝る時にも横にならない生活を行なう）の行を行なったという。成尋はさらに「ここに齢六旬（六〇歳）に迫り、余喘幾ばくならず」として、余命が長くないことを強調し、早々の勅許を求めている（『朝野群載』巻二〇）。

しかし実際にはなかなか勅許が下りなかった。とはいっても二年くらいのことで、奝然・寂照に比べればまだまだなのだが、高齢の成尋には時間がなかった。また、一〇六八年から後三条天皇の治世になり、成尋と関係の深い藤原師実の父頼通が天皇との外戚関係を失って、政治的影響力を弱めたことも、成尋の不安を煽っただろう。そこで成尋は処罰されることも覚悟の上で、弟子たちを引き連れて九州に下向し、宋人曾聚らの船に乗って密航するのである。乗船の場所は肥前国加部島《かべ》（佐賀県呼子の北にある島）だったが、これは当時の風待ちの港である。おそらく博多で乗り込むと大宰府の監視が厳しいため、監視がゆるそうな風待ち港で待ち合わせをしたのだろう。ただそれでも密航は容易ではなく、停泊中の船から物を購入しようと人々が近づいてくると、成尋一行は船室に身をひそめて音を絶たねばならなかった（『参記』延久四年三月一五～一七日条）。

密航を支える人々

つまり成尋は、管理体制が緩んだから密航できたのではなく、年齢という個人的で切実な事情から、検挙覚悟で密航した。だがそれにしても、覚悟を決めれば密航できたことは事実である。その場合、密航を支える人々がいたことは、その成功の条件として注目してよい。成尋の日記から、宋での縁者の供養を成尋に依頼した人物や、入手した典籍の送り先とされている人物を挙げると、藤原頼通・藤原師実（頼通の子、左大臣、後の藤氏長者・摂政・関白）・藤原俊家《としいえ》（頼通弟の頼宗《よりむね》の子、民部卿）・源隆俊《たかとし》（治部卿、成尋の母の甥）・藤原寛子《かんし》（後冷泉天皇皇后・頼通娘）・藤原師信《もろのぶ》（頼宗の娘の夫）・章子《しょうし》内親王（頼通妹の藤原威子《いし》と後一条天皇の娘。二条院）などとなる。時の権力者後三条天皇やその側近、現関白藤原教通《のりみち》などは見えないものの、頼通周辺の人脈は勢ぞろいという印象である。おそらく彼らは、成尋になんらかの援助を行なった人々だろう(18)。

「遣唐使以後」の入唐僧が朝廷の勅許を得て滞在費を支給されたことはすでに述べたが、成尋は勅許を得られなかったにもかかわらず、滞在費には苦労していない。もっともこれは、天台山を巡礼した後に宋から潤沢な滞在費を支給されたためもあるが、それまでは日本から持ち込んだ砂金・水銀・真珠を換金して滞在費としていた(19)。また天台山巡礼以後も、たびたび日本から持ち込んだ鉱産物や工芸品を贈答に用いている。これらはかなり潤沢な印象で、足りなくて困った様子はない。たとえば肥前国加部島で乗船した日には、三人の船頭に米五〇石・絹一〇〇疋・打掛二重・砂金四小両・上紙一〇〇帖・鉄一〇〇挺・水銀一八〇両などを与えている。これは成尋個人の財産とは思われず、頼通周辺の人々の後援によるものであろう。

彼ら後援者が期待したものは何か。それは宋における入宋僧の作善事業に出資し結縁《けちえん》することで、自分や縁者の現世・来世の利益《りやく》を得ることであった。ことに五臺山や天台山など霊場への施財は、国内における財産を傾けた仏寺建立などと並び、功徳を積む絶好のチャンスだった。そうした志向は、末法思想の高まりとともにさらに高まっていったであろう。入唐僧と後援者の関係は、円珍と藤原良房の関係のように古くからあった。入宋僧についても、寂照は道長と関係が深く、奝然も円融天皇や藤原頼忠・兼家《かねいえ》・実資《さねすけ》やその関係者を後援者としていた⑳。こうした後援者の援助は、滞在費支給を伴う入宋勅許の価値を相対化し、少なくとも検挙さえ覚悟すれば、渡宋後の経済的な問題をクリアする条件を提供してくれるものだった。

入国の手続き

ただ入宋勅許の大きなメリットとしては、経済的援助以外にも、大宰府公験など公文書発給による渡航後の便宜提供があった。これはまさしく国家以外には代替できない機能であって、その意味で経済的援助以上に重要な問題である。しかし成尋の行程を見るに、これも解決が可能だった。具体的には以下のようになる（『参記』）。

成尋は宋船に乗って四月一三日に杭州に入ると、一六日に曾聚の紹介で張賓の客店（商品の卸売場・倉庫兼ホテル）に入り、一九日には五度の来日経験があり（成尋とも既知）日本語が使えた陳詠が客店にやってきたので、通事（通訳）とする約束をした。二六日には陳詠とともに杭州の役所に赴き、天台山参詣を求める中文を提出した。この時、成尋の要求を書いた文書以外に、陳詠も事情を説明する文書を提出して保証人になっている。翌日には役所から申請許可内定の連絡が来た。五月一日、役所からの連絡で、張賓と呉鋳（曾聚と同船の副船頭）も中文に連署するように言われ、これに応じた。三日、陳詠が役所から天台山行きを認める公移（許可証）を獲得した。四日、船に乗り、五日、天台山へ向けて杭州を出た。公移を見せることで門が開き、船を出すことができた。一三日に天台山に到着すると、事前に連絡が行っていたのか、寺主・副寺主以下数十人で出迎えがあった。二五日、天台山巡礼を終え、天台県の役所に提出する成尋名義の中文を寺僧の良玉に書かせ、翌日に提出。翌日台州に移動。六月一日、台州牒を得て開封行きが認められた。台州牒の発給に当たっては、杭州公移・成尋中文の他、天台山国清寺主仲芳《ちゅうほう》の保証書が参照された。

このように見るに、杭州で移動許可証を得て、移動先で新たに移動許可証をもらうというリレー形式自体は、唐末と変わらない。ただ大宰府公験・牒などがないため、始まりのところが少し変わってくる。つまり入宋僧個人で申請書を提出する必要が生じたのだが、宋代の公文書の書式や決まり文句は、古典漢文しか知らない日本僧が扱えるものではない。書かれた内容はともかくとして、文章自体は間違いなく宋人が成尋の名前で書いたものである（天台山ではそれが確認できる）。こうして作成された中文に加え、さらに成尋に同行し身のまわりの世話をする通事、成尋を日本から乗せてきた船の責任者、宿泊施設の主人が、保証人として書類申請に関わっている。

このように、成尋は文書リレーのスタート地点である入港地で、様々な宋人の協力を得て移動許可を獲得できた。こうした万全のサポート体制を得られれば、大宰府公験などはなくても（あったほうがスムーズだろうが）入国・移動は可能だった。もちろんその場合、協力者にはいくらかの謝礼をはずまないとならないだろうが、公権力が背後になくても解決できる問題ではあったのである。

成尋の弟子たちその後

成尋は見事密航を果たした。ただこの挙の結末をどのようにつけるつもりだったのかは、よくわからない。帰国しようとしても密航僧である。少なくとも公然と京に帰ることはもうできなくなりそうな気もする。このあたりは、出たとこ勝負の（当事者からすれば不安な）ギャンブルだったのだろうか。成尋は初めから帰国するつもりはなかったのかもしれないが、弟子たちについてはどうするつもりだったのだろう。

その真意はよくわからないが、これについては結果的にはなんとかなってしまった。一〇七三年、成尋に同行した弟子の内二人を残し、快宗ら五人は孫忠・陳詠（成尋を師に出家して悟本と名乗っていた）らの船で帰国する。快宗らは意外と公然と帰国することができたが、それは彼らが宋の神宗から送られてきた文書や下賜品をたずさえてきたため、朝廷としても受け入れざるを得なかったというところがあるようだ。外交文書をたずさえてきた宋海商は年紀を適用されず安置されたが、それと同様のことである。

快宗らはその後、一〇八三年にも再入宋して神宗に謁見している（『続資治通鑑長編』元豊六年三月四日条）。これは成尋弟子の帰国に始まる一〇年間の日宋外交交渉に絡むものと思われ、[21]だとすれば入宋勅許も得ていたはずである。同年に成尋建立の天台山国清寺唐院で厳円（後述）より伝法した多《と》武峰《うのみね》僧永暹《えいせん》も、この一行だろうか（金沢文庫蔵『忍空授釼阿状』）。

成尋のフォロワーたち

結局成尋弟子の一行は、帰国後もお咎めなしで済んでしまった。だが疑問なのは、本当に密航は成尋が最初なのかという点である。傍目から見て、密航すること自体はそれほど難しくもないように思う。なにしろ便はあったのだから、大宰府の監視があったとしても、闇夜にまぎれて船に乗り込むことくらいは十分可能だったはずである。実際に一〇二七年、志賀神社の社司が陳文祐らの船に乗って宋から帰国している。志賀神社がある志賀島は博多湾の島で、一四二〇年の朝鮮使宋希《そうき》璟《けい》がここで船を小船に換えて博多港に入ったように、博多入港直前に立ち寄る寄港地だった（『老松堂日本行録』入泊志賀島）。志賀神社社司が船に乗り込むことなど造作もなかったのだろう。ちなみにおそらく大宰府の取調べ記録によって、大《だい》外記《げき》の清原頼隆《よりたか》はこの社司を「慮外唐船に乗り入る者」と述べている（『小右記』万寿四年

図6　志賀海神社（筆者撮影）。志賀島の鎮守。宋船に「思いがけず」乗り込んだ社司はここの人間だろう

八月二七日条）が、「慮外（思いがけず）」というのが事実とは思いがたい（筆者には「思いがけず」乗り込むという事態は想像できない）。

この点で確証はないが、怪しい僧がいる。転智といい、宋の史料でしか登場しない人である。詳細な考証はここでは省くが、九五七年来日の日延帰国便が呉越に戻る際に同乗したらしい[22]。伝智という入唐僧が日本史料で知られ、おそらく同一人物であろう（『広韻』に拠れば転・伝の宋代音はともに知恋切、現代中国音はともにzhuàn）。すなわち『鵞珠鈔』巻下二に引く『奝然法橋在唐記』に拠れば、伝智とは大宰府監の藤原貞包のことで、呉越商客に従って入唐し、その後西インドへ行くために乗船したが、瞻城国（中部ヴェトナムのチャンパ）で水にあたって死んでしまった[23]。奝然が在宋中に記した日記の逸文なので、多分宋で聞いた話を記録したものだろう（つまり日本側に伝わっていた話ではない）。

藤原貞包は九四一年、日向の賊徒を討った恩賞として筑前権掾に任じられたことが知られ（『本朝世紀』天慶四年九月二〇日条）、筑前居住の在庁官人と見られる。筑前の大宰府に任用されるのは不自然な経歴ではない。となれば貞包は九四一年に筑前権掾、その後大宰府監となり、出家して九五七年に入唐したことになる。問題は大宰府の在庁官人が朝廷に奏請して入唐勅許を得られるかということだが、入唐勅許を得た他の僧が中央の大寺院の僧だったり、中央の権力者とコネがあったりするのと比較するに、かなり難しいのではないか。むしろ大宰府で船の出入りを目の当たりにした転智がひそかに乗り込んだものと見たほうが自然だろう。大宰府の役人経験者として、あるいは地方の有力者として、大宰府にも顔が利いたはずである。(24)管理機関の大宰府さえ丸め込めば、密航は可能だったのではないか。

史料には残らないものの、大宰府関係者の密航は他にもあったかもしれない。一〇九一年、大宰権帥藤原伊房《これふさ》が商人僧明範《みょうはん》を隆琨の船で遼に派遣し、兵具を売って金銀を購入させた例がある（『中右記』寛治六年九月一三日条）。明範は「商人僧」というように、法体《ほったい》の商人だろう。これは後に発覚して問題になり、伊房は降位停職の重い処分を受けている。明範の背後に摂関家や白河院がいた可能性を想定する説もあるが、明範が帰国後に取り調べを受けていることから見て、勅許手続きを経て公然と入遼したものとは考えられず、伊房との結託が入遼を可能にしたと見られる。一〇七七年入宋の仲廻一行の六人は、成尋の弟子たちの帰国時にもたらされた宋の文書への返事を届けるための使者で、朝廷から派遣されたのならば勅許を得ていたはずである。だがこの時に大宰大弐藤原経平《つねひら》から私物の貿易も依頼されており、帰国後に問題にされている（『帥記《そちき》』承暦四年五月二七日条）。経平が独断で乗り込ませた可能性がある。

密航が目立つようになるのは成尋入宋の後である。一〇八二年に密航した戒覚《かいかく》は、その詳細が日記『渡宋記』より明確に知られる。戒覚は博多で劉琨の船に乗り込んだが、その間は大宰府の制を恐れて船底に隠れ、便意を催さないように飲食も控えたという。戒覚はかつて延暦寺で学んだ後、播磨実報寺住持、ついで播磨引摂寺住持を務めたが、特に中央とのつながりはうかがえず、朝廷に入宋勅許を求めるつてなどなかっただろう。時に出家して四〇年というから、すでに六〇歳に近く、成尋と同様に検挙されてでも渡航を試みようと考えたのかもしれないが、明州に提出した表文に拠れば、直接の契機は成尋入宋の情報を聞いたことだった。これはおそらく宗教上の成果だけではなく、密航に成功した（しかも帰国した弟子は特に咎められもしなかった）という点も含んでのことだろう。成尋の密航成功が、これに続く密航者を生み出していったのである。実際に戒覚も密航を試みて成功し、その後宋で示寂することになる。

他の事例としては、成尋弟子の永智は成尋の一年後、一〇七三年に入宋した。成尋は密航だから、これに合流するための入宋が勅許されるはずがない。密航だろう。さらに成尋が一〇八一年に厳円という日本僧に血脈を授けたことが、金沢文庫蔵『忍空授釼阿状』に見える。この人は入宋年代も帰国の有無も不明だが、永智と同様に成尋を追って入宋したものだろうか。日円なる入宋僧もいる。筑紫で成尋から灌頂《かんじょう》を授けられた人で、成尋の後を追って入宋したと推測されている。(25)『続本朝往生伝』に拠れば、五臺山を巡礼するために宋商船で入宋し、天台山で示寂した。かつて天台の学徒だったが、後に菩提心を発して巌谷に隠遁した人で、中世仏教の母体の一つとなった遁世僧であるが、その経歴から見て勅許奏請などありえなかっただろう。

帰国しない入宋僧

彼ら密航僧たちの多くに当てはまる共通点がある。それは日本に帰国せず、宋で客死したことである。戒覚・日円がその例だが、帰国する気などはじめからなかったからこそ、六〇歳近くで入宋を思い立つことができたのだろう。成尋は当初は翌年秋の帰国予定だったが(『成尋阿闍梨母集』)、一度天台山を巡礼すると、五臺山巡礼の後に三年間天台山で修行したいと言いだしている(『参記』熙寧五年六月五日条)。実際に成尋は五臺山巡礼の後に再び天台山に入り、そこで一生を終えた。成尋の真意はつかみがたいが、年齢から考えても、帰国しない可能性を念頭に置いた上での渡海だったのではないか。成尋が帰国する従僧に託した自画像に書いた補記に、「年六旬に余り、旦暮期し難く、滄海の波万里にして、去留定まり難し」と記し、六〇歳を越えた今、余命がどれだけあるかは測り難く、帰国できる見込みもわからないとしている(『参記』熙寧六年四月一九日条)。

成尋の七人の従僧の内、五人は帰国したが、あと二人の聖秀・長明は、その後入宋した永智とともに宋に残り、成尋に仕えたらしい。戒覚の従僧二人の内で仙勢については、戒覚がともに五臺山に留まることを申請して認められており、以後も宋に留まった。戒覚のもう一人の従僧隆尊は帰国したものだろうか(『渡宋記』を持ち帰る?)。だとすればどのような形で帰国を果たしたのか気になるところだが、史料からはわからない。

だがともかく、密航という行為は国家的な援助を得られないだけでなく、帰国手続きやその後の国内での活動も困難にする恐れがあった。少なくとも入宋中の成果をもとに、帰国後に仏教界の表舞台に立とうと思っていたならば、密航はありえない選択肢だった。愛宕山山麓に五臺山に見立てた寺院（後の清凉寺）の創建を志していた奝然などは、その例である。だがそうではなく、初めから客死することを前提とした入宋僧ならば、この点は問題にならない。いわば帰国後の栄達を放棄することで、僧侶たちは入宋の自由を獲得した。

そう考えた時、成尋の前提として寂照が注目されて来る。彼はまさしく、帰国しなかった入宋僧第一号だった。源信らから託された使命はあったが、それを果たした後はじっくりと宋で修行生活を行なった。この件と関わりそうなのが、寂照入宋一〇年後の一〇一三年、従僧の念救を一時帰国させて、朝廷に一行五人の度牒（国家発行の出家証明書）の発行を求めた件である。この時朝廷は宋に送るためにいささかの見栄を張り、度牒の字を能書家に書かせ、白色の紙に朱砂を以って捺印した。手島崇裕はこの件について、宋での日常修道のために要求された書類として度牒を求めたとする[(26)]。だとすればこの時点で寂照は、帰国後の栄華など考えず、宋で最期を迎える決意をしたのではないか。

いよいよ中世へ

こうした僧侶の先駆は、これまで何人か挙げてきた。九世紀ならば円載だろうし、一〇世紀ならば超会ら一行だろう。そして寂照の後では、成尋以後に客死を前提とした入宋僧が次々と現れた。だが一〇八〇年代後半になると、入宋僧自体が確認できなくなる。実に一一六七年の重源入宋まで、八〇年近い空白期である。栄西は一一六二年に延暦寺を離れた後、入宋の志を持つようになり、これを人に語ってもあざけり笑われたが、それでも気持ちは変わらず、一一六八年についに入宋を果たした。この頃は「成尋阿闍梨・三河入道（寂照）以後、入唐の僧絶ゆるところなり」という状態で、入宋という発想自体が理解されなかったという（『栄西入唐縁起』）。この入宋僧の断絶期間をどのように考えればよいのかは一つの問題で、そこに朝廷の対外政策の変化を読み取ることも、あるいは可能かもしれない。

だが断絶期直前の入宋僧の動向を見るに、別の考えもできそうである。というのも僧侶の伝記というのは、えてして死後顕彰される地位に上り詰めた人や、業績を上げた人について残されるものである。初めから日本で名利栄華を求めず、地方の山谷に隠遁し、死に場所を求めて渡宋した僧侶などは、なかなか記録に残らない。異国で客死した僧ならなおさらである。少なくとも勅許を得て入宋し帰国できた僧と比べれば、記録に残る可能性ははるかに少なかっただろう。

この点を考えれば、実は入宋僧は遁世僧・聖の世界でなお継続していた可能性も考えてよい。そう考えるのは、この後一一六〇年代に現れる最初の入宋僧である重源が、院権力とタイアップしたものではあったが、遁世僧の系譜を引く僧侶だからである。成尋以後に入宋した僧侶には日円のような遁世僧もおり、これらを連続する存在と見れば、その間に遁世僧たちの入宋があった可能性はある。入宋僧の中では永暹も多武峰の僧であり、遁世僧の一人と見てよい[27]。彼らは山谷に隠れ住み、また霊山での荒行を業としたが、その延長上に宋の霊地が視野に入ることはまったく自然であろう。

彼ら遁世僧によって一二世紀から行なわれたものに、補陀落渡海《ふだらくとかい》（観音浄土を目指して船出する、早い話が宗教的情熱による自殺）がある。これは死に場所を目指して異界に赴く発想が、遁世僧たちの間でむしろ高まっていたことを示しており、だとすればその異界から宋が排除される理由はない。また遁世僧に大きな影響を与えた浄土教も、死に場所を求めた渡海を促す要因になっただろう。その点で、帰国しなかった入宋僧第一号の寂照が、源信ら浄土教結社の一員だったことは象徴的である。

一二世紀終わりには、彼ら遁世僧によって禅宗が伝えられることになる。これについて船岡誠は、「聖による巡礼・遊行の延長線上の入宋が、来たるべき鎌倉期の禅僧の入宋へと連続していくのである」とする[28]。そのような側面は多分にあったと思われる。以上から成尋と重源の間の時代にも、入宋僧たちが活動していた可能性を考えておきたい。

いずれにしろ密航僧たちが一一世紀に相次いで登場したことは、長い間対外交流への欲求をがっちりと抑えてきた古代国家のくびきから、僧侶たちがようやく解放されつつあったことを示していた。こうして、保護もないが制限もない、中世の仏教交流が始まる。

第3章　大陸へ殺到する僧たち

1　「中世」の始まり

平家と大宰府

一二世紀、入宋僧が復活する。しかも一気に復活する。一一六七年俊乗房重源《しゅんじょうぼうちょうげん》、一一六八年葉上房栄西《ようじょうぼうえいさい》《ようさい》・唯雅《ゆいが》、一一七〇年覚阿《かくあ》・金慶《きんけい》という具合にである。ところがこのラッシュ、この四年間で終わってしまう。実際には密航僧がなお存在していたとしても、それならばなおさら、歴史の表舞台に入宋僧が突如現れ消える意味を考えなければならない。少なくとも仏教界における新たな思想動向のみを原因と考えることはできないだろう。思想動向も反映しているのかもしれないが、入宋という行為を公然と実行できるようになった背景には、当時の交通状況の変化があったはずである。

その場合、この時の入宋僧が当時の権力中枢部と関係をもっていたことは、手掛りの一つになりそうである。重源・栄西が平家や平家と縁のある村上源氏と関係が深かったことは周知に属する。たとえば一一六八年一二月、村上源氏の源雅頼《まさより》は「入唐上人の事」を話しており、重源は彼らの了解下（おそらく後援もあっただろう）で入宋している（『愚昧記』仁安三年一二月一三日条）。唯雅は播磨随願寺の僧だが、随願寺は唯雅入宋の年に金堂・法華三昧堂造改の料として平清盛《きよもり》から播磨国（国衙領の税収）を賜っており、やはり平家との関係がうかがわれる（『播磨国増位寺集記』）。

この頃は、海商管理の場である大宰府に平家が進出していた時期であるが、その中でも特に平頼盛《よりもり》は、大宰大弐として現地赴任した。一一六六年一〇月八日に京都を発ち、翌年四月一七日に戻ってきたので、その間は大宰府にいたことになる（『公卿補任』）。一一二一年に大宰権帥源重資《しげすけ》が帰京して以来、大宰府長官（権帥・大弐）が現地に赴任することはなくなり、以後は遥任が常になっていたのだが、その中で頼盛の赴任は異例であった。

そこには九州における平家の地盤獲得という一門の使命もあったのだろうが、その時期が入宋僧出現と一致していることも注目される。たとえば重源入宋の月は不明だが、通常の入宋シーズンは三～四月か九月頃であり、前者だとすれば頼盛は、その入宋か入宋の準備を見届けて帰京した可能性がある。また頼盛は栄西と親しく、栄西が二度目の入宋を志すと常にこれを留めたため、頼盛没の翌一一八七年、ようやく栄西は再入宋を果たしたという（『元亨釈書』巻二）。となれば第一次入宋は平家の承認下に行なわれたものだろう。どうやら入宋僧の出現は、平家の動向と密接に関わるものである可能性が高そうである。

外交交渉と入宋僧

宋の史料でも、一一六七年に久々に日本僧の記事が見える。日本が派遣した「使」が明州の郡庭に到り、仏法の大意を問うたというのである（『仏祖統紀』巻四七）。これは重源かその同行者と見るべきだろうが、日本の「使」とある以上、その入宋は平家から何らかの使命を託されてのものだろう。その使命が何かを直接記す史料はないが、この少し後の一一七〇年、日宋関係において特筆すべき事件があった。宋から日本に使者が派遣され、しかもこれに対して日本から返書を送ったのである。北宋期にも宋から日本への外交文書送付は何回かあったのだが（その始まりは成尋弟子の帰国）、その時には日本は消極的な対応しかしなかったし、ましてや使者の派遣などはなかった。

それに対してこの後には、日本で使者受け入れまで行なっており、一一七三年三月には、宋から来朝した使者が摂津福原に来ている。後白河と清盛はこの使者に渡す答進物と文書を用意しているが、それは去年秋に宋から贈り物が届いたことへの返事だったというから、使者は一一七二年に到来したのだろう（『玉葉』承安三年三月一三日条・二二日条）。

その時の宋からの送文二通には、それぞれ「賜日本国王（後白河院）」「送日本国太政大臣入道（平清盛）」と書かれており、日本を代表する権力者として太政大臣の官歴を持ち出家した人物がいたことが、宋側に把握されていた（清盛の出家は一一六八年）。当然これ以前にも予備交渉があったはずで、宋から突然使者が送られてきたというわけではない。その一環と見られるのが、一一七〇年九月に後白河が福原別荘に赴き宋人と面会した件だが（『玉葉』嘉応二年九月二〇日条）、この一連の交渉の始まりが、一一六七年の遣使だったのではないかと推測される。つまり一一六七年の入宋僧復活は、後白河・平家の外交交渉の一コマだったのであろう。[1]

　このようにして表舞台に現れた入宋僧たちだが、その後も彼らは権力者たちと宋の間をつなぐ役割を果たす。重源は一一七〇年代に後白河院の命で明州阿育王山に材木を送っている。[2] また栄西が二度目の入宋の後、一一九一年に帰国した時、「吾　忝《かたじけな》くも国主の近属なり」と述べて、明州天童寺の千仏閣建立の援助を約束し、実際に二年後に材木を送付した。この場合の「国主」も後白河を想定しているのだろう。[3] ただ材木送付の時点で後白河は崩御していたはずで、これを引き継いだ人脈は不明である。

重源と宋人

　重源と言えば、なんと言っても有名なのが大仏再建事業である。平家の悪評を後世に定着させてしまった南都焼討の後、半年後の一一八一年六月には東大寺・興福寺復興の人事が発表され、八月には重源が東大寺大勧進として、復興費用調達係に任命された。これに関わった人材には多くの宋人が含まれる。彼らは重源との縁で任用された。名前が知られるのは、陳和《ちんな》卿《けい》（鋳物師大工）・陳仏寿（都宋朝工・陳和卿舎弟）・伊行末（石工）・李宇（海商。大仏殿落慶供養時に恩賞を受ける）である。

　この内で陳和卿は、一一八二年宋に帰国しようとしたところ船が破損して日本に滞留していたものである（『玉葉』寿永元年七月二四日条・『東大寺続要録』造仏篇）。弟の陳仏寿の「都宋朝工」の肩書きは、宋朝工（宋人工匠）の統轄者を意味し、指揮下には複数の宋人がいたのだろう。他に一族と思しき者に陳和主がおり（ただし陳和卿の誤写説もある）、その子は出家して妙観房と名乗り、高野山金剛三昧院開山退耕行勇《たいこうぎょうゆう》（一一六三〜一二四一年）の首座《しゅそ》（宋風仏教寺院では住持に次ぐ地位）となった（『金剛三昧院住持次第』）。伊行末の子孫は南北朝時代まで西国で活躍し、多くの石造物を作り続けた。また東大寺南大門の石獅子や大仏殿の石脇士・四天王像は、宋人二郎・三郎・四郎・五郎・六郎が宋から石材を購入して作ったといい（『東大寺造立供養記』）、複数の宋人石工の存在が知られる。[4] 李宇は博多の宋人で、東大寺復興事業以外でも、重源の依頼で一一九六年に入宋し、大蔵経を請来して日吉社に奉納している（『日吉山王利生記』巻七）。

東大寺復興事業以外でも、重源のまわりには宋人の影が見え隠れする。重源は一二〇一年に河内狭山池の改修を行なったが、それを記念した碑文に「造唐人三人之内　大工守保」と見え、工事に守保を含む三人の宋人大工が関わったことが知られる。重源弟子の空躰房鑁也《くうていぼうばんや》は、一一八四年以前に来日した宋人である。奈良室生《むろう》寺《じ》の仏舎利を盗んで問題を起こしたことで知られるが、経典の書写や貴族の診療を行なうなど多彩な活動も知られる。[5] 私家集『露色随詠集』が残されていることなどは、特に興味深い。在日宋人の生の声を知ることのできる稀有な史料である。

ももちさと過ぎても影の変はらぬは我がもろこしにすみし月かも

このように、重源の周辺には多くの宋人が控えていた。入宋経験によって得た博多宋人との縁を活かして生まれた人脈と見られる。東大寺南大門など重源が関わった建築物に、大仏様建築と呼ばれる宋風要素が加味されたものが見られることも、宋人を組織していたことに依るのだろう。平宗盛《むねもり》（清盛の子）の養子が重源の下で出家して心戒坊《しんかいぼう》と名乗り、重源のツテを利用して入宋したというのも、こうした宋人との縁によるものに違いない（『発心集』巻七―一二）。重源の場合は大仏再建事業という、巨額の金が動く大プロジェクトが背後にあったからこそ、このような組織が生まれたのだろうが、何らかの契機があれば入宋僧は来日宋人組織の核になり得た。以後これほど派手な人脈を作った入宋僧はでないが、海商や渡来僧と所縁を持つ入宋僧は少なからずおり、そのことがまた日宋間をつなぐツテにもなった。

阿育王山の登場

彼ら入宋僧たちの目的地は、相変わらず天台山が一つの中心にあった。一方で五臺山はこの頃から影を潜める。その理由は単純で、宋の領土から五臺山が離れてしまったからである。一一二五年、宋が満洲の女真（国号を金とする）と手を組んで遼を滅ぼした後、今度は自らが女真の攻撃を受けて（さらに言えば、宋が女真との約束を反故にして怒りを買って）都の開封を失い、以後南の杭州（南宋の間、臨安府と改称するが、本書では杭州で統一する）を拠点に抵抗を続けることになった。新皇帝高宗の即位は一一二七年のことで、これ以後の宋を南宋という。

このような政治的変動とかかわらず、東シナ海の貿易はあいかわらず浙江の明州が拠点だったため、貿易船で入宋する僧侶は南宋のお世話になることになる。そのため金領になってしまった五臺山には入れなくなったのである。重源は一一八三年、右大臣九条兼実《くじょうかねざね》を訪ね、自らの入宋時のことを「五臺山は大金国に打ち取られおわんぬ。渡海の本意、彼の山を礼し奉らんがためなり。仍《よ》って空しく帰朝の処、天台山・阿育王山など、礼し奉るべきの由、宋人ら勧進す」と語っている（『玉葉』寿永二年正月二四日条）。さらに天台山の石橋《しゃっきょう》や阿育王山の仏舎利（インドのアショーカ王の遺骨と考えられていた）の話も語っている。

五臺山に代わって入宋僧の巡礼の対象になったのは、重源も言及する阿育王山だった。阿育王山は一二世紀に日本で知名度を上げた霊地であり、寺院である。古くは鑑真ゆかりの寺でもあるのだが、成尋・戒覚などは完全にここをスルーしている。現状で知られる限り、阿育王山に最初に参詣した入宋僧は重源である。少なくとも日本で宣伝した最初は重源と言えそうである。各地の寺院に舎利塔を安置したことからも知られる重源の仏舎利信仰とも関わるのだろう。なお重源建立の播磨浄土寺で作られた伝記に拠ると、重源は入宋の折に嵐に巻き込まれたが、阿育王山の神である赤衣の神と天童八十余人が船中に現れ、これを救ったという（『浄土寺開祖伝』）。重源と阿育王山のつながりが後世にも意識されたことがうかがえる。

重源が阿育王山に参詣したのは、帰国を考えた際に宋人から勧められたことによるものだった。その宋人は海商の可能性がある。彼ら自身が阿育王山信仰の持ち主だったのだろう。となれば日本の阿育王山信仰は、間接的には宋海商の影響で始まったのかもしれない。いずれにせよ、上陸地明州の地元の信仰を現地人から紹介されたということだろう。これは天台宗山家派と源信一派の関係にも似ているが、その影響は多分に学僧の知識というレベルを出なかったのに対し、阿育王山信仰は一三世紀にかけて、広く貴族層や武士層にまで広まっており、影響力ははるかに大きかった。(6)

阿育王山と日本の関係については、一一七〇年代の後白河院による阿育王山への材木送付が早い例である（すでに述べたとおり、重源が関係している）。またどこまで史実を反映しているかはわからないが、『平家物語』に拠れば、平重盛《しげもり》（清盛の子）は一一七〇年代の某年（諸本で異同あり）に阿育王山に金を送って自らの菩提を弔わせたという。一二一六年には、源実朝《さねとも》が宋人陳和卿から阿育王山住持の生まれ変わりと言われたのを信じて、自ら阿育王山に行くために唐船建造を命じるという、どこまで本気か信じかねる行動を取っている（『吾妻鏡』建保四年六月一五日条・一一月二四日条）。

一一八九年には摂津三宝寺の大日房能忍《だいにちぼうのうにん》が、弟子の練中《れんちゅう》・勝弁《しょうべん》を阿育王山住持拙庵徳光《せったんとくこう》のもとに送っている（『禅林墨蹟拾遺』中国篇五）。能忍はこの時に拙庵から嗣書（師が嗣法の証明として与える宗派図）を受け取ったという（『広福寺文書』義介附法状）。阿育王山は宋代には禅寺になっており、しかも後には禅院五山の第五位という格式を与えられている。よって鎌倉時代の禅僧も多くこの寺で修行するようになる。能忍も禅僧としての証明を得るこ

図7　達磨図（1189年、拙庵徳光賛、『肖像画賛』より）。拙庵が練中・勝弁の依頼によって、能忍のために著賛したもの

とが主目的だったが、同時に禅宗六祖および普賢菩薩の舎利三七粒も請来したことが知られる[7]。能忍の阿育王山遣使の背後にも、舎利信仰による関心があった。

海商たちの宣伝活動

この時代に海商のアピールによって知名度を上げたことが明確な寺が、杭州霊隠寺である。ここは後に南宋の禅院五山第二位になる寺だが、日本との関係では、一一七〇年、覚阿の入宋が大きなポイントである。覚阿は霊隠寺住持の瞎堂慧遠《かつどうえおん》に参じ、得悟を果たして一一七三年に帰国した（『文忠集』巻四〇、霊隠仏海禅師遠公塔銘・『嘉泰普灯録』巻二〇）。日本への禅宗紹介は栄西よりも早く、記念すべき中世日本禅僧第一号である。ちなみに『元亨釈書』など日本史料で、覚阿が入宋し瞎堂に会ったのを一一七一年とするのが、従来の研究で採用されてきたが（筆者もそう書いたことがある）、その元になった『嘉泰普灯録』（南宋の雷庵正受の手により一二〇四年に撰述）には、入宋して「歳余にして」一一七一年に瞎堂に会ったとある。入宋自体は一一七〇年であろう。

覚阿は瞎堂に会った時に書を呈して、「我が国は禅宗無く、唯だ五宗の経論を講ずるのみ」と述べている。覚阿はなぜ禅宗をかくも意識したのか。これ以前から日本には禅籍が輸入されており、そこから禅宗を学ぶことは可能ではあった。事実、能忍は入宋せず、日本で禅宗を学んでいる。だが覚阿の場合は、別の動機があった。すなわち『嘉泰普灯録』に拠れば、「商に属する者、中都（杭州）より回《かえ》りて、禅宗の盛なるを言う」、つまり杭州より来た海商が禅宗の盛行を伝えてきたので、これを聞いて発奮して入宋し、瞎堂に参じたという。これを見るに、覚阿が禅宗に関心を持ったのは、間違いなく海商の入れ知恵だった。

さらに言えば、瞎堂への参禅を勧めたのも海商の可能性が高い。一一九七年、栄西が博多津の張国安という宋人から聞いた話では、張国安は一一七三年七月に霊隠寺で瞎堂から説法を聞き、その後日本に帰り、翌年四月にまた瞎堂に会いに行ったが、その時には瞎堂はすでに示寂していたという（『興禅護国論』未来記）。瞎堂の示寂は実際には一一七六年なので、張国安の言う年代は勘違いがあるようだが、ともかく瞎堂は、日宋間を往来する海商の間で人気の禅僧だった。これ以前、一〇七三年の霊隠寺では、日宋貿易に従事した劉琨・李詮の主催で斎《とき》（食事会）が開かれており（『参記』熙寧六年五月二八日条）、霊隠寺は北宋期から海商の信仰を集めていた。

なお栄西が禅を学んだのは二回目の入宋時のことだが、一回目の入宋時にも、博多の両朝通事(日宋間の通訳)李徳昭から、宋で禅宗が盛んである様を聞いている(『興禅護国論』第五門・第九門)。宋代の浙江では禅宗が盛んで、海商の間にも多くの信者を獲得していたが、彼らは自らの信仰を国外にも宣伝し、日本にも広めようとしたのである。その目論見は結果として大成功した。覚阿は帰国後も独自の教団を作らず、禅宗の拡大にはほとんど寄与しなかったらしいが、延暦寺から距離を置いた能忍・栄西らの活躍によって、一二世紀末以後禅宗は国内に広く紹介されることになる。

ちなみに覚阿の伝に拠れば、覚阿帰国後、園城寺長吏覚忠《かくちゅう》や後白河院が瞎堂に連絡を取ったことが知られる。この話を根拠に、覚阿の入宋を後白河の禅宗導入の意を受けたものとする説がある。だがこの話からわかるのは、覚阿帰国後、後白河が瞎堂に関心をもったということだけで、初めから後白河の意図が禅宗導入にあったとは言えないのではないか。そうではなかったと断言はできないが、そうであることを前提として王権論と絡めて議論を進めるのは無理であると筆者は考える。それを認めたとしても、覚阿の禅宗紹介は中世の禅宗興隆には直接つながらず、その始まりはやはり能忍・栄西の活動だったことは強調しておきたい。ただ覚阿の入宋が後白河の公認下で行なわれた可能性は、時期や人脈から見ても高いと思われる。

平家滅亡と入宋僧の激増

さて、後白河院・平家の政策下で一挙に復活した入宋僧だったが、入宋時期が明確にわかる例に限れば、覚阿以後しばらく入宋僧はでない。政策上の必要がなければ、入宋は許可されなかったのかもしれない。この頃大宰府機構は院と平家によって把握されており、特に平家は大宰府官の家人化による支配強化も進めていた(8)。むしろ以前よりも中央の意向は届きやすくなったとも言える。入宋の公認がまだ勅許の形で行なわれていたのかは疑わしいが、人間の出入りは自由に認められたわけではなく、なお中央の管理は有効だったと思われる。栄西が入宋しようとして平頼盛から止められたという逸話も、栄西が情にほだされて思い留まったというのではなく、平家が大宰府を把握している間は、その意向に反する入宋はできなかったということではないか。

年代の分布を見る限り、入宋僧の継続的な出現は平家滅亡を契機としている。栄西が一一八七年、練中・勝弁（能忍の使僧）が一一八九年、我禅房俊芿《がぜんぼうしゅんじょう》とその従僧安秀《あんしゅう》・長賀《ちょうが》が一一九九年に入宋している。一二〇三年と一二〇四年には明恵房高弁《みょうえぼうこうべん》が入宋計画を立てながら春日明神の託宣で中止している。栄西法嗣《ほっす》の荘厳房行勇《しょうごんぼうぎょうゆう》（退耕行勇）の入宋説は問題を含むが(9)、認めるとすれば、行勇は一一六三年生まれで、一一九九年以後継続的に日本での活躍が確認できるので、一一八〇～九〇年代の入宋となろう。一一九五年以後に生まれた宋人羅大経は、祖国を離れて一〇年以上を経ていた日本僧安覚《あんかく》に少年の頃会ったというから、安覚は一二〇〇年前後に入宋したのだろう（『鶴林玉露』巻一六、日本国僧）。

この中で、特に俊芿については、『不可棄法師伝』という信憑性の高い詳細な伝記が残るが、彼はそれまで肥後や筑前で活動しており、入宋に当たって中央の権力者の関与があった様子はない。この後の入宋僧を含めて見ても、大宰府の管理や中央との人脈はすでに問題になっていない。このあたりから、海はようやく僧侶に対して完全に開放されるようになったらしい。その結果、入宋僧は爆発的に増える。入宋の例を逐一紹介するのもここまでが限界である。

これ以前の、たとえば北宋期については、原美和子の整理によって三一人の入宋が確認されているが、彼らは入唐僧と同様に、一人の僧が複数の従僧を引き連れて入宋したから、集団で数えれば一一集団に過ぎない。九八三年から一一世紀終わりまでの間、一一〇年に一回程度の入宋頻度だった。これに対して南宋期は、戦前の木宮泰彦の整理では、一一九人の入宋僧が挙げられている。一一六七～一二七六年の一一〇年で一一九人だから、平均して毎年約一・一人の入宋僧がいたことになる。一一八七年以後ならば九〇年で一一五人で、平均毎年約一・三人になる。しかも彼らは従僧を伴うことは稀で、同門の僧数人で行動したり、単独行動したりすることが多かった。後の研究ではさらに多くの入宋僧が追加されており、実際には一・五倍程度には増やせるが、正確な数字はともかくとして、南宋期になって入宋僧がいかに激増したかはわかるだろう。

管理貿易の終焉

この頃になると、僧侶の渡海に対する管理とともに、大宰府による海商の全面的管理もなくなったらしい。少なくとも年紀制による海商の安置・廻却の判断が中央で問題にされた様子はなく、大宰府を通じた官貿易と代価支払いも行なわれていない。一一三三年、院御厩預として鳥羽院の貿易活動を担当していた平忠盛《ただもり》（清盛の父）が大宰府に下文を送り、宋人周新の船を院領の肥前神崎荘の領掌下にあると主張した事件（『長秋記』長承二年八月一三日条）が、大宰府の貿易管理（それも抵抗にあった）が中央で話題になった最後の事例である。

この後大宰府の貿易管理体制がどうなったのかはよくわからないが、一三世紀まで続いたことは考えがたい。一三世紀の大宰府も貿易には関与したようで、たとえば一二六三年には大宰府少卿殿（大宰少弐武藤資能）の商船が宋からの帰路で高麗に漂着している（『高麗史』巻二五、元宗世家）。大宰府は貿易港博多の周辺で最大の官衙《かんが》であり、鎌倉幕府の御家人が鎮西奉行としてここに派遣されていた。一三世紀の鎮西奉行は武藤氏が世襲するが、彼らは大宰府に守護所を置き、自ら大宰少弐ともなって、朝廷機構の上でも現地責任者となった（太宰府長官の権帥・大弐や、その推薦権をもつ知行主は京都にいる）。したがって大宰府は、まだ現地ではかなりの影響力があった。その大宰府が貿易の機会を見逃すはずもない。

だがその貿易への関与というのは、貿易を行なう当事者か、鎌倉幕府による貿易の代行者としてのものであり、往来する貿易船全体に対する管理者としての姿は、もうない。ましてや朝廷の指示を受けて安置・廻却を命じることはなかった。後白河－平清盛時代の扱いが難しいが、おそらくはその頃を過渡期として、一元的な貿易管理は終わりを告げた。

大宰府による一元的貿易管理は、海商からすれば国家による大口取引や滞在中の安全を保障するものでもあった。その終焉によって、海商たちは恒常的な取引相手や保護者の獲得に走らざるを得なくなる。大宰府鴻臚館はすでに一一世紀半ばに廃絶し、以後海商は博多に居留区を形成して貿易拠点としていた。[10]彼らは一三世紀にも相変わらず博多に居住し続けながら、個別に博多周辺の寺社や荘園に帰属して、その保護を受けるようになる。具体的には、筥崎《はこざき》八幡宮（石清水八幡宮末社）・大宰府大山寺《だいせんじ》（延暦寺末寺）・宗像《むなかた》神社（院領→得宗領）・博多承天寺《じようてんじ》（東福寺末寺）・肥前神崎荘（後院領）などが、その帰属先となったことが知られる。

対外関係における古代・中世

この新たなシステムの下で、海商たちは年紀の制限も受けず、活発に日宋間を往来する。宋では一二五〇年代、倭船の往来が年間四、五十艘を下らないと言われている（『敝帚藁略』巻一、禁銅銭申省状）。これは日本から来た船が禁制品である宋銭を密輸することの被害を述べたものなので、数値は被害を強調したものとして割り引いて考えねばならないが、年間数艘や数年に一艘の実態を年間四、五十艘以上と誇張することはないだろう。毎年二桁の船の往来はあったと見られる。平安時代の日宋間の商船往来頻度の正確なところは不明だが、これほどの規模とは考え難く、貿易は管理体制という質のみならず、量的にも拡大の方向に向かっていたらしい。

同じ頃、平安時代の博多で大量に出土した中国製陶磁器が、量の上では減少する。これは一見、日宋貿易の衰退を示しているようにも見える。しかし実は中国製陶磁器の出土量自体は、全国的には増加している。官衙・大寺院・流通拠点など限られた場所以外でも中国製陶磁器が広く出土するようになるのはこれ以降のことだが、これは、貿易品が国内流通網に効率的に接続し、港で売れ残って廃棄される量が減ったことを意味している。大宰府の管理体制の消滅は、貿易品を全国に行き渡らせる効果を生み、日宋経済の緊密化を導くことになった。

それを象徴するのが宋銭の流通である。一一世紀終わりから博多の宋人社会で用いられてきた宋銭が、一二世紀後半から日本国内にも流通するようになり、一三世紀後半には日本列島の基軸通貨（それまでは米・絹などの現物貨幣もあり）としての地位を獲得するに至る。宋式の喫茶文化も一二世紀前半には博多では行なわれたらしい（茶器の天目茶碗が出土する）が、国内で広まるのは一三世紀である[11]。現象面で言えば、博多宋人の信仰だった禅宗が一二世紀後半から日本国内にも知られるようになり、一三世紀に京都・鎌倉を中心に全国的な展開を見せるのと、共通する動きと言えるだろう。

早い話、平安時代には博多に封じ込められていた宋風文化が、国家的な規制の消滅によって鎌倉時代に全国規模で拡散していったのである。国家が東シナ海との関係を物的にも人的にも特定の範囲（管理貿易港・勅許された入宋僧）に限定しようとした時代から、東シナ海交流の影響が全国規模に及ぶことを放置する時代へと変化したのが、一二世紀後半だった。

宋の対日本貿易

このように、日宋間では貿易が活性化し、貿易船に便乗した僧侶の入宋も激増した。これに対して宋側はどのように対応したのだろうか。宋は収益源として貿易に注目しており、ことに北半分を失った南宋期にはそれが切実だった。宋は基本的に貿易船の往来を歓迎しており、市舶司で税率を上げたために貿易船の往来が減ったことはあったものの、それは貿易の制限自体を目的としたわけではなかった。さらに高麗・日本船は宋船よりも税率が優遇されていた(『宝慶四明志』巻六)。一二三四年に金がモンゴルに併呑された後、宋で貿易の利や漂流民の保護を以って高麗・日本をひきつけるべしという議論も出たように(『許国公奏議』巻四、『開慶四明続志』巻八)、高麗・日本商人は取引上で有利な立場にあった。

なおここで言う高麗商人・日本商人は、宋の史料に登場するもので、高麗・日本から出航して宋へ向かった海商のことだが、それは必ずしも民族的な意味での高麗人・日本人の海商を意味しない。特に日本の場合は、貿易船の運航を行なったのは博多に居住する宋海商である。たとえば、後述する博多居住の宋海商謝国明は、宋で「日本綱使」と呼ばれている(綱使は貿易を請け負った海商の称)。当時宋で日本商人とか倭商とか言われたのは、こうした海商だったと考えられる。もちろんその船には、商機を狙う民族的な意味での日本人も多く乗っていただろうが、「日本商人」自体は民族的区分を基準にした表現ではなく、貿易における民族的なイニシアティブの変化が起こったというナショナリズムに基づく発想は、実態に即したものではない[12]。

さて、貿易の活性化に伴って、宋では違法行為も問題にされるようになってきた。特に問題になったのが、宋銭密輸である。この頃日本に大量に輸入された宋銭は、宋では原則的に輸出禁制品だった。宋はたびたび宋銭密輸の禁令を出しているが、たびたび出しているということは、あまり守られなかったということでもある。市舶司では入出港時に必ず船内のチェックをすることになっていたのだが、実際には銭を海辺の人家に預けたり海島に埋めておいたり、小船で銅銭だけ別に運び出しておいたり、チェック前に船を出してしまったり、さらにミもフタもないが、ワイロで見逃してもらったりと、様々な脱法手段があった（『敝帚藁略』巻一、禁銅銭申省状）。

これに対して宋も実力行使に出る場合があった。一二四九年、明州（一一九六年に慶元と改称したが、混乱を避けるために明州で通す）の水軍は出境する倭船を追って、銅銭二万余貫を得た（『許国公奏議』巻四、条奏海道備禦六事）。この年に入宋僧覚儀《かくぎ》・親明《しんみょう》（観明）が巡礼の予定を切り上げ、急遽明州より帰国している。それは「頃来《ちかごろ》支那、日域と船の往来禁制するの旨有り」という情報によるものだった（『法灯円明国師之縁起』）。この噂がどの程度確かな筋によるものだったのかはわからないが、銅銭密輸が物的証拠とともに明らかになったことを受けて、日本貿易に関する議論が行なわれ、貿易禁止の案もでたのかもしれない。この情報は従来まったく顧みられていないが、噂に過ぎなかったとしても興味深い話である。巷ではかなり重い処分があることも予想されていたのだろう。ただ実際に確認できる処分は、銅銭の流出と会子（紙幣）のニセモノの流通を禁止するという、従来と変わり映えのしない翌年二月の法令くらいである（『宋史全文』淳祐一〇年二月乙巳条）。

宋における日本僧の扱い

宋における入宋僧の扱いは、南宋期になって変化したようである。まず前提として、北宋期について奝然の伝記や成尋・戒覚の日記を見てみると、いずれも同様の対応が行なわれていることがわかる。すなわち、日本僧が入国を申告すると、宋の朝廷は使者を派遣して都の開封までこれを招いた。その間の滞在費・宿泊施設や交通手段などは、すべて宋側の負担である。その額も尋常ではなく、たとえば成尋は一〇七二年、天台山参詣の後、旅費として台州より官銭二〇〇貫を賜り、移動手段などを提供されながら、使臣鄭玠の手引きで開封へ向かった。この官銭は、二ヵ月後に開封に到着した時にもまだ一四六貫残っていた。実は官銭は、途次の越州・杭州・揚州でも支給予定だったのだが、結局一度も請求することはなかった（『参記』熙寧五年八月一日条・一〇月一三日条）。まさに使いきれないほどの大盤振る舞いである。

ちなみに参考までに触れておくと、北宋頃の兵一人当たりの年間給与は五〇〜一〇〇貫程度である[13]（無論兵はこれで家族も養わなければならない）。成尋は一度に兵一人の二〜四年分の給与相当額を受け取っていたことになる。さらにもしも越州・杭州・揚州でも同額が支給される予定だったのならば、兵の八～一六年分の給与額を二ヵ月で受け取っていたことになる。

こうして開封に到着した僧は、皇帝に謁見して儀式にも参加し、下賜品も与えられた。これは朝貢使に準じた扱いである。『宋史』巻四九一、日本国伝でも、奝然・嘉因・寂照・成尋・仲廻の入宋記事が見え、それぞれに下賜品や師号を与えたことが記されている。

ところが『宋史』日本国伝やその他の宋代の官撰史料には、南宋期の僧侶が一人も登場しない。日本側の史料でも、南宋期の入宋僧が滞在費の支給や皇帝との謁見などの恩恵にあずかった例は確認できず、北宋期のような朝貢使に準じた待遇は受けなかったらしい。ただ彼らは密入国をしたわけではなく、しかるべき手続きは踏んでいるようである。『栄西入唐縁起』や『元亨釈書』に拠れば、栄西は第二次入宋時の一一八七年、杭州に上陸した折に、インド行きの許可を得るために表を奉ったが、これに対して「インドに通じる道はすべて金によって抑えられているので、行くことはできない」との勅答を得たとしている。あくまでも後に書かれた伝記の中の表現なので、「奉表」「勅答」が厳密な意味での栄西と皇帝とのやり取りを意味するかは慎重になるべきだが、ともかく役所でインド行きの許可申請はしたのだろう。入宋僧は出入国や移動に当たって、こうした手続きは行なっていたようである。

南宋期入宋僧の活動範囲は、福建に漂流した例を除けば、ほぼ両浙路（現在の浙江省と江蘇省の長江以南を合わせた範囲）に収まっているが、元代には福建・江西などに足を伸ばす日本僧が次々と現れる。これは元代に日本僧の関心が広がったことの反映というよりは、日本僧が両浙から北上して金・元と接触することを宋が警戒し、その移動範囲を意図的に両浙路内に留めた結果だろう。つまり宋は日本僧の入国を把握していたわけで、それにもかかわらず、北宋期のような厚遇は与えなかったということになる。

これは一三世紀に入宋僧の数が増加しすぎて、逐一厚遇を与えていられなかったこともあるだろうが、最初期の重源・栄西（第一次入宋時）も接待などを受けた様子がない（そもそも都の杭州に行った形跡がない）。もっとも彼らには渡宋日記がないから、わからないだけで実際には厚遇を受けたかもしれないと思う方もいるだろう。だが北宋期には奝然以下仲廻まで、入宋僧は皇帝から大師号と紫衣の賜与を受けるのが慣例で、日本で入宋の経歴を高らかに宣伝し利用した重源ならば、同様の恩恵を受けておきながらそのことを日本でアピールしないはずがない。その形跡がないということは、やはり師号・紫衣の賜与やその前提の皇帝謁見はなかったのだろう。これは北宋と南宋の対外政策の変化、ひいては外交面における両政権の性格の違いを示す一つの素材になると思う。

中世日本の宋風仏教教団

このことは入宋僧たちの質的変化をもたらした。彼らは賓客として接待される立場ではなく、一人の遊行僧として宋国内を移動し、寺院に入る場合も他の宋僧たちと同じ立場で集団生活を行なった。北宋期の入宋僧は、個別の案件について宋僧に教えを請うことはあっても、弟子として随侍するということはなかった（入宋僧自身、形式上は大師号や紫衣をもつ高僧である）。これに対して南宋期の入宋僧は、最初期の重源・栄西はともかく、覚阿以後はおおむね宋の寺院に入って宋僧に弟子入りし、他の僧とともに集団生活を行なった。こうした入宋僧の行動パターンの変化によって禅僧として認められるための必須の手続きである印可（師から伝法の証明を得ること）が可能になったことは、日本に禅宗が導入されるための一つの前提ともなった。

彼らはまた、日本で宋の寺院における集団生活の作法を再現した[14]。留学の成果が主に典籍の獲得、難義の解決、修法の習得などに留まったこれ以前の入唐僧・入宋僧と異なり、中国仏教の個別要素ではなく、寺院社会そのものの導入を図ったのが南宋期入宋僧たちであった。これによって鎌倉仏教には、「宋風」という従来は見られなかった新要素が加わる。

宋風仏教の教団としては、禅宗諸派・新義律宗（京都泉涌寺《せんにゅうじ》の俊芿一門や、大和西大寺《さいだいじ》の叡尊《えいそん》一門など、鎌倉時代の戒律復興運動の中心となった律宗教団）や浄土宗三鈷寺流があったが、彼らは旧来の教団との差異化を図るため、意識的に宋風を強調した[15]。たとえば宋風の大きな法衣・袈裟を着て、法会では宋代の発音（唐音）を用い、寺院建築や伽藍構成にも宋風要素を取り入れた。鎌倉後期には宋式喫茶文化が庶民にまで広がり、また武士の間では贅沢な料理として唐膳が広まったが、これらも宋風仏教の教団が宋の生活文化を再現する中でもたらされたものである。

このように宋の寺院生活を体験し帰国した僧侶たちは、日本に宋風文化をもたらし、宋風の装いを持つ鎌倉文化の展開に大きく寄与した。その成果には美術品として我々の眼前に残りづらいものも多いのであまり意識されないが、当時宋風仏教教団を目見した人々は、エキゾチックな文化の到来を実感しただろう。これは延暦寺など旧来の仏教教団の反感を買い、一一九四年には延暦寺の奏聞によって、達磨宗（禅宗）停止の宣旨が下されたこともあったが（『百錬抄』建久五年七月五日条）、禅律の宋風仏教教団は次第に摂関家や鎌倉幕府・天皇家などの支持を獲得し、鎌倉中期には仏教界の一大勢力として確立を見る。

2　日宋仏教界をつないだ人脈――入宋僧円爾

禅僧の呼称

すでに述べたように、鎌倉時代の僧侶の往来事例はきわめて多い。そのすべてに触れることは不可能だし、読者にとってもそれを読むのはつらいだろう。そこで本章では、入宋僧と入元僧の代表例を一人ずつ紹介し、そこから時代の雰囲気を感じ取っていただくことにしたい。一人は京都東福寺開山（寺院の初代住持）の円爾《えんに》、一人は京都建仁寺両足院開山の龍山《りゅうざん》徳見《とくけん》である。

なお、ここから独特の禅宗の言葉がたくさん出てくることをお断りしておきたい。この「独特」さ自体が宋風の要素なのだから、少し我慢しておつき合いいただければ幸いである。独特な言葉づかいを奇異に感じられた方は、きっと宋風教団にインパクトを受けた中世の人々の追体験をしているのである。

さて、そうした言葉づかいに関して、僧侶の名前が四文字になる例が増えてくることについて、少し補足しておこう。他宗の僧侶の場合、空海・親鸞・日蓮のように、たいてい名前は二文字である。これは出家時に与えられる法名で、法諱《ほうき》とも言う（ちなみに明恵・法然は法諱ではなく房号《ぼうごう》と呼ばれる別称で、正確には「明恵房」高弁《こうべん》・「法然房」源空《げんくう》と言う）。ところが禅僧は、なぜか四文字の名が多い。教科書に出てくるものはあまりないが、歴史に詳しい方ならば夢窓疎石《むそうそせき》や桂庵玄樹《けいあんげんじゅ》などが思い浮かぶだろうか。この内の法諱は下二字の疎石・玄樹であり、上二字の夢窓・桂庵は道号《どうごう》・字《あざな》と呼ばれる別称である。

道号・字は宋の慣習に倣ったもので、これをもつこと自体が宋風仏教教団の僧であることを示すものでもあった。新義律宗でも導入され、東大寺戒壇院の実相房円照《じっそうぼうえんしょう》の弟子である実《じっ》乗房真照《じょうぼうしんしょう》は、入宋して寂庵《じゃくあん》の号を得て帰国している（『円照上人行状』）。宋では道号を与えられたことを、師から認められたことの証とする風習があり、その際には道号の由来を述べた偈《げ》（仏教的素材を扱った漢詩）も与えられた。これは道号偈などと言い、禅僧は自らの経歴の証明書として大事に保管した。

つまり禅律僧の四文字の名前は、上の二文字と下の二文字に分かれ、空海・親鸞・日蓮などに対応するのは下の二文字である。したがって彼らを二文字で呼ぶ場合、本来は下の二文字で呼ぶのがよく、中国史研究者は実際にそうするのが普通なのだが、禅宗史では上の二文字で呼ぶことが多い。筆者も夢窓疎石は下の「疎石」より上の「夢窓」で呼ぶほうがしっくり来るので、本書では夢窓と呼ぶことにしたい。ただし下の二文字が有名な僧もおり、たとえば栄西には明庵《みんなん》という道号があるのだが、密教僧としても活動しており、禅僧として道号を冠した「明庵栄西」よりも、密教僧として房号を冠した「葉上房栄西」の呼称のほうがよく知られる。無本覚心《むほんかくしん》（心地《しんち》房《ぼう》覚心）なども同様だろう。こうした例の場合、彼らを明庵・無本と呼ぶのは筆者には違和感があり、法諱を以って呼ぶことにしたい。他に仏法房道元《ぶっぽうぼうどうげん》や円爾[16]のように道号を持たない禅僧もいるので、この場合は必然的に法諱を以って呼称する。

入宋までの円爾

ここからは、本章の一方の主役である円爾の足跡を追っていこう。円爾については、示寂直後に門弟の鉄牛円心《てつぎゅうえんしん》が編んだ年譜を一四一七年に増補した『聖一国師年譜』や、円爾の法流に連なる虎《こ》関師《かんし》錬《れん》の『元亨釈書』巻七に、詳細な伝がある。これらに拠れば、円爾は一二〇二年、駿河国安倍郡藁科に生まれ、一二一九年、園城寺で出家した天台宗寺門派の僧だった。一二二三年、上野国長楽寺《ちょうらくじ》の釈円房栄朝《しゃくえんぼうえいちょう》の評判を聞き、これに参じる。

栄朝は栄西の門弟として、密・禅を修めた人である。栄西は二度目の帰国後、日本最初の禅寺と言われる博多聖福寺《しょうふくじ》を建立したが、その後は鎌倉幕府の保護を得て、鎌倉寿福寺・京都建仁寺・高野山禅定院《ぜんじょういん》（後の金剛三昧院）を建立し、さらに栄朝は上野長楽寺の開山となった。栄西一門（臨済宗黄龍派《おうりょう》）はこれらの寺院を拠点に活動する。栄西と並ぶ禅宗二大勢力の一つだった能忍一門の達磨宗は、能忍死後の一三世紀には教線が停滞しており、宋風仏教を標榜する教団としては、栄西一門が代表的なものになっていた。この一門からはこれまでに、般若房了心《はんにゃぼうりょうしん》（道号は大歇《だいけつ》）・仏眼房隆禅《ぶつげんぼうりゅうぜん》・仏樹房明全《ぶつじゅぼうみょうぜん》・仏法房道元など、入宋僧を継続的に輩出しており、円爾からすれば最新の教説を学ぶことのできる最良の場と感じられたことだろう。

円爾が入宋を志したのは一二二六年、鎌倉寿福寺で住持荘厳房行勇の門弟である了心の楞《りょう》厳経《ごんきょう》の講義を聞いた時だった。了心は楞厳経に詳しく、鎌倉の僧は彼を指南としたという。了心も入宋僧だが、日本禅林の衣服の礼式は彼から始まるとも言われ（『空華日用工夫集別抄』応安七年一〇月八日条）、当時の栄西一門期待のホープだったと思われる。だが円爾から質問されたところ、了心は回答に詰まってしまった。評判の了心でさえも満足な理解を持っていなかったことを知り、円爾は考える。私は誰に依るべきか。宋に行って宗匠を訪わなくてはならない、と。

図8　円爾頂相（東福寺所蔵、室町時代、明兆筆）

円爾は一二三〇年に長楽寺に帰った後、一二三三年、入宋の決意を固めて師の栄朝の下を辞す。まずは駿河の母に別れを告げ、同門の神子栄尊《じんしえいそん》とともに貿易港博多に向かった。貿易船の出航を待つ間、二人は博多円覚《えんがく》寺《じ》に滞在している。栄西が建立した博多聖福寺は、一六世紀の伝承では、「宋人百堂」という宋人の墓場の跡地に建立されたもので、宋海商の外護が推測されている(17)。栄西一門の相次ぐ入宋の前提には、博多における拠点の確保と海商との関係があった。円覚寺もこの聖福寺の関係寺院だったとする推定があり(18)、多分そうだったのだろう。

この時、禅宗に敵意を持つ大宰府大山寺の義学《ぎがく》が円爾を害せんとする事件があった。大山寺は延暦寺の末寺で、この頃博多で海商を組織していたことが知られる。この事件の背後には、延暦寺と栄西一門の間での対外貿易にからむ利害もあったものだろう。綱首謝国明はこれを知って円爾を護衛し、博多櫛田《くしだ》の私宅に住まわせたという。謝国明はこの頃博多を拠点として貿易に関わった宋海商の一人である。おそらく栄西一門と親しく、入宋の世話なども行なっていたものだろう。謝国明はこの後、帰国後の円爾のために博多承天寺を建立してその外護者となり、円爾が上洛した後も関係を続けた。

入宋と帰国

一二三五年、円爾はいよいよ入宋の途に就いた。平戸から一〇日を経て明州に着いたという。上陸後は明州景福寺・天童寺、杭州上天竺寺《じょうてんじくじ》・浄慈《じんず》寺《じ》・霊隠寺を歴参したが、霊隠寺で退耕徳《ついかんて》寧《にん》から径山《きんざん》の無準師《ぶしゅんし》範《ぱん》を勧められた。無準は退耕の師である。径山は当時宋帝室の崇敬厚く、南宋の禅院五山第一位の地位にあった。いわば無準は公的な地位に関して言えば、当代の禅宗界の頂点にいた人物である。円爾が無準に参じたところ、一見して器として認められ、以後帰国まで従うことになった。一二三七年には無準から印可を受けている。帰国は一二四一年。円爾を乗せた船は五月一日に明州定海県を出航した。この時は風波が荒れ、船団を組んでいた三艘中、円爾の船以外の二艘は沈没してしまったが、円爾の船は辛くも風波を凌ぎ、耽羅を経由して七月に博多に着いた。円爾はその後まもなく大宰府に移った。径山で円爾と同門だった随乗房湛慧《ずいじょうぼうたんね》という日本僧がおり、円爾に先立って帰国するに当たり、「大宰府横嶽《よこたけ》山に寺を建てるので、無事帰国したら住持してほしい」と約束していたのである。円爾はこの約束に従い、湛慧の建てた崇福寺《そうふくじ》に住した。同年、先に帰国していた栄尊が肥前水上《みなかみ》に建てた万寿寺の開山としても招かれている。同じ無準一門の中でも、無準から印可を受けた円爾の評判は一段抜きん出たものだったらしい。

円爾はさらに翌一二四二年八月に、謝国明が建立した承天寺の開山になった。これは必ずしも謝国明の個人的な事業ではあるまい。円爾は帰国後、博多来迎院《らいごういん》で宋人綱首たちの求めに応じて説法を行なっており、さらにその一人と思しき張四綱の求めにより、自らを描いた頂相《ちんそう》（肖像画）に賛文を書いている。無準というビッグネームの教えを受けたということで、海商から期待の人材とされたのだろう。承天寺建立の背後には、円爾に説法を求めた博多の宋海商たちの期待があり、謝国明は円爾入宋前の縁から、その代表となったものだろう。日本に禅宗が導入される際の窓口として博多は重要な場所だったが、博多に禅宗がもたらされ定着した背景には、禅宗信仰を持つ宋海商たちがいたのである。[19]

東福寺開山へ

一二四三年二月、円爾は前摂政九条道家《くじょうみちいえ》から京都に招かれた。湛慧が大宰府観世音寺《かんぜおんじ》からの暴行を関白二条良実《にじょうよしざね》（道家の子）に訴えたことがきっかけであった。仏法についての問答も行ない受け答えが詳明であったので、良実は湛慧を道家に紹介した。この時道家は湛慧から円爾のことを聞いて関心を示し、円爾を京に呼び寄せたのである。円爾帰国から二年足らずのことであった。道家は円爾に惚れ込み、「聖一和尚《しょういちおしょう》」の四字を与え、あわせて建設中だった東福寺の開山とする約束をした。以後円爾は、一二八〇年の示寂まで京都東福寺を拠点とし、その一派（臨済宗聖一派）は長く摂関家の外護を受けることになる。道家はかつて摂政・関白を歴任し、四条天皇の外戚、関白の父、鎌倉幕府将軍九条頼経《よりつね》の父として、大いに権勢を振るった人物である。ただこの直前の一二四二年に四条の事故死というアクシデントがあり、権勢の絶頂期は終わろうとしていたが、なお政界最有力者の一人であった。

道家はこれ以前、一二三八年に出家して行慧と号し、曾祖父藤原忠通《ただみち》が京都東山山麓に建立した最勝金剛院の周辺に大規模な寺院造営を志していた。そこでは真言宗の光明峰寺《こうみょうぶじ》とともに、奈良の「東大寺」「興福寺」から名づけられた東福寺の造営も行なわれたが、その伽藍構成は宋の寺院を参照したものだった。[20] 道家は俊芿や京都西山法華山寺の勝月房慶政《しょうげつぼうけいせい》など、円爾以前に入宋した僧とも親しくしており、もともと南宋仏教に強い関心を持っていた。円爾を招いたのも、南宋仏教を自らの下で興隆させようとしたものである。また、道家は円爾とともに無準師範に手紙を送り（『墨蹟之写』慶長一六年）、子の一条実経《いちじょうさねつね》も自ら書写した金泥法華経など三二巻を豪華な螺鈿《らでん》箱に収め、東福寺を介して径山に喜捨している（『鄰好徴書』初篇巻一、宋、日本国丞相藤原公捨経之記）。道家やその一門は、円爾を通じて南宋仏教を再現するだけでなく、直接交流を行なうツテを得ることもできたのである。

円爾と蘭渓道隆の時代

円爾はこうして、無準師範法嗣の日本人第一号としての経歴も活用しつつ、たちまちの間に仏教界の寵児となっていった。以後は後嵯峨・亀山天皇や公家の面々と交流を持ち、東大寺大勧進に任命されただけでなく、鎌倉にも下向して北条時頼《ときより》に接触し、京都建仁寺住持も兼任した。建仁寺住持と東大寺大勧進は、かつて栄西一門の独占だったものである。ただし東大寺大勧進は、すでに東大寺戒壇院の律僧が担うようになっていたが(21)、建仁寺住持は円爾の就任を機に栄西一門の手から離れる。

もっとも円爾一門がこれらを独占的に受け継ぐことはなく、むしろその役割は蘭渓道隆《らんけいどうりゅう》・大休正念《だいきゅうしょうねん》・無学祖元《むがくそげん》など、鎌倉幕府お抱えの渡来僧の門流が担った。この頃の北条得宗家は、鎌倉に建長寺・円覚寺を建立して渡来僧を住持に据え、その門流を積極的に保護した。そうした中で栄西一門への保護は薄くなり、寿福寺や建仁寺も渡来僧一門が住する寺となっていったのである。栄西一門の栄華は、長期にわたって寿福寺住持を務めた寂庵上昭《じゃくあんじょうしょう》（一二八五～一三一四年住持）が最後であり、この後の栄西一門は日本禅宗界のマイナー勢力になってしまう。

ちなみに、一三世紀に宋風仏教導入にどの教団が中心的役割を果たしたかを見る一指標として、いささか大雑把ながら入宋僧輩出の頻度を用いることが許されるならば、一二一〇～三〇年代は栄西一門、三〇～四〇年代は俊芿一門、四〇～五〇年代は円爾一門、六〇～七〇年代は蘭渓道隆一門がそれぞれ目立っている（もちろん入宋僧が帰国してその成果を教団に反映するまではタイムラグがある）。八〇～九〇年代は、後述するように入元僧の事例が激減する。一四世紀になると一転して極めて多くの入元僧が現れて多様な門派が入り乱れるので、中心的な門派を見出すことは難しいが、円爾一門・蘭渓一門に加え、無学祖元・一山一《いっさんいち》寧《ねい》・東明慧《とうみんえ》日《にち》・清拙正澄《せいせつしょうちょう》など、渡来僧の門流が目立っている。

特に円爾一門と蘭渓一門は、鎌倉中期の宋風仏教教団の中心的位置にあった。円爾と蘭渓はかつて無準師範の下でともに学んだ仲であり、蘭渓来日後は頻繁に連絡を取り合った。日本での活動時期を見れば、円爾は一二四一～八〇年（帰国から示寂〔死去〕）、蘭渓は一二四六～七八年（来日から示寂）で、その間、円爾は主に京都東福寺、蘭渓は主に鎌倉建長寺にいた。円爾・蘭渓は鎌倉中期に日本東西を代表する禅宗教団の中心となり、宋風仏教紹介のセンターとしての役割を果たした。

弟子の交流

円爾と蘭渓の間には弟子の出入りもあったようである。たとえば蘭渓道隆は一二六一年頃、弟子の直翁智《じきおうち》侃《かん》・祖伝《そでん》・禅忍《ぜんにん》に語録（僧侶の発言を記録したもの）を託し、宋僧から序跋（著述の前と後ろにつけた文章で、趣旨や評価などを記す）を得てくるように言い渡した。彼らは杭州上天竺寺住持の晦巌法照《かいがんほっしょう》から序を、杭州浄慈寺住持の虚堂智愚《きどうちぐ》から跋を受け取って帰国した。この時彼らは語録の校正も依頼してきたのだが、蘭渓はこれを見て喜ばなかったという。祖伝・禅忍のその後はまったく知られないが、直翁はこの事件を機に蘭渓の下を去り、円爾に弟子入りした[22]。

直翁たちの行為は善意によるものであって、むしろ蘭渓に喜んでもらえると思っていたはずだが、蘭渓としてはプライドを傷つけられたと感じたのだろう。祖伝・禅忍はこのまま飼い殺しにされたか、もしくは別のところに行っても芽が出なかったものか。禅忍は入宋に当たって蘭渓より、「毎《つね》にその朴実にして偽り無きを愛し、屢《しばし》ば談話の間に於いて引喩相撃するも、兄（あなた）はただ微笑するのみにして、尽《ことごと》くは領する能《あた》わず」などと温情あふれる言葉をかけてもらっていたのだが（『蘭渓和尚語録』巻下、示禅忍上人）、なんとも人づき合いとは難しいものである。

ただ直翁は、この後円爾一門の一員として、大いに活躍する。一四世紀初めには博多承天寺九世となり、一三〇六年には豊後万寿寺の開山となった。万寿寺は豊後守護大友貞親《さだちか》によって建てられた大友氏の菩提寺で、場所は守護所である豊後府内だった。豊後府内は戦国時代の城下町の代表として著名だが、発掘の結果、府内東南部で一五世紀前半に遡る万寿寺跡の遺構も見つかっており、一〇棟程度の建物を備えた大規模な伽藍だったことが知られる。一四世紀に遡る溝状遺構も見つかっているが、これは豊後府内の中世遺構ではもっとも古いものである。万寿寺を含む大分川河口沿岸部には平安時代に市があったようで（河口部が「市河」と呼ばれた）、古くから栄えた場所だったらしい。また万寿寺の北と南に通る街路は他の街路と方向が異なり、成立も古いと考えられる。万寿寺は豊後府内の都市的発展の最初期において、大友館とともに中心的な位置にあったのである。(23)

直翁はその後一三〇八〜一〇年に東福寺一〇世を務め、一三二二年に示寂した。臨済宗聖一派盛光《じょうこう》門派の祖である。なお直翁の父は足利氏嫡流の泰氏《やすうじ》である。泰氏はこれ以前、九条道家の鎌倉幕府転覆計画に関与していたようで、その発覚を恐れて隠居した。(24)以後足利氏の政治的地位は低下したが、それでも後に将軍を輩出することになった最有力御家人だった。この一族をバックに控える直翁は、蘭渓門下でも有望株の一人だっただろう。円爾はこれを受け入れたわけだが、実際に直翁は教団の指導者的立場にまで上り詰めたのである。

直翁の場合は、半ば追い出される形で円爾の下に逃げ込んだわけだが、もちろんより自由な弟子の交流も見られた。たとえば蔵山順空《ぞうざんじゅうくう》は、円爾と同門の肥前万寿寺の神子栄尊の下で出家し、円爾の下に入り、その後蘭渓に師事したが、北条時頼の勧めで入宋した（『元亨釈書』巻八）。宋では円爾の関係者として行動しており、(25)入宋の世話をしたのは円爾だったらしい。蔵山は帰国後も円爾に仕え、円爾の法を嗣いで肥前高城寺開山・博多承天寺八世・東福寺六世を歴任した。鎌倉時代の禅僧の場合、様々な僧の下で修行するのは通常のことで、その後自らが寺院の住持に就任する時に、複数の師の中から誰の法脈を嗣ぐかを宣言した（嗣法と言う）。鎌倉中期には、その中でも円爾と蘭渓は、人気の修行先候補だったのである。

信仰とビジネス

円爾は帰国後も、師の無準師範との連絡を欠かさなかった。一二四一～四三年には、二度手紙を書いて大宰府崇福寺住持と博多承天寺住持になったことを無準に伝えている。これに対して無準は、お祝いの贈り物を添えて返事を送っている（東京国立博物館所蔵無準尺牘写、畠山記念館所蔵無準尺牘［『禅林墨蹟』上一四］）。その時無準は径山が火災に遭って燃えてしまったことも伝えたが、円爾はこれを知って、九条道家と謝国明の協力で、径山復興用の材木一〇〇〇枚を用意した。この時代の材木は、日本の主要輸出品だった。

円爾は一二四四年、材木と手紙を径山に送ったが、この時は船団が風波によって流されてしまい、行方不明になった船もあった。しかし船はなんとか嘉興府華亭県（現在の上海市松江）にたどり着き、材木はそこから明州の市舶務（市舶司の下部組織）に輸送された。径山は寺院復興用に送られた材木としてすべてを受領しようとしたが、市舶務は徴税・官貿易の対象として、材木八六〇枚中三三〇枚を徴収してしまった（一四〇枚は嵐で行方不明）。径山はこれを入手すべく朝廷関係者に裏金を送って工作するが、成功したかは不明で、少なくとも一二四五年の時点では成功していなかった。しかしともかく、円爾の送った材木の約半分は径山に届いたわけで、無準は一二四五年、円爾に礼状を送った。これは世に「板渡の墨蹟」と呼ばれ、茶人の間で愛好され続けてきた（東京国立博物館所蔵無準尺牘［『禅林墨蹟』上一二]。

この間、船の運航面で活躍したのが、博多承天寺建立に関わった謝国明だった。彼自身は渡海しなかったが、彼の指揮下で「綱首諸公」が船に乗り込んでおり、また自らも無準に手紙を送っている（その返事は現存する。『続禅林墨蹟』一九）。謝国明の禅宗信仰もその一つの前提だが、同時に指摘したいのは、日宋仏教教団との関係が大きなビジネスチャンスになるということである。円爾の伝記では、材木は喜捨として扱われているが、綱首たちが材木の代価三万貫を径山に請求していたことが、この時にやりとりされた一連の手紙に明記されている。[26]これは日本に持ち帰れば、現在の三〇億円（！）に相当する価格である。日宋間の密接な人脈に関与することによって、海商たちは寺院復興という大プロジェクトに食い込むことができたわけで、海商にとって寺院との関係は、信仰の問題に留まらない意義を有するものだった。となれば、彼らも日宋間の人脈形成を積極的にプロデュースし、これに食い込もうとしたはずである。これ以前に栄西や覚阿に禅宗の宣伝をしたのも、おそらく同様の狙いがあったのであろう。

入宋僧と教団の使命

以上で見た円爾・無準の連絡だけで、日宋間には三往復の便があった。さらに径山は、材木の代価が用意できなかったため、翌一二四六年夏の船便によって支払うことを約束している。となれば、予定も含めて一二四一～四六年に四往復の便が径山と円爾（崇福寺・承天寺・東福寺）の間を行き来したことになる。実に多くの便が日宋間に存在したことがわかるだろう。

連絡に当たっては、円爾の弟子がメッセンジャーとして乗り込んだ。一便目は道祐《どうゆう》・覚音《かくおん》、二便目は一翁院豪《いっとういんごう》、三便目は能《のう》上人の乗船が知られる。道祐は無準の下に留まって一二四五年に印可を受け、帰国後に洛北の妙見堂に隠遁した（『東巌安禅師行実』）。覚音は帰国後の活躍は知られないが、帰国後に明州天童寺で蘭渓道隆に会い、日本仏教の現状を伝えて来日の契機の一端を作った人物である（『新編鎌倉志』巻三、建長寺、建長興国禅寺碑文）。一翁は栄朝の門弟で円爾の同門に当たり、無準の下で教えを受け、帰国後に上野長楽寺三世となった。[27]能上人は宋で無準から印可を受け、その後いずこかに旅立ったが、無準示寂（一二四九）の後に径山に戻り、無準の語録を編纂している。[28]

このように、円爾と径山の連絡役として入宋した僧侶たちは、その使命を終えた後、径山やその他の寺院で、自らの関心に従って修行を行ない、ある者は印可を受けるなどの成果を上げて帰国した。彼らは教団の使命を帯びることで、後援を得て有利な条件で入宋できた。その意味で単なるお使いでもないし、かといって完全に個人として入宋したわけでもなかった。

ちなみに円爾一門に限らず、また時代も元代まで拡大して見れば、入宋・入元僧が請け負った教団の使命として、師僧の著述への序跋、師僧の頂相への賛文、師僧の行跡を顕彰する塔銘などを、宋元僧より獲得することも挙げることができる（他に典籍の獲得、外護者の喜捨仲介などいくらでも挙げられるが、網羅的な例示は避ける）。こうした使命を果たした僧も、その後は自らの目的に沿って参禅を行なった。このように、仏教教団は留学を志す若い僧たちを後援する役割を果たした。

人脈に群がる僧侶たち

教団の後援の内容は、具体的にどのようなものだったのだろうか。旅費の援助は明確にはわからないが、船便の提供は約束されただろう。また使命を帯びて入宋するわけだから、連絡先への紹介も期待できた。入宋僧としては、紹介状を書いてもらうついでに円爾からもお使いを頼まれたという意識だったのだろう。紹介状は宋側に渡されるものだから、現物は残っていないが、円爾が無本覚心・無象静照《むぞうじょうしょう》にこれを与えた事実が知られている。

宋仏教界の人脈を持っている円爾の下には、留学を志す僧侶たちが殺到した。一二四六年四月、円爾が高野山僧性心《しょうしん》に与えた法語が現存する（『禅林墨蹟拾遺』日本篇二〇）。円爾は性心について「今径山の法席を敬慕し、去々迢々《ちょうちょう》すること一万里」と記すが、つまり性心は径山留学を求めて円爾の下に来たらしい。これは円爾の持つ径山とのコネを期待したものに違いなく、円爾は日宋間の仲介人の役割を果たしていたと言える。

円爾としては、宋との人脈が新たな人材を集める種となったから、教団活性化のためにもこれを確保しておく必要があり、一二四九年の無準師範示寂後も、無準一門（西巌了慧・断《どん》橋妙倫《きょうみょうりん》・希叟紹曇《きそうじょうどん》など）や径山との連絡を続けた。宋に送り込んだ若い僧たちが帰国して東福寺に再参することで、この人脈は再生産され続ける。たとえば円爾法嗣の山叟慧雲《さんそうえうん》・白雲慧暁《はくうんえぎょう》などは、帰国後にも無準一門の僧と連絡を取ったことが知られる。こうして日宋仏教界は頻繁な貿易船の往来と僧侶の渡航によって、かつてないほど緊密な結びつきを実現していたのである。

大宰府の貿易管理も、宋の朝廷による外国僧の厚遇もなくなった南宋期、日宋間の仏教交流からは国家権力の存在感が薄れていた。あとは船の手配と渡航後の人脈の問題だった。もっとも、これらは事前に周到な準備をしなくても、博多の海商と個別交渉して入宋し、参学先は中国に到着してから選ぶというのでも、対応はできたであろう。だが円爾のように、渡航手段と人脈をかっちりと把握している人物が、海外旅行初体験の若い僧たちにとって魅力的だったことも事実だろう。これに惹きつけられ、円爾一門の関係者として入宋した僧は、筆者が現状で把握している限りで二四人を挙げることができる。実際の人数は、これよりもはるかに多かったに違いない。

人脈の派生

その中の一人である無本覚心は、一二四九年に円爾から無準への紹介状を得て入宋した。「汝異域に入りて仏鑑（無準）に参見せば、必ず所証を得ん」と円爾から言われたというが、いざ径山に着くとすでに無準は示寂しており、覚心は残念がったという（寛永版『法灯円明国師行実年譜』附録）。覚心は無準の跡を嗣いで径山住持となった痴絶道冲《ちぜつどうちゅう》の下で修行したが、悟りの機縁は得られず他寺をめぐった。その中で出会った日本僧源心より、杭州護国寺の無門慧開《むもんえかい》の評判を聞いてこれに参じ、得悟を果たした。この後覚心が持ち帰った無門の著『無門関』は、以後現在まで日本禅林で読まれる基本図書となった。日本仏教史上における覚心最大の業績である。

覚心と無門の関係は円爾から紹介された人脈とは関係なく、覚心が現地で集めた情報を元にして生まれたものだった。覚心は一二五四年の帰国後も、手紙を通じて無門と連絡を続けており（『法灯円明国師行実年譜』）、入宋後もこの独自の人脈を続けるつもりだった（ただし無門が示寂した一二六〇年以後は、宋との交流の形跡はない）。このように、入宋後にも紹介された留学先が気に入らなければ、入宋僧たちは独自に参禅先を開拓したのである。

実はこれは円爾も同じことだった。最初に訪ねた明州の景福寺・天童寺は、これ以前に栄西一門の明全も訪ねたところだから、栄西一門お決まりのコースだったのだろう（特に天童寺は既述のように、栄西が千仏閣造営の材木を送ったという因縁がある）。しかし円爾はその後も杭州の諸寺をめぐり、その中で無準の名を知ったのである。入宋僧は教団から留学先を紹介されて最初のとっかかりとしたが、それで満足しなければ独自に師を探すことも多かった。こうした入宋僧の活動によって、日宋間の人脈は深まるだけでなく、絶えず拡大もしていったのである。

宋元交替、規制される渡海

円爾は一二八〇年に、多くの門弟たちに看取られながら東福寺で示寂した。その一門は以後臨済宗聖一《しょういち》派として、中世を通じて繁栄する。この後、杭州浄慈寺から円爾にあてて、一通の手紙が届いた。西澗子曇《せいかんしどん》という元僧からのものである。彼はかつて来日したことがある人だが、一二七八年に蘭渓道隆が示寂すると、これに代わって元から招く名僧の候補を見つくろうため、北条時宗の命で帰国したらしい。(29) この時点で円爾は存命中だったので、西澗はその後の円爾示寂を知らなかったのだろう。この手紙は円爾の伝記『聖一国師年譜』に一部が引用されているが、これと同時に鎌倉の夢庵《ぼうあん》知蔵に送られた手紙が現存し（『禅林墨蹟』下二五）、一二八一年二月のものとわかる。(30) 実に弘安の役三ヵ月前の、緊迫した情勢下で書かれた手紙だった。

この頃、日元間で貿易船の往来が減少していたらしい。夢庵宛の手紙には「去秋の船、風波定まらず、只《た》だ両隻の到る有るのみ」と記すが、「只だ……のみ」という表現より見て、日本からの貿易船が二艘というのは、例年よりもかなり少なかったらしい。その原因は風波のためとするが、果たしてそれだけだろうか。時期を考えれば、軍事情勢の緊迫化が影響していた可能性が高そうである。

元の攻勢に抗しきれなくなった南宋が杭州を無血開城した一二七六年、日本の貿易相手だった浙江は元の支配下に入る。元はこれ以後、たびたび日本に使者を送って、服属を迫った。もっともこれ以前から元は日本に招諭を行なっていたし、二年前には高麗経由で軍事遠征も行なっていた（文永の役）。ただその時点では浙江は南宋支配下だったから、元の圧力は貿易船の往来や僧侶の交流と直接関わるものではなかった。しかし南宋が元に接収されてしまうと、ついに貿易相手も軍事的対立相手だった元になってしまった。

これに際して、鎌倉幕府は僧侶の渡海を規制するようになったらしい。文永の役前後から幕府が行なった異国警固番役などの有事体制構築によって、それまでは放任していた対外交通への統制が可能になっていた。実際に僧侶の往来状況を見ると、一二七五年まではコンスタントに見られたものが、翌年の宋元交替を機に激減する。帰国に関してはともかく入元に関しては、約一〇年間で二例しか確認されない。二例の内の片方は、先に見た時宗の命によって元に戻った西澗子曇（一二七八）で、もう一方は、その翌年に名僧招聘のために時宗によって派遣された傑翁宗英・無及徳詮である。この二人は西澗の滞在する明州天童寺に到り、住持の環渓惟一《かんけいゆいいち》に来朝を求めるが断られ、代わりに環渓の勧めで、門下の無学祖元を伴い帰国した（なお無学は来日後に建長寺住持となり、三年後に鎌倉円覚寺の開山となる）。

つまり宋元交替後は、時宗の息がかかった一部の僧侶以外は入元していないことになる。この不自然な往来状況を見るに、この頃は幕府関係者以外、入元は認められなかったらしい。無統制な入元は、国内情勢の漏洩の原因にもなりえたから、有事措置としては妥当である（ましてや入元に当たっての出航地は、警備の中心だった博多港である）。となれば、日本から船が二艘しか来航しなかったというのも、鎌倉幕府の規制によるものと見るのが自然であろう。

緊張の東シナ海

弘安の役後、日元間では警戒態勢が極限に達し、数年間貿易船も僧侶も往来した形跡がなくなる。一二八〇年代後半には復活したらしいが、一二九二年に元で日本三征計画が発動し、貿易船や漂流民を通じて日本に服属要求が送られてくると、また貿易船・僧侶の往来の形跡がなくなる。ただ、以上一連の対日本政策の中心にいた皇帝クビライが一二九四年に崩御し、対日非戦派のテムルが即位すると、日本側の警戒態勢も緩み、翌年には日元交通が復活した。ところが一二九九年、元が舟山群島の普陀山の禅僧一山一寧を日本商船に乗せ、招諭使として派遣したところ、日本ではまた警戒が高まってしまう。以後数年間、日元間の貿易船・僧侶の往来はまた中断した。有事体制下、鎮西探題の設置に象徴されるように、博多への支配を強めた鎌倉幕府は、軍事的な必要があると判断する場合、交通統制を行なうこともあったのである(31)。

このように、宋元交替以後の初期日元交通はまことにめまぐるしく変化し、僧侶の往来も幾度もの断絶を挟んだ。往来があった時でも事例は大変少ない。一三世紀の第二・第三四半期に隆盛を極めた日宋交流は、宋元交替後の軍事的圧力の中で、急速に衰えてしまったのである。このような中で、帰国できなくなった入宋僧もいたらしい。実相房円照の下で受戒した後に入宋した禅一房照阿《ぜんいちぼうしょうあ》はその一例である。宋元交替の後に元によって日本僧の迫害が行なわれたため、照阿は表に出ずに過ごしたが、後に日本僧がまた中国にやって来ると、照阿はこれに会って日本の話を聞き、喜び躍ること極まりなかったという(『円照上人行状』)。

新たな日本情報をもたらす入元僧が、一時期ほとんどいなくなっていたのだろう。

3　日元関係の波紋と仏教交流——入元僧龍山徳見

入元以前の龍山徳見

宋元交替によって、海の様子が一転してしまったところで、選手交替である。円爾示寂の四年後、一二八四年に生まれた龍山徳見が、この後の主人公となる。

入元僧は概して、入宋僧と比べて長期の中国滞在を行ない、また広範囲で活動する傾向がある。日元間の仏教交流は日宋間と比べて、より深く広くなっていったと言えるが、その中でも龍山は、特に深く広い活動を行なった。彼は享年七五で示寂したが、その中の四六年間は元で過ごした。実に全生涯の六割以上は異国にいたわけで、幼少期と最晩年以外の大部分が異国での生活だった。これは入元僧の中でも異例である。ここまで長期にわたって海外に滞在した前近代の日本人は、少なくとも最終的に帰国した者に限れば（幼少の頃に異国に流れ着いたり売られたりして一生を終えた者などはいそうである）、他に例はないと思う。また活動範囲も、浙江はもちろん、北は河北・陝西から南は江西までと幅広い。

だが実は、こうした長期・広範囲の海外生活は、必ずしも彼の望んだものではなかった。彼は入元後、元や東シナ海の様々な事件に振りまわされ続け、結果的にこのような生涯を送る羽目になったのである。その意味で龍山の生涯は、日元関係や東シナ海の動向を伝える絶好の素材とも言える。

以下、この人物の生涯を『黄龍十世録《おうりょうじつせろく》』所収の伝記を中心に追って行くことにしたい。この伝記は、龍山示寂の四ヵ月後、龍山門弟の慈船大杭《じせんだいこう》の依頼を受けて、在元中・帰国後に龍山と親しくした五山きっての奇才中巌円月《ちゅうがんえんげつ》の手によって成ったものである。誤りがないわけではないが、信憑性はかなり高い伝記である。

龍山の出家

龍山は下総香取郡の出身で、下総守護を歴任した千葉氏の一族という。龍山が千葉氏の中のどの家系に属するのかは不明だが、千葉一族中で文化人を多く輩出したものに東氏がある。古今伝授の祖とされる東常縁《とうつねより》で知られるが、常縁の叔父には江西龍派《こうせいりゅうは》・慕哲龍攀《ぼてつりゅうはん》、兄弟には南叟龍朔《なんそうりゅうさく》・正宗龍統《しょうじゅうりゅうとう》がいる。それぞれ法系（仏法上の伝法相承に基づく関係）では龍山の二世孫、あるいは四世孫に位置するが、特に江西・正宗は一五世紀の五山を代表する文学僧である。龍山が東氏出身かは断定できないが、龍山一門における東氏の存在感は、千葉一族の血縁関係が前提にあるのだろう。

龍山は一二九五年に鎌倉寿福寺に入り、寂庵上昭に師事して、一三〇〇年に受戒した。この頃は利見と名乗ったという。寂庵は入宋経験もあり、栄西一門の法流（臨済宗黄龍派）に属した僧だが、この一門が当時衰退の一途にあったことはすでに述べた。もともとこの法流は、栄西の時代の中国でも衰亡しつつあり、元代にはすでに滅んでいたといわれる。龍山はいわば時代遅れの流派に入ったわけだが、後述するように、最終的にはこの法流を嗣ぐことになった。江戸時代になると、その一門は唯一栄西の法を伝える門派になる。

龍山はその後一三〇二年頃、円覚寺の一山一寧に参じた。一山は一二九九年に元の招諭使として派遣され、幕府によって一時伊豆修禅寺に幽閉されたが、幕府内ではこれを惜しむ声も強かった。ちょうど宋元交替後の僧侶往来の激減の中、もとからいた渡来僧が示寂していく一方で、新たな渡来僧も得られていなかったこともあり（この時点で活動していた渡来僧は、無学祖元とともに来日した鏡堂覚円《きょうどうかくえん》のみ。当時建仁寺住持）、幕府は一山を釈放して建長寺、ついで円覚寺に住持させた。釈放された一山の下には、「山内の寓舎、門外市の如し」と言われるほど多くの僧が参集したと言われ、当時の渡来僧人気がうかがわれる（『一山国師語録』付収、行記）。鎌倉中期以後、日本には相次いで宋僧が来日し、日本禅林の一中心となっていたが、特に入元が困難で、国内の渡来僧以外に元僧と接触する機会がなくなっていた当時とあっては、新たな元僧の渡来が待望されたのは無理からぬところであった。

龍山が参じた時、一山には他に四〇人以上もの入門希望者がいた。そこで一山は偈頌《げじゅ》（仏教を題材にした漢詩）を以って試験し、トップの成績を得た龍山は入門を認められたという。渡来僧と日本僧の意思疎通は筆談に依るところが大きく、日常生活のためにも漢詩文の能力は必須だった。一山が偈頌の試験を行なったのは、その能力を確認するためであろうが、このため一山一門からは漢詩文に優れた僧が多く輩出し、一四世紀の五山文学隆盛の礎を作った。また一方で渡来僧の会下《えげ》は、筆談・会話による元僧とのコミュニケーションの訓練の場にもなった。このことは、門下の僧にとって入宋・入元後の武器になったであろう。

元の警戒態勢

龍山は一山の下で入元を決意し、一三〇五年に明州に到った。文献から知られる限り、一山一寧来日後、最初の日元交通である（先述の通り一山来日後、日元貿易は数年間中断していた）。龍山はこの時、先達から聞いたこともなかった事態を目の当たりにする。日本船が着岸しても、元側が商人の上陸を許さなかったのである。龍山の伝記は「貿易を許可しようとせず、そのため税率も上げた」としているが、税率を上げたということは、貿易は行なったわけである。ここからわかるのは、日本人に対する警戒と、それにもかかわらず貿易から利益を吸い上げようとする元の姿勢であろう。

そして龍山にとって問題だったのは、僧侶の入城（中国の州県レベルの都市は普通城壁で囲まれている）も認められなかったことである。つまり龍山ははるばる海を渡って明州まで来たのに、船を下りることも入国することもできなかったのである。

この時は、元の対日方針の転換点に当たる時期だった。一二九九年に派遣された一山一寧が鎌倉に到着したのは一〇月八日のことだから（『北条九代記』）、日本の返答は早くて翌年となるはずである。ところが一三〇一～〇二年になっても日本から返事が届かなかったことで、招諭が失敗に終わったことは元で認識されただろう。これ以後元では、日本招諭は二度と議論されなくなる。クビライ時代の対日方針は放棄された。

図9　奉化江（筆者撮影）。寧波（明州）城東岸、宋代の市舶司・元代の市舶庫に面する辺り。龍山の船が停泊したのもこの辺りだろう

　そして同じ頃から、明州の警備態勢が強化される。その始まりは一三〇二年一〇月で、浙東道（浙江東南部、杭州湾以南に当たる）に都元帥府を置き、その役所を明州に置くことが建議され、翌年秋に実現した（『元史』巻二〇、成宗本紀、大徳六年一〇月甲子条・『延祐四明志』巻八）。「道」という行政単位は行省（後世の省）と路・府・州の間に置かれ、通常これを管轄するのは宣慰司だったが、軍事的な要地の場合は都元帥府が置かれた。つまり明州に浙東道都元帥府を置くというのは、明州を中心に軍事的備えを行なうということである。この措置が日本への備えだったことは当時明言されており、日本史から見れば「蒙古襲来後」二十数年を経ていたこの時代、元ではむしろ警戒が強まっていた。一三〇四年には「歳ごとに至る倭船」への備えのために、明州の入口に当たる定海県に千戸所という軍事組織を置いている（『元史』巻二一、成宗本紀、大徳八年四月丙戌条）。

　龍山が入元したのは、こうした警戒の高まりの中だった。商人や僧侶の上陸・入城禁止措置も、日本への警戒の中で採られた措置に違いない。これ以前、元が軍事的な対立国の日本

に貿易を認めていたのは、皇帝の仁徳を示し慕化の心を持たせるという政治的措置の意味合いもあり、そのため一定の優遇も見られたのだろうが、日本招諭を放棄した今、そのような配慮も不要になったのである。

元の貿易政策

しかし以上を認めた上で重要なのは、それでも元が貿易を行なったという点である。一山来日以後確認できる最初の日元交通が龍山入元船であることはすでに触れたが、これ以後日元間では船の往来が継続的に見られ、入元僧が爆発的に増加するのもこの時からである。つまり警備が強化された後のほうが、むしろ継続的に貿易が行なわれているわけで、元の警備強化は貿易制限が目的ではなかったことになる。

この頃の元の貿易方針を伝える史料がある。明州の文人袁桷《えんかく》が記した『馬元帥防倭記』(『清容居士集』巻一九所収)である。一三二五年に倭船が来航した時の対応を記したものだが、これに拠れば倭船来航時に関して、「その物を輸し以って官に上《たてまつ》り、郡城に入るる勿《な》く、貿易を止《とど》むる勿ければ、則《すなわ》ち得るに永遠を以ってせん」という内容の定制が存在した。つまり官貿易品は国家に収め、倭人は入城させず、貿易は遂行するということであって、日本人の入城は禁止を原則としながら、貿易自体はしかるべき形で行なうことが前提となっている。これは龍山来航時の状況と一致する内容である。おそらく一四世紀初頭の対日方針転換によって定められたもので、となれば龍山の伝記が商人上陸禁止の措置から元の貿易不許可の意図を読み取ろうとしているのは、悪意による読み違えということになろう。

基本的に元は、貿易に積極的な政権だった。そのため日本が服属しないことを認めても、貿易自体は遂行しようとしたのである。その場合、明州の警備体制強化はむしろ当然の措置である。相手が戦後の交渉を受けつけもしない強硬な国である以上、そこから来る船にスパイや軍船が含まれている可能性を否定する材料は何もなかったのである。むしろ相手が交渉のテーブルに就きもしない状況下で、なお安全に貿易を行なう環境を作ろうとした元側の積極性は、評価されてしかるべきであろう。

ただ文永・弘安の役という軍事衝突と、その後の国際的緊張が、日本側だけでなく元側の政権にも影響を与え、南宋時代と比べて海上交通に対する権力の管理・統制が強まったことは否定できない。この動向は明代の強力な海上交通規制（海禁）と、それによる民間貿易禁止という事態の先駆けとなるものでもあった。

龍山の密入国――筆が救った危機

しかし仮に貿易が行なわれようが、龍山にとってそれは重要な問題ではない。むしろ問題は日本人を上陸・入城させないという措置であって、このままでは龍山の入元はまったくの無駄骨となってしまう。船に乗るためには相応の費用もかかっただろうし、鎌倉から博多に移動する旅費もバカにならなかったはずである。何よりも、自らの目的である留学の夢が、こんなところでついえてしまうのは、あまりにも残念なことだったろう。

そこで龍山は考える。「古人は法の為に軀を亡《み》ぼせり。今正にこの時なり」と。つまり処罰覚悟で密入国を決行したのである。かつて平安時代、成尋は処罰覚悟で密出国したが、宋では海商たちの協力によって、滞りなく入国することができた。それに対して鎌倉後期になると、戦争の脅威が去って有事体制が緩んでいる限り、日本から出国することはそれほど難しくなかったが、逆に元に入国するほうが厄介になったのである。しかしまっ昼間から城門を通ることはできない。そこで龍山は、夜にこっそりと船を下りて城壁をよじ登り、城内に侵入する挙に出た。

ところが、龍山が城壁から飛び降りたところは、ある富豪の家の敷地だった。当然龍山は不審者として取り押さえられる。ただ家主も龍山をただちに殺したりすることはなかった（この点では龍山は運がよかった）。外国人だし僧侶の格好をしている。どうも泥棒とか強盗の類ではないらしいと気づいたのだろう。

そこで家主は事情を龍山に聞いてみた。しかし龍山は明州に着いたばかりで、十分な会話ができない。あるいは多少はできたかもしれないが、こんなところで怪しい中国語を使って誤解されてしまったら、すべてが終わる。そこで龍山は紙と筆を求め、「我在日本、遠聞天童和尚道風、故来求出生死道也」と書いた。「日本で明州天童寺住持の仏法の教えを聞いたので、出生死（解脱）の道を求めてやって来たのです」ということである。これを見て、家主の夫婦はたいへん喜んだ。当時の天童寺住持は東巌浄日《とうがんじようにち》という人だが、家主夫婦は東巌に帰依して法を授かった俗弟子だったので、龍山の書いたことを見て、自分たちの師の道が外国にも及んでいると思ったのである。そこで家主夫婦は役所にかけあって龍山の免罪を獲得し、自ら天童寺へ連れて行ってくれた。龍山は以後数年、東巌の下で学び、名も利見から徳見と改めた。

この過程を見るに、龍山が筆談を行なったことは大正解だった。これは何よりも、一山の下で学んだ日々に鍛えられた筆談能力が生きたものに違いない。なお一山の下で龍山と同門だった雪村友梅《せっそんゆうばい》は、龍山の二年後に入元するが、彼は「天性華音」、つまり中国音について天性の才能を持っていたという（『雪村大和尚行道記』）。一山の下で学ぶ中で、中国語会話をめきめきと上達させた者もいたのだろう。

ちなみに一三〇五年の入元僧は龍山しか知られないが、以後も日本僧の入元は多く確認される。元では対日方針の変更当初こそ、僧侶の上陸も含めて厳格な制度遵守が試みられたのかもしれないが、まもなく僧侶の入国に関しては大目に見られるようになったのだろう。

至大の「倭寇」――悪徳役人にキレた日本商人

一三〇九年、明州で大火事が起こった。龍山の伝記は一三〇七年のこととするが、他の史料は一律に一三〇九年とし、龍山の伝記に誤りがあるらしい。火は城内北部中央の役所街を中心とし、さらにそこから南門に向かう南北メインルート（現在の鎮明路）と、そこから運河沿いに分岐する繁華街（現在の南大路）に沿って広がったようである。元代明州の地誌『延祐四明志』『至正四明続志』には、城内の官舎・学校・廟・寺観が一一三件見えるが、その中で二七件はこの年に燃えている。[32]　明州城内の代表的な建築物が四分の一近く焼失してしまうという、凄絶な火事だった。

この火事の原因は、日本から来た海商だった。事の詳細はよくわからないのだが、城内東北にある玄妙観について元の文人虞集が記した碑銘に、

> 島夷歳ごとに土物を以って互市す。郡境の吏卒これを侵漁すれば、以って忿《いか》るに堪えず、賚《もたら》（齎）す所の流黄（硫黄）等の薬を持って城中を火《や》く。官府・故家・民居幾《ほと》んど尽き、観も亦た焉《これ》と与《とも》にす。蓋《けだ》し至大二年（一三〇九）なり。

とある（『至正四明続志』巻一〇）。明州の役人が貿易に来た島夷（日本人）から財物を奪おうとしたので、キレた島夷が持ってきた硫黄で城中に放火し、これが燃え広がって大被害になったのである。文献上で「倭寇」と書かれることがあるので、筆者もこれをカッコつきで至大の「倭寇」（至大は元の年号）と呼んでいるが、後の前期倭寇・後期倭寇のような海賊・密貿易商人の類ではなく、市舶司での正規取引を望んで来航した海商の暴動だった。

この事件の背景には、一四世紀初めの日本に対する警戒態勢強化による海商側の不満があったものに違いないが、同時に管理強化によって役人の増長が著しくなったことも一因かもしれない。財物を奪い取る（侵漁）というのは、贈り物やワイロの強要のようなものかと思うが（役人への贈り物自体は当時一般に見られた）、管理強化によって役人の立場が強くな

り、無茶な要求も多くなったのかもしれない。この事件に関しては、他の中国史料でも役人側の不正行為を問題として非難する言説が目立つ。急激な警戒態勢強化の中で海商と役人の関係のバランスが変調を来《きた》したことが、事件の根本的な原因と思われる。

それにしてもこの事件の被害は大きい。日本人のやったことは一ヵ所の放火に過ぎなかったのだろうが、延焼によって被害が拡大してしまったので、結果としては明州に多大な被害を及ぼした。日本人が明州で行なった悪事としては、一五二三年の寧波の乱が有名だが、これは二つの遣明使団の間で殺傷事件が起こり、その巻き添えで明人にも被害が及んだという程度のことである。町に与えた実被害では比較にならないだろう。倭寇による略奪・殺害もあったが、町を焼き尽くすようなことはなかったと思われる（筆者は網羅的に調査したことはないが）。

事件の余波

原因はともかくとして、この事件は元に衝撃を与えた。日本の国家的・組織的なスパイ活動や軍事遠征という事態ならまだしも、商人の暴動という事態は想定していなかったようである。元代の貿易では、徴税に当たって不正のないように監視する監抽という仕事があったが、これに当たる役人は必ず多くの護衛を引き連れて臨むようになったという（『元史』巻一八四、王克敬伝）。また一三〇九年・一三一一年には、明州での軍隊増置・調整も行なわれている（『元史』巻九九、兵志、鎮戍）。元あるいは明州ではこの事件を機に、日本という国家だけではなく、海商に対する警戒心も増大することになった。

この事件の余波でしばらく明州港は封鎖されたらしいが、まもなくほとぼりが冷めると貿易は再開する。貿易の途絶は明州にとっても望ましいことではなかったのだろう。しかし元では、風紀粛正などの掛け声以外に対策はなく、日元貿易に関わる構造的な問題点は解決されなかった。日本は元との交渉を拒絶し続けたし、元もその点は諦めていたが、そうなれば国際的に責任の所在を問う相手も不在となるから、貿易上のトラブルは個々の貿易船との関係において解決するしかない。信頼できない貿易船に対して元が警戒態勢を強めれば、海商の不満や役人の増長を招くし、それに対してさらに警戒を強めれば、また海商の不満が高まってしまう。この負のスパイラルは一四世紀前半を通じて進行し、一三二八年・一三三五年にも同様の事件が続発する（筆者は泰定「倭寇」・元統「倭寇」と呼んでいる）。日元交流はたしかに盛んだったのだが、それは必ずしも安定した構造に裏打ちされたものではなかったのである(33)。

ちなみに至大「倭寇」の当事者と思しき貿易船は、ただちに日本に逃げ帰ったが、この時彼らは「異賊蜂起し候《そうろ》う」との情報を博多の鎮西探題にもたらした。これを受けて幕府は、全国の寺社に向けて異国降伏祈禱を命じている。至大「倭寇」事件が正月、祈禱命令は二月以後に行なわれているから、かなり迅速な対応である。異国降伏祈禱の命令はこれ以前も、元軍遠征が危惧された時に折に触れて行なわれたが、これが歴史上その最後になる。しかしそれにしても、被害者は元側なのに「異賊蜂起」の扱いは、客観的に見てひどい話である。

入元僧東洲至道

この事件は明州城内の人々だけではなく、城外の天童寺にいた龍山にとっても災難だった。元はこの事件を機に、国内にいる日本僧の検挙を始めたのである。その点で明州に近い大寺院で、しかも禅院五山第三位の寺格を持つ天童寺などは、格好の対象だった。天童寺での検挙人数は龍山も含めて十数人に及んだという（これは当時の日本人の留学規模を推し量る材料になろう）。湖州で検挙された雪村友梅の伝記には「一例刑籍」とあり、日本人なら一律に検挙されたらしい。

龍山らは大都（北京）に送られ、その後洛陽白馬寺に移された。その後は自由の身になったようで、東巌に会うために天童寺に帰っている。だがすでに東巌は亡く、住持は竺西妙坦《じくせいみょうたん》に代わっていた。竺西の住持は一三〇八〜一五年だから、龍山は一三一五年以前には釈放されたことになろう。禁固期間は人によって差があったようだが、一三一〇年代半ばには非常事態も解除されるようになったと見られる。

この事件の中で、龍山ら十数人は大都に送られたが、おそらくこれは大都に入った最初の日本僧だろう（日本人というだけなら、元の使者に連れ去られた対馬人や、日本の使者に偽装させられた一二人の日本人がおり、クビライに謁見している）。大都の日本僧と言えば、大都の寺院で住持となった人がいる。円爾の弟子、東洲至道《とうしゅうしどう》である。高麗版『重刊礼念弥陀道場懺法』に見える一三三二年の序に、大都大覚寺住持として名が見え、これに注目した新村出が、早くも大正時代に論文を書いている。(34) 日本僧がもっぱら江南で活動した中で、華北で活動した稀有な事例として、近年村井章介も紹介している。(35)

　では彼はなぜ浙江からはるか遠い大都まで行ったのか。まず東洲の行状を確認してみると、南山士雲が一三二一年に弟子の祖庭□芳を派遣して帰国を勧めたのに対し、東洲は返事のみ送って断ったことが知られる。(36) おそらくこれと同件が『南山和尚行実』にも見え、南山の博多承天寺再住時代（一三二三～三三）、東洲が書を送って「前二十八年の事を叙せり」ということがあったという。「前二十八年の事」とはおそらく同門だった入元以前の話であり、つまり東洲は手紙を書いた二八年前に入元した。一三二一年の手紙への返事が承天寺住持時代の南山に届いたのならば、返事は一三二一～三三年に書かれたはずで、入元はその足掛け二八年前の一二九四～一三〇六年のこととなる。ただ東洲の返事は南山が弟子を派遣した一三二一年から数年の間に収まる可能性が高く、入元は一二九〇年代半ばのことだろう。この頃に東福寺からは、可庵円慧《かあんえんね》・愚直師侃《ぐちょくしかん》や蒙兄らが入元している。

　以上を踏まえた上で、中国における東洲の足跡を伝える史料を探ってみよう。まずは独木《どくぼく》祖林《そりん》という元僧が東洲□道知客に与えた餞別の偈がある（『禅林墨蹟』上七九）。独木の経歴は不明で、この餞別偈がいつどこで書かれたものかも明記されていない。しかし東洲□道は名前から見て、東洲至道その人の可能性がある。この餞別偈を読むと、東洲は独木に法語を求めて断られたので、「天童に回《かえ》り明年出来するを待って、和尚と与《とも》に道《い》わん」と言ったという。これより見れば東洲は明州天童寺から来た僧である。さらに関連する史料として、天童寺住持の東巌浄日が一三〇五年に道知客なる僧に与えた餞別偈が、常盤山文庫にある（『続禅林墨蹟』五七）。この天童寺の道知客は、天童寺から独木に会いに来た東洲□道知客と同一人物に違いない（禅僧の名を一文字で表現する場合、普通は法諱の下の字を用いる）。

そして一三〇五年に在元しているという点は、一二九〇年代半ばに入元したという東洲至道の経歴にも矛盾しない。この二通の餞別偈に見える東洲は、東洲至道と見てよいだろう。東洲は龍山が入元した年に天童寺にいたのであり、龍山と同門で先輩だったのである。となれば、東洲が後に大都に来た理由も、ほぼ明らかだろう。龍山と一緒に天童寺で検挙され、大都に移送されたのである。もちろんその後大都に留まり住持にまで上り詰めたのは、大都仏教界に魅力を感じるところがあったからだろうが、当初から大都を目指したわけではない。

華北の日本僧たち

この他に華北に来た日本僧として古源邵元《こげんしょうげん》がいるが、これもおそらく似た事情である。古源は一三二七年に入元し、福建や天台山をまわったが、その後は華北に活動の舞台を移し、五臺山に参詣して、洛陽近くの嵩山少林寺では碑文の撰述にあずかった（『古源和尚伝』）。なぜ天台山からはるか北の五臺山へ向かったのだろうか。これもおそらく、望まざる移動だったのだろう。と言うのも、古源入元の翌年に、明州で第二の倭人暴動事件、泰定「倭寇」が勃発しているのである。この時もその余波で、日本僧の検挙が行なわれ、不聞契聞《ふもんかいもん》は杭州で逮捕されて武昌に送られている（『不聞和尚行状』）。伝記には明記されないが、古源が華北に行ったのは、おそらく不聞と同様に逮捕・移送されたものであろう。

他にも例はあるが、華北に行った経歴のある僧にはだいたい特殊な事情があり、望まない形で北に送られてしまったものである。例外は東洲至道を迎えに大都に行ったと思しき祖□芳のほか、元末に入元した無我省吾くらいだろう（『無我集』無我省吾禅師行状）。ただ祖庭の場合はお使いの一環だし、無我の場合も華北仏教の習得と言うより、五臺山という聖地の巡礼が目的であって、仏菩薩の出現を目撃して感激したということ以外、華北での特筆すべき活動はない。

杉山正明は史料の偏在で気づかれないだけで、実は華北を目指した入元僧もいたのではないかとする。そして古源の例を挙げ、「中華文明の本筋」の華北で学んだことを以って、「本もの」の男、「真に大陸で通用する人物」と評価している[37]。華北に足跡を残した入元僧はたしかにいた。だが彼らは必ずしも望んで華北に赴いたわけではなく、古源もそうである可能性が高い。わからないだけだという指摘はもっともだが、当時の禅僧が華北仏教という要素（華北を含む理念上の中国仏教一般ではなく）を重視した証拠がなければ、それは可能性にしかならないだろう。当時の日本僧の著作に拠る限り、日本人は憧れの異国として、理念上のインド・中国か現実の江南を見ていたのであって、元代華北のラマ教や華厳宗を取り入れようとした様子はない。

ましてや華北を文化の中心とする考えが当時の正統派・多数派だったとして、正統派・多数派に属する文化のみが「本もの」とするのは、歴史的な評価の方法としてはどうだろうか。もちろん杉山の意図は、従来江南に意識が集中していた日中関係史研究の「思い込み」を相対化しようとしたものだろうが、その手段として文化の「格付け」を持ちだすのは、あまり有効とは思われない。ここまでの本書の記述でわかっていただけると思うが、日本人にとっての交流の対象は、海上交通のあり方によって絶対的に規定されており、それはまずは上陸地の浙江だった。さらに奥地まで行くことも可能だったが、日本人はすでに宋代以来、浙江の文化になじんでいた。文化の優劣や中心といった問題ではなく、日本人にとって身近で関心がもたれたのは、海をはさんだ浙江の文化だった。それ以上でも以下でもない。

祖師ゆかりの寺院

龍山は某年、蘇州（この頃は平江と改称）虎丘山《くきゅうさん》に入った。臨済宗楊岐《ようぎ》派中の虎丘派の祖である虎丘紹隆《じょうりゅう》が住した寺である。紹隆は一山一寧の祖師に当たるから、龍山にとっては自らのルーツをたどる旅でもあったのだろう。龍山はここで古林清茂《くりんせいむ》と出会う。この人は一三二二年に集慶（現在の南京）保寧寺住持になると、弟子入りを希望する日本僧が殺到するようになった。古林門下を金剛幢《こんごうとう》下と言い、南北朝期の日本禅林にも大きな影響を与えたが、龍山はそのブーム以前に古林に会い、詩文の交流を行なっていたのである。なお古林が虎丘山にいたのは一三一五年までなので、龍山はやはりこれ以前に釈放されていたことになる。

その後は江西に入り、疎山・仰山・黄龍山・廬山など、禅宗で著名な祖師ゆかりの寺院を遍歴した。これらの地域をめぐった日本僧はこれ以前に知られず、おそらく龍山が最初である。ここに黄龍慧南《おうりようえなん》ゆかりの黄龍山や、その法嗣の東林常総《とうりんじようそう》ゆかりの廬山があったことが大きかったに違いない。龍山が師事した寂庵上昭は臨済宗黄龍派に属するが、慧南はその祖師に当たる。日本に黄龍派を伝えた門派が栄西一門のみだったことを考えれば、これらの諸山に遠出しようという発想は、栄西一門ゆえの行動だったのだろう。だが浙江外に足を伸ばすことができるようになった元代、栄西一門の入元はすでにかなり珍しくなっていたから、龍山以前にここを訪れようと思う者もいなかったろう。

龍山は江西では最終的に、龍興路寧州の雲巌寺に入って首座を務めた。一三二六年、入元僧中巌円月が雲巌寺に参じたが、この時龍山が日本僧だということで、中巌は朝も夜もその寮舎を訪ねたという。後に龍山の伝記を執筆する縁は、ここから始まったのだろう。

大友貞宗の遣使

一三二九年、龍山のもとに日本から一人の使者が来た。復初本礼《ふくしよほんれい》という僧で、豊後守護の大友貞宗《さだむね》が派遣したものである。その目的は、豊後万寿寺（直翁智侃のところで触れた）の住持が空席なので、これを龍山に務めて欲しいということだった。これ以前に帰国した僧から龍山の活躍を聞いて、住持として打診したものだろう。

貞宗はおそらく、当時もっとも元の仏教界に関心を持った有力武士の一人である。(38) 博多で入元する僧と関係を持ち、しばしば元の僧侶のもとに使者を派遣したり、帰国した僧を領内に招いたりしたことが知られる。大友氏が博多への中継点としたのが、博多から目と鼻の先にある多々良浜の顕孝寺である。貞宗が闡提正具《せんだいしょうぐ》を開山として開いた寺で、一三三二年には存在したことが知られる。闡提は一三二五年に豊後万寿寺住持だったので、闡提が顕孝寺に移ったのはこれ以後のはずである。おそらく闡提が移ったことで万寿寺が空いてしまったのだろう。闡提は当時数少ない臨済宗黄龍派の名僧であり、その点で同じ黄龍派の寂庵上昭の弟子である龍山に期待し、万寿寺後任として貞宗に推薦したものかもしれない。

また貞宗は一三二六年、建長寺船に乗って来日した渡来僧清拙正澄と面会している。この船には古先印元《こせんいんげん》・明叟斉哲《みょうそうせいてつ》・無隠元晦《むいんげんかい》など、後の日本禅林で活躍する入元僧たちが同船していた。彼らは元ではいずれも杭州天目山の中峰明本《ちゅうほうみんぽん》という隠逸の僧に師事し、日本にその法を伝えた。これら諸派を臨済宗幻住派と言う。中峰は当時古林清茂と並んで、この頃の日本人に人気のある二大禅僧だったが、一三二三年に死去してしまったので、古先らはこれを機に帰国を決意したのだろう。この中で無隠は大友氏被官大蔵氏の子で、入元に当たっては貞宗の援助を受けている(『豊前興国寺文書』無隠元晦像賛写・明和版『東海一漚集』三、祭文)。無隠は在元中、中峰に闡提正具の語録を見せ、帰国後の一三三五年には顕孝寺住持になっており、大友氏と縁の深い僧だった。[39] おそらく貞宗は、無隠あたりから龍山の情報を得ていたのではないか。

だが龍山は、貞宗の申し出を断った。日照りによって江淮の地が荒れて、流民・盗賊があふれかえっているため、道が危険であることが名目であったが、この頃龍山がすでに元に留まる決意をしていたためとも言われる。すでに入元二五年目にして帰国を拒んだのは、実際にそうした気持ちもあったのだろう。

龍山は翌年、地元寧州の兜率寺《とそつじ》の前住持初心□安の推挙によって、同寺の住持に就任した。この寺は兜率従悦《じゅうえつ》（黄龍慧南法嗣）の住した寺として知られ、やはり黄龍派ゆかりの寺である。龍山が同寺住持に就任したのも、日本で黄龍派の法を受けていた事情があったと思われ、龍山は一山ではなく寂庵の法を嗣ぐことを宣言した。これは元で黄龍派の復興として喜ばれたというが、龍山が帰国後も黄龍派として活躍することの前提となる。

大友氏と元仏教

さて、龍山が貞宗の申し出を断った一三二九年、北条高時《たかとき》の招聘によって元から渡来僧が来朝した。前婺州《ぶしゅう》双林寺住持・径山首座の明極《みんき》楚俊《そしゅん》と、その従僧の竺仙《じくせん》梵僊《ぼんせん》である。婺州双林寺は元では五山に次ぐ十刹の寺格であり、明極は来日前のキャリアだけで言えば、それまでの渡来僧の中で最大のビッグネームだった。

この時に用いた船は、前年に福州に入港したものである（泰定「倭寇」のため、明州は封鎖されていた）。貞宗使僧の復初もこの船で龍山を連れてくるつもりだったのかもしれない。だとすれば貞宗は、この船で龍山が帰国することを期待していたことになるが、実際には龍山は来なかった。そこで貞宗は、今度は博多で、竺仙に万寿寺住持を依頼した（『竺仙和尚行道記』)。竺仙は明極から同行を求められて来日したものだったが、直接の招聘対象となった明極と違い(明極は鎌倉に着いた九日後、もう建長寺住持に就任している)、住持ポストが用意されていたわけでもなかったから、誘えば乗ってくると考えたのかもしれない。だが結局竺仙はこれを断って博多を発った(ただしこの後も大友氏は竺仙に執着し続ける)。

このように万寿寺住持の座をめぐっては様々な経緯があったのだが、この時代になると武家の中にも、中国仏教界に多大な関心を持つ人物が現れたことが知られよう。これ以前から北条氏は中国仏教界に使者を送るなどしていたが、それは鎌倉という政権中枢部での動向だった。だが貞宗の場合、九州に拠点を置きながら元と連絡を取っており、海域に接する九州という地の利を生かした行動だった。貞宗は豊後守護であるほか、博多の鎮西探題の頭人でもあり、そのため博多を行き来する入元僧・渡来僧との接点も多かったのだろう。

鎌倉後期、守護は国衙機構を吸収しながら、地方を支配・統治する権力として成長していくが、そうした中には対外交流に関心を示す者も現れていた。南北朝時代になれば、肥後菊池氏・薩摩島津氏も現れるし、南朝勢力の一翼として九州で活動した征西府などは、次第に吉野との連絡を絶って独自に明と通交するようになる。こうした動向の先駆けとなったのが大友氏だったのだろう。大友氏の対外交流というと、どうしてもキリシタン大名大友宗麟《そうりん》による南蛮貿易が有名だが、その淵源は意外と古いのである。

龍山、龍翔寺へ

龍山は元で人生を終えることを決意したが、兜率寺に住すること一〇年にして、帰国を望む気持ちが高まって住持を辞任した。足掛け一〇年ならば一三三九年のこととなるが、この一〇年は概数だろうから、前後もう数年の可能性も考えておいたほうがよい。この頃の龍山は五〇代半ばから後半に差し掛かっており、まもなく還暦を迎える頃である。かつては勢いにまかせて元に留まるなどと言ってしまったが、そろそろ本気で帰れなくなる歳だと冷静に考えるようになった、といったことがあったのかもしれない。

龍山はここで、江西の山奥から日本への帰路に就く。龍山の伝記に拠れば、その途上の集慶龍翔寺（後の南京天界寺。禅院五山の上の寺格とされた）で、笑隠大訢《しょういんだいきん》の下で厚遇を受けた。同い年（一二八四年生まれ）ということで親密になったという。笑隠は四六駢儷体《しろくべんれいたい》の文を得意としたが、その文体は日本禅林で蒲室疏法《ほしつしょほう》と呼ばれ（蒲室は笑隠の別号）、室町時代の五山文学で大いに重視された。古林清茂との縁といい、龍山は後に日本でブームになる禅僧との交流の先駆けとなる例が目立つ。

ところが龍山は、ここで兜率寺から送り込まれた使者によって連れ戻され、兜率寺に再住することになる。龍山の帰国は果たされなかったのである。ただこれについては、疑問が浮かぶ。使者によって連れ戻されたというからには、龍山はこっそりと寺を抜け出して来たのだろうか。そうだとしても、本当に帰るつもりなら、使者の要求などつっぱねればよいだろう。別に断ったところで、処罰されるわけでもない。何よりも、なぜ帰国するのに集慶にいるのか。兜率寺のある龍興路は出航地明州の南西にあるが、集慶は北西にある。

ただ交通路については、単純に方角のみでは断じにくいところもある。江西と集慶は長江を通じてつながっているから、長江を利用して集慶東の鎮江まで出て、そこから大運河で杭州へ行き、あとは小河川をたどりながら明州へ行こうとしたと考えれば、一応理解は可能である。だが、実際にはそのように考えることはできないようである。

一峰通玄《いっぽうつうげん》という入元僧がおり、この人が龍翔寺で龍山に送った漢詩がある。序に、「龍山西堂、将《まさ》に日本に回《かえ》らんとして、杭州に至るも遂げず、再び江西の兜率に帰る。偈して再住を勧む」とあり、龍翔寺で兜率寺に戻ることを決意する以前、龍山は帰国のために杭州に行くも、帰国できなかったことがわかる（『一峰知蔵海滴集』）。つまり兜率寺の使者に会った時点で、龍山はすでに帰国を諦めていたのである。

また漢詩には「南宕山（杭州浄慈寺）中親しく塵払し、別来して覚えず既に三年」という一節があり、この漢詩を送る三年前、一峰は杭州浄慈寺で龍山と同参していたことがわかる。つまり龍山は帰国のために兜率寺を出て杭州に向かったが、帰国できず浄慈寺に入り、そこで一峰と出会い、その三年後に龍翔寺で再会したのである。

一峰の行状は詳しくわからないが、一三三六年秋から一一月の間に浄慈寺に参じ、その後一三三九年までに江西の龍興黄龍山に移ったことが知られる（『一峰知蔵海滴集』跋）。浄慈寺で龍山と会ったのは一三三六〜三九年の間で、その後おそらく龍山の紹介で黄龍山に行ったのだろう（となれば龍山は、その足掛け三年後、つまり一三四一年以前に兜率寺に戻ったことになる）。黄龍山に近い兜率寺の僧は、龍山が帰国できなかったことを一峰から聞いたはずである。つまり兜率寺は、龍山が嫌がるのをムリヤリ連れ戻したわけではなく、龍山が帰国を諦めたのを知って声を掛けに行ったのである。もしかしたら、龍山は一峰を通じて、また戻りたいという意志をそれとなく伝えたのかもしれない。だが一度住持をやめた者が戻りたいなどと言うのは格好がつかないから、形としては兜率寺の使者にせがまれて仕方なく……ということにしたのではないか。なお以上の過程を見るに、龍山の兜率寺還住を勧めた一峰は、兜率寺の使者その人ではないかと思われる。

帰国を断念した僧たち

では龍山は杭州まで行きながら、なぜもう一歩明州まで進んで帰国しなかったのだろうか。一つ考えられるのは、杭州まで来て気が変わったというところだろうか。今さら帰るのはやっぱり……などと、やはり自分は元で一生を終えようと思い直したのかもしれない。一〇年の山奥生活から都会に出てきたら、もっと学びたいことが見つかったことも考えられよう。

しかしどうやらそのようなことではないようである。というのも、龍山と同じ頃、帰国を志して果たさなかった僧侶が他にも確認されるからである。一人は友山士《ゆうざんし》偲《さい》で、一三二八年に入元し一三四〇年に帰国しようとした。実際に一三四〇年に帰国に当たっての送別を受け、日元交通の要地である普陀山に到っている（『友山録』巻下）。ところが帰国したのは、なぜか一三四五年のことだった（『友山録』巻上、友山和尚行状）。

仲剛《ちゅうごう》□銛《せん》は一三三九年、集慶から帰国の途に就いた（虞集『道園学古録』巻二七、送海東銛上人十首）。ところがこの人は蘇州まで来て（これは大運河で集慶から杭州へ向かう途中）、突如方角を変えてしまう。非常に珍しいことに、大都へ向かうと言いだしたのである（『谷響集』送銛上人至京）。蘇州崑山に出入りしていた鄭東が詠んだ「日本僧の京に之《ゆ》くを送る」という詩（『草堂雅集』巻七）に見える「日本僧」も、詩中に読まれた人脈や行動から見て仲剛と考えられるが[40]、そこには「鉢を伝えて底《なん》ぞ故国に帰るを須《もち》いんや、文を把《と》りて遂に京師を動かさんと欲す」とあり、帰国を中断して大都へ向かうことにしたことがわかる。ただ仲剛のその後はわからない。少なくとも帰国して活躍することはなかったらしい。

さらにもう一件、戦前に守屋孝蔵氏が持っていた元僧了庵清欲の墨跡がある（当時の写真はあるが現在の所在は不明）。これは無夢一清という日本僧が帰国する時に与えられた送別偈である。この偈は一三三五年に書かれており、無夢はこの頃に帰国するつもりだったらしい。ところが実際の帰国は一三五〇年までずれ込んだ（第4章冒頭で触れる龍山と同船帰国した僧侶のリストに所見）。以上で見たように、一三三五～四〇年頃、帰国できなかった日本僧が相次いで現れたことが分かる。

望郷の念を妨げるもの

おそらく史料に残らないだけで、この頃帰国できなかった僧は他にもいたのだろう。つまり龍山は帰国を思い留まったのではなく、帰国ができなかったのである。その理由は明らかである。このころの元は、日本との貿易を禁止していたのである。従来気づかれていなかったこの重大な事実は、元の史料のみから知られることである。一三三三年、皇帝トゴン＝テムルが即位すると、ケレイト族の抜質という人が僉燕南河北道粛政廉訪司事に任じられたが、その時に一三条の建白を行なった（『金華黄先生文集』巻二五、凱烈公神道碑）。その最後の条項には、「倭人未だ服さざれば、宜しく中国に至らしむべからず」というものがあった。日本が元に服属しないので、元に来航することは禁じようという提言である。

この条項を含む一三条は、みな当時の緊急の課題だったので、多く施行されたという。日本船来航禁止条項も実施された可能性が高いが、実際に日元間を往来した僧侶を調べると、一三三五年まではコンスタントに往来が確認できるものの、それ以後一三四二年まで、確実な事例は一つも確認できなくなってしまう。抜質の建白が採用された結果だろう。ちょうど一三三〇年代半ばには、元統「倭寇」が勃発している。日本から来た海商が貿易をめぐってトラブルを起こし、帰路に（おそらくその埋め合わせのため）舟山群島で略奪行為を行なって鎮圧された事件である（『畏斎集』巻六、諤勒哲図公行状）。建白で「日本が服属しない」というのは、具体的にはこの事件を受けたものに違いない。至大（一三〇九）・泰定（一三二八）に続く三度目の「倭寇」事件によって、元はついに日本船のシャットアウトを断行したのである。その年は僧侶の往来が途絶した一三三五年であろう。

この年七月の大都では、左丞相タンギシュにトゴン＝テムルを廃する計画があったとして、右丞相バヤンに討たれるという政変があった。これ以後バヤンは「権を専らにして自ら恣《ほしいまま》にし、祖宗の成憲を変乱す」と言われる急激な改革を進め（『元史』巻一三八、伯顔伝）、科挙の廃止に見る中国文化抑圧の態度を採った。張・王・劉・李・趙の五姓の漢人を殺害することを提案したという話もあり（『元史』巻三九、順帝本紀、至元三年是歳条）、事実かどうかはわからないが（事実ならあまりにも凄い話だが）、彼の反漢族的態度から生まれた逸話だろう。こうした激しい改革の中で、日本船来航も禁止されたのである。

この後、バヤンが一三四〇年に失脚すると、まもなく日元貿易は復活するが、一三四二年に日本船が到来した時のことについて、「倭商久しく至らざるも、去年又た舟定海に入る」と言われている（『畏斎集』巻四、送浙東帥掾朱子中考満序）。これまでの間、日元貿易は断絶していたのである。その断絶期間は一三三五～四三年である（船は一三四二年に来航したが、元で商船受け入れが決まったのは翌年で、それまで上陸できなかった）。これは貿易船の活動を前提とした僧侶の往来をも妨げるものだったから、龍山も帰国を諦めて、再び江西の山奥に引っ込むしかなかったのである。

東シナ海に立ち込める暗雲

一四世紀前半、日本では留学を志す僧侶が極めて多かった。戦前に木宮泰彦がカウントした入元僧は総勢二二二名だが(41)、それらの渡航年次は一二九五～一三六五年に収まり、しかもその間、一三〇〇～〇四年、一三三六～四二年、一三五二～五六年には僧侶の往来がなかったから、二二二名は実質的に五四年の間に入元したことになる。平均すれば、毎年約四・一人の名の知れた僧侶が渡海していたわけで、実に南宋期（毎年平均約一・一人）の三〜四倍の頻度である。帰国便も入れれば、年平均八人の往来があったわけだが、この頻度は前近代の仏教交流史において、他に類を見ない。

一度に渡海した人数がどの程度だったのかは統計がないが、日元貿易の断絶を打ち破った一三四二年の天龍寺船（足利直義《ただよし》が京都天龍寺造営の資金獲得のために派遣した貿易船）には六〇人を超える僧が乗っていた（『愚中周及年譜抄』）。その半分以上の名は、現状でも復元することが可能である。これは幕府関与の船だったし、入元の機会が長く絶えた後の便だったから、通常よりも多くの僧が集まったのだろうが、それにしても当時の仏教界に留学をうかがう僧侶がひしめいていたことは間違いない。二〇年に一回、数人しか留学できなかった遣唐使の時代と比べれば、まったく隔世の感がある（実際に四〇〇年も経っているのだが）。

だがその便は、必ずしも安定して供給されなかった。宋元交替の後、次第に高まっていった日元間の緊張は、貿易船の活動にも影響し、一三三〇年代に到っては一時的とは言え、ついに貿易禁止の措置まで採られた。盛んな交流の中、これを支えた海上交通には次第に障害が生じてきたのである。一四世紀前半のほぼ全期間を元で過ごした龍山の生涯は、それを証明するものでもあった。

だがそれでも、元の基本的姿勢はやはり貿易の振興であり、僧侶を追い返すこともほとんどなかった。たまに来航を拒絶したり僧侶を検挙したりすることもあったが、それは例外的な事態である（当事者としてはたまったものではないが）。しかしそうした時代は、まもなく終わろうとしていた。龍山の生涯をまだ見尽くしていないが、それも含めて、最後の第4章を見ていくことにしよう。

第4章　「遣明使の時代」へ

1　混乱の海、統制の海

龍山の最期

「いまだ幾《いくばく》も無くして、帰心猶《なお》動く」。伝記が言うように、龍山徳見は兜率寺に再住した後、結局また帰国を思い立った。伝記では貞和五年、龍山六六歳の時、つまり一三四九年とするが、一三五〇年三月一七日、龍山の帰国に関して鎮西管領（九州探題）一色直氏《いっしきなおうじ》が京都に送った注進状があり、博多津代官が同月一五日、龍山の乗った船の来着を報告した旨が記されている（『園太暦』観応元年四月一四日条）。実際の帰国年次は一三五〇年ということになる。

その五ヵ月後、八月五日に龍山は、京都建仁寺三五世に就任した。栄西ゆかりの寺に入ったのは、龍山の法流も関係しているのだろう。龍山がここに退居寮として建てた知足庵《ちそくあん》は、後に也足軒《やそくけん》と合併して両足院《りょうそくいん》となり、開山塔（建仁寺開山栄西を祀る塔頭）の興禅護国院《こうぜんごこくいん》や、天祥一麟《てんしょういちりん》（龍山法嗣）の塔である霊泉院《れいせんいん》と並んで、龍山一門の拠点となった。

龍山の建仁寺住持任命は足利直義の推挙によるものだったが、この頃すでに直義は、兄の尊氏やその執事高師直《こうのもろなお》と対立を深めていた。三ヵ月後、両陣営は決定的な対立に入り、最終的には一三五二年、直義の毒殺によって騒動は落着する。尊氏はその二年後、奏請によって龍山を南禅寺二四世、一三五七年頃に天龍寺六世とする。禅僧の中で夢窓疎石一派と関係の深かった尊氏に対し、直義は入元僧・渡来僧との関係も深く、その点で龍山に帰依したのも自然な成り行きだったが、その死後には尊氏が龍山の保護を行なうようになったのである。

こうして龍山は、短期間の間に京都の三大禅宗寺院を転々とした（東福寺・大徳寺は聖一派・大応派が住持を独占。相国寺はまだない）が、すでに老い先は長くなかった。龍山は一三五八年一一月一三日、七五歳で示寂する。その遺骨は遺言によって建仁寺に運ばれ、知足庵に葬られた。帰国してから八年八ヵ月後のことだった。七五歳という年齢を考えれば、帰国後の八年余という期間は短くはないが、半世紀近い在元生活の日々と比べれば、なんとも呆気なく感じてしまう。

さて、龍山はこれまでも日元間の様々なトラブルに巻き込まれてきたが、帰国の時もやはりそうだった。この不運ぶりには驚かざるを得ないが、そのトラブルは幾度かの中断を経ながらも盛んに行なわれた日元交通が、明代にかけて大きな曲がり角に入ったことを象徴するものだった。その意味で龍山は、東シナ海の変貌の端緒に立ち会ったことになる。それはどのようなものだったのだろうか。本節ではまずこの点を確認してみよう。

龍山の手紙

龍山帰国時、博多津代官が一色直氏に提出した「帰郷僧名次」と題する交名《きょうみょう》（人名リスト）には、「前兜率龍山和尚」以外に一七人の帰国した入元僧の名、および「船人施栄甫以（「下」脱か）共十一人」が乗船したことが記されている。全部で二九人が乗船していたことになる。さらにこの頃、龍山徳見が直氏に宛てて書いた手紙がある。某年三月付けだが、一三五〇年三月で間違いないだろう。この手紙は五山文学研究の先達である上村観光が、明治時代にまとめた龍山徳見の伝記研究の中で引用したもので[1]、重要な史料なのだが、現在は所在不明である。ただ「上宰府探題君書」という題が付いていることから見て、上村は手紙実物ではなく、典籍に収録されたものを引用したのだろう（手紙現物にこのような題を付けることはない）。上村の論文では一部を略して引用しているが、その全文を確認したいと思いながら、いまだに果たしていない。

龍山の手紙の内容は、おおまかには以下のようなものである。――私は四六年間在元し（一三〇五～五〇年で足掛け四六年）、老年に及んで帰国を思うようになった。しかし郷船（日本船）の来航がないので、同志円薫ら一七人を連れて小船一隻と棹者（水手《かこ》）施栄甫ら一一人を雇い、正月二七日に蘇州大倉（太倉の誤）を出航し、三月一四日に博多に上陸した。水手は日夜郷士を思い不安に駆られており、帰国を願う気持ちが哀れである。どうか京都の政府に伝えて、早く帰国できるように言って欲しい。――これを見るに、龍山の元出国は一三五〇年正月のことであった。それまで江西という遠隔地に住んでいたことを考えると、伝記にある一三四九年帰国というのはまったく誤りというわけではなく、兜率寺を出発した年を言っているのかもしれない。

龍山の帰国に関しては、伝記にも「舟を崑山に買いて博多に至る」とある。崑山は太倉劉家港の所在地なので、手紙の内容と一致する。「舟を買う」とあるように、この帰国船は貿易船に便乗したものではなく、龍山が日本に帰るために雇った船だった。もっとも歴史家の場合、「史料上では明記されないが、実態としては貿易船であろう」などと、わかったようなことを（往々にしてそうだと面白いからという理由だけで）言ってしまいたくなるのだが、それならば龍山は、ただちに水手たちが帰国できるように取り次いだりはしないだろう。貿易船の場合、一定期間港に留まって取引を終えてから帰国するのが常だからだ。この船員たちは商取引が目的ではないので、役目を果たしたらすぐに帰国を望んだのである。龍山はこの船を「小船」と言っているが、当時の貿易船は長さ数十メートルに至る巨大な中国式のジャンクであり（一三二三年に沈没した日元貿易船が、一九七五年に韓国新安沖で発見され、当時の貿易船の構造・規模が判明している）、船員も数十人から一〇〇人以上に至るものだった。たかだか一一人の船員で来航したこの小船を、貿易船と考えるのは不自然である。

興味を惹かれるのは、早く帰国を許してもらえるように京都に連絡して欲しいと、龍山が鎮西管領に言っていることである（「敢乞、移文上申京師政府、早賜発帰故園」）。ここからわかるのは、博多に来航した外国船は鎮西管領が管理下に置いたこと、その出航には京都の許可が必要だったことである。従来注意されてこなかったが、南北朝初期の対外交通管理をうかがわせる重要な情報である。この場合は外国船の管理が問題になっているが、日本船の場合もおそらく同様で、船の出港は博多に置かれた鎮西管領を通じて幕府が把握していたのである。つまり室町幕府は、日元間の船の往来を把握していたことになる。

これがいつから行なわれたものかは不明だが、可能になったのは蒙古襲来前後、博多における有事体制構築以降と思われる。初期の日元交通が軍事情勢に対応して機敏に変化したのも、幕府（この頃は鎌倉）が情勢に応じて出航の許可・不許可を決定したからだろう。これが体制として固まったのは一三世紀末、幕府の出先機関である鎮西探題が博多に置かれた時からと思われる。

太倉の船

龍山の帰国に当たっては不審点がある。なぜわざわざ船を雇って帰国したのだろうか。普通ならば出航予定の貿易船に便乗して帰国するはずだし、運賃やら礼金やら払わなければいけないとしても、船をまるごとチャーターするよりは安上がりだろう。もっとも龍山は元で長年住持を務めた人だから、まずまずの蓄えがあったのかもしれないし、一七人の僧たちとワリカンにすれば、チャーター代もそこまでは高くなかったのかもしれないが、これ以前にこういう例はまず見ないので、一般的な方法とは思われない。

それ以上に不審なのが、出航地の「蘇州太倉」（崑山劉家港）である。これは長江の入口の南岸に当たり、現在ではさびしい港町だが、元代には海運のターミナルとして栄えたところである。元の経済は江南に多くを依存しており、江南の豊富な税糧は船を通じて海から直沽（天津）に入って大都へ運ばれたが、その際に江南の税糧はいったん劉家港に集積されたのである。劉家港は元代中国の国家経済を支える港だったと言ってもよい。一三四二年には慶元（明州）市舶司の分司がここに設置され、明初にもこれを受け継いで黄渡市舶司が設置される。

しかしながら、ここが対日貿易港として用いられたことはそれまでなく、少なくとも僧侶がここを利用して入元・帰国した例は一つもない。基本的に日元交通の拠点は明州だった。龍山が用いた帰路の航路も、通常の東シナ海直航路とは大きく異なっていた。龍山が帰国の折に詠んだ漢詩が『黄龍十世録』に収められているが、「帰郷して対馬州に至り中村庁下に呈す」「同庁の中にて演史を聴く」と題する漢詩を見るに、途中で対馬に上陸したらしい。また博多承天寺住持の定山祖禅《じょうざんそぜん》と唱和した詩（「承天定山の韻に和す」）には、「三韓（高麗）過ぎ了《おわ》りて扶桑（日本）に至り、扶桑に到得するも故郷に匪《あら》ず」とあり、途中で高麗沿岸を経由したことがわかる。つまり龍山の船は太倉―高麗―対馬―博多と移動したのである。

元代には太倉から山東半島をまわって渤海湾に入り直沽に到る航路から分岐して、高麗へ向かう航路もあり、太倉は高麗に向かう港としても用いられた。たとえば太倉で海運を担当した富豪の殷九宰という人物は、高麗で貿易を行ない巨富を得たと言われる(2)。龍山の船はこのルートで高麗沿岸まで行き、そこから南下して対馬経由で博多に入ったわけである。これは本書最初で見た円仁帰国船と同様のルートである。円仁は山東半島の登州乳山でこの船に乗ったが、これは蘇州の船だというから、蘇州の長江沿岸部から出港したに違いない。出航地は太倉と限らなくても、航路自体はだいたい同じようなものだったはずである。

危険性を増す海

なぜ龍山は太倉を利用したのだろうか。龍山の手紙を見ると、日本船が来なかったので太倉で船を雇ったとある。これを見る限り、龍山が本来考えていたのは、日本から来る貿易船に便乗するという、通常の方法だつた。この場合、日本船は明州に来航するはずだから、龍山も明州から帰国するつもりだったのだろう。龍山は日本船の来航シーズン（春か秋）のうちの秋頃に明州で船を待ったが、便船がなかったので、同じく帰国船を待っていた他の日本僧たちとともに、国内船が多く集まる太倉に移ったのだろう。

そうなると、龍山が太倉を使ったのは、太倉から出航する必要があったからと言うよりは、明州から出航できなかったから、と考えるべきである。一三四九年秋には明州で日元貿易船の往来が途絶えていたのだろう。実際に一三四八年には無我省吾が入元しているが、一三四九年に日元間を往来した僧侶は未確認である。前回の帰国未遂といい、龍山はほとほと不運な人である。ただ前回は元で日本との交通が禁止されていたため、帰国は絶望的だったが、この時は船をチャーターすれば、日本に行くことは可能だつた。元で日本との船の往来が禁止されていなかったにもかかわらず、貿易船は来航しなかったことになる。

実はこの時の日元交通は、かなり深刻な事態に陥っていた。松嶺《しょうれい》道秀《どうしゅう》という僧の伝記『松嶺秀禅師行状』を見てみよう。松嶺は一三四三年に伊豆曹源寺で出家した後、各地の高僧の下を歴参したが、親しくしていた子均侍者の病死を受けて思うところがあったらしく、曹源寺に帰って今後の身の振り方を考えた。「本朝の善知識、頻年化去す。後に聞く、大元既に衰え、海内沸騰し、敢えて一日として安きこと無く、外国の船舶、尽《ことごと》く殃逆に罹ると。今当《まさ》に阿誰師に依頼し、大事を決了すべきか」。

つまり松嶺は今後師事する僧を考える際に、入元も選択肢の一つとしていたのだが、元が衰えて外国船が被害に遭っているという情報を聞いていたので、決めあぐねていたのである。そこで松嶺は観音像の前で、一〇本の指を切って流した血で法華経普門品の経文を書き、日夜展拝し続けるなどの行を行なったところ、夢で観音のお告げを得て、ついに入元を決意する。ところがこれを師の実翁聡秀《じっとうそうしゅう》に語ったところ、実翁は自分も昔入元したけれど、元の仏教界はダメだったことを語り、しかも今はマシな僧が次々と遷化しているとして、「船舶好通せば、一挙妨げ無きも、否ならば則《すなわ》ち敢えて努力する莫《なか》れ」とアドバイスした。この結果、松嶺は入元を中止する。時に一三五一年のことだった。

これより見ればわかるように、一三五一年頃に日本に入っていた情報では、元の治安悪化で船が被害に遭う状況があり、入元の危険性が増していた。明州に船が来なかったのも、こうした情報が背景にあったに違いない。日本からは危なくて船を出せなかったのである。もっともまったく便がなかったわけではなく、一三五〇年には無文元選《むもんげんせん》らが明州より帰国しているので（月は不明）、龍山ももう少し待てば明州から帰れたはずなのだが……。ただ無文に拠れば、元で兵乱が大いに起こったため、危険を察知して帰国したといい、かなり切羽詰まった帰路だったようである（『無文禅師行業』）。

方国珍の乱

日本禅林で広まっていた、元の衰退による外国船被害や兵乱というのは、いったいどのような事態を指しているのだろうか。元が衰退して外国船が被害を受けたというのだから、元の国家的な所業ではなく、治安悪化による危険性の増大という事態を考えざるを得ない。この頃になると、元国内では各地で小規模な反乱が続発しており、元はその鎮圧に忙しかった。その中でついに元を滅亡に追い込む紅巾の乱が勃発し、以後江南各地で群雄が割拠する元末内乱期が訪れる。ただ紅巾の乱勃発は一三五一年だから、龍山帰国の時点では問題にならない。しかし実は紅巾の乱以前に、元末内乱の先駆けとなる反乱が起こっていた。それが一三四八年一一月、台州黄巌県で勃発した方国珍の乱である。

方国珍の特徴として、海に面した黄巌の地の利を生かして、海上で大いに活動したという点が挙げられる。もともと黄巌では方国珍の蜂起以前から、李大翁・蔡乱頭らが海賊行為を繰り返しており、方国珍の蜂起もこれに続くものだったという側面がある。後に方国珍が朱元璋（明の洪武帝）に降伏した後も、その残党は倭寇とつるんで海上を荒らしているとされたが、これも方国珍と海の密接な関係を示している[3]。

台州黄巌県は明州の南に当たるが、明州・台州が九～一〇世紀にともに日本との往来の窓口だったことを考えれば、方国珍一派が東シナ海交通に影響力を及ぼす可能性は十分にあった。実際に舟山は一三五一年、明州は一三五五年、方国珍によって制圧されている。すでに一三五〇年には、方国珍の舟山襲来の恐れが認識されていた（『王忠文公集』巻二〇、趙君墓銘）。おそらく龍山が帰国便を得られなかったのも、この反乱が原因となって船便がなくなってしまったからであろう。一方で太倉は明州よりも北にあるから、方国珍の活動はまだ及んでいなかったものと思われる。

東シナ海の行方

龍山の後も明州便はまだあったようで、愚中周及は、一三五〇年一二月に鎮江の金山を発って明州へ向かい、翌年三月に出航、翌月に博多に到着している（『愚中和尚語録』巻六、年譜）。ただこの帰国も不審なところがある。愚中は時に病床にあった師の即休契了《しっきゅうきつりょう》から帰国を命じられ、「私はあなたに執侍して七年になります。今どうして特にそんなことを言うのです」と言うと（たしかにそれはもっともである）、数日後に即休は、改めて「時失すべからず」と言った。これで愚中は納得して帰国したというのだが、肝心の愚中の疑問はまったく解決していない。だがおそらく二人の間では、前提となる情報があったのだろう。この頃はすでに明州便がいつ絶えるかわからない状態だったのではないか。

実際に愚中はこの時に帰国して正解だった。当時の入元僧の往来状況を調べると、一三五二〜五六年は、僧侶の往来が一件も確認できず、日元交通は激減したらしい。ただまったく絶えたわけでもないようで、一三五二年八月に「日本国」が、高麗島居民の略奪行為を元に訴えてきたという記事が『元史』に見える。詳しい事情がつかめないが、少なくとも日本から元に来る船は存在したらしい。しかし安全に航行できる状態ではなかったため、松嶺道秀のように僧侶たちは入元を思い留まるようになったのだろう。

この契機となったのは、一三五一年に河南で勃発した紅巾の乱と、これを契機に各地で続発した反乱であろう。こうした中で方国珍が舟山・明州を制圧したことはすでに述べたが、太倉も一三五二年には群雄の一人張士誠の襲撃を受けており（一三五六年に制圧）、もはや安全な港ではなくなった。

ただこの状態は永続したわけではなかった。方国珍も張士誠も、元と対立していたために反政府的な軍事行動を繰り返したのだが、やがて元は、彼らの勢力を認めて懐柔し、現地の支配を委ねるという方式に転換する。彼らもこれを受け入れ、方国珍は一三五六年、張士誠は一三五七年に、元に帰順した[4]（張士誠は数年で再離反するが）。ここに浙江の中でも日本との関わりの深い明州（方国珍）や、杭州・蘇州（張士誠）はある程度の安定を取り戻し、一三五七年からはまた僧侶が日元間を往来するようになる。

この頃から日元間では、博多―明州ルートとともに新航路も用いられるようになった。福建から琉球・薩摩を経由して肥後高瀬に上陸するというもので、この頃の入元・入明僧の関係史料からは、この航路を通った事例が何例も確認できる。たとえば絶海中津《ぜっかいちゅうしん》は一三六八年、博多からわざわざ高瀬に移動して入明した[5]。従来琉球史研究者は注意していなかったが、この航路の開拓は、琉球が東シナ海交通のメインルートに浮かび上がったことを意味する。その前提には、元代に小規模ながら行なわれていた福建・琉球間の貿易があり[6]、これに九州—琉球間航路を接続して東シナ海の新航路としたのが、高瀬—福建ルートだったのだろう。

琉球は、明代には朝貢国の一つとして明に優遇される。その契機となったのは、一三七二年正月、明から使者として楊載が派遣されたことだった。楊載はこの直前、一三六九年・七〇年の二回、日本に派遣されて大宰府の征西府懐良《かねよし》親王に朝貢を勧めた人物で（二度目は趙秩と同行）、琉球に派遣される三ヵ月前、一三七一年一〇月に、最初の遣明使を引き連れて明に帰国している（『明太祖実録』洪武四年一〇月庚辰条、『皇明文衡』巻三八、贈楊載序）。おそらく彼は日本への遣使の途上で往復重ねて琉球に立ち寄り、その情報を洪武帝に伝えたのではないか。だとすれば、明が琉球に注目したのは、高瀬—福建ルートの利用を前提としたものだったとも言える。琉球は以後東シナ海における存在感を急激に上昇させ、一五世紀に海域の核に成長するが、それを導いた重要な要因の一つが、元末内乱による日元交通路の変化だったのである。

最後の渡来僧

利用例が多く確認できる博多—明州ルートや高瀬—福建ルートに対して、龍山の用いた航路はかなり特殊なもので、他にほとんど用いられた形跡がない。ただし龍山帰国四ヵ月後の一三五〇年七月、椿庭海寿《ちんていかいじゅ》が入元して蘇州の嘉定（劉家港の所在地）に上陸した例と[7]（『椿庭和尚行実』）、翌年の一三五一年三月、明州天寧寺住持の東陵永璵《とうりんえいよ》が太倉から出航して来日した例が知られる（『本朝僧宝伝』巻下、東陵和尚天龍十境頌跋）。東陵のいた天寧寺は明州城内の寺で、至大「倭寇」で焼失したという、日本とも因縁の寺である。東陵は時間をかければ明州港（明州城の東岸）から歩いて行くことすら可能な位置に住んでいた。それでもあえて太倉から出航したのは、明州の住人だったからこそ、明州港の危険性を肌で感じることができたからだろう。

　東陵にはもう一つ注目すべきことがある。それは幕府の招聘による最後の渡来僧であった点である。東陵は日本に着くと、同年に京都天龍寺住持に据えられ、以後一三六五年まで日本唯一の渡来僧住持として、南禅寺・建長寺・円覚寺を歴住した。あまり注意されていないが、東陵が来日した時点では、日本に他の渡来僧はいなかった。蘭渓道隆が一二四六年に来日し一二四八年に北条時頼に召し抱えられて以来、日本には常に渡来僧がいたのだが、元統「倭寇」後の日元貿易途絶で元僧を招くことができなくなった間に、明極楚俊（一三三六）・清拙正澄（一三三九）・東明慧日（一三四〇）が相次いで示寂し、幕府お抱えの渡来僧は竺仙梵僊一人となってしまった。一三四三年に日元貿易が復活してから、幕府は了庵清欲《りょうあんせいよく》・無《む》夢曇噩《ぼうどんがく》・古鼎祖銘《くちそみん》・即休契了など、様々な僧に来日を求めたが、ことごとく断られた。その間に一三四八年に竺仙も示寂し、ついに渡来僧は一時的に絶えてしまったのである。[8]

村井章介は一三世紀から一四世紀の日本禅林における渡来僧の存在感に注目し、この時代を「渡来僧の世紀」と呼んでいるが[9]、実は「渡来僧の世紀」には、東陵永璵が来日する一三五一年まで三年間ほど中断がある。元にも日本の南北朝内乱の情報は入っていただろうから、あえて鎌倉幕府滅亡後の不安定な政情下の日本に行こうという動機は生まれづらかったのだろう。また元統「倭寇」での日本人の暴虐が、元で日本イメージの悪化に一役買っていたのかもしれない。

こうした中で来日した東陵は、南北朝時代の日本の招聘に応じた唯一の渡来僧である。東陵は当時の元仏教界で稀に見る親日派だったのだろうか。筆者はそういうわけではないと考えている。むしろ直接の原因は元の治安悪化で、特に方国珍の活動が本格化してきた一三五一年頃になると、日本のほうがまだマシと考えるようになったのだろう。つまり東陵は戦乱を避けた一種の避難民であって、日本側の招聘のタイミングがちょうどうまい具合に重なったため、来日に及んだものと思う。

蘇州から日本へ

元末内乱期から明初期、文献では東陵以外にも多くの渡来人が現れる。彼らの多くは日本の禅寺と関係をもったが、禅寺に多くの入元経験者がいたため、意思疎通の面で便がよかったのであろう。その中には博多聖福寺住持の無隠法爾《むいんほうに》（入元僧）と親しかった文人陸仁や、京都建仁寺・常在光院で首座を務めた禅僧道元文信《どうげんぶんしん》もいた。明代には彼らの詩文集として

『乾乾居士集』『雪山集』が編まれ、その節略は清代に編纂された『元詩選』に収められている。中国文壇でもかなりの評価を得ていた人だった。(10)

彼らは元ではともに蘇州あたりにおり、陸仁は蘇州儒学（学校）の教授、道元は蘇州宝華寺住持だった。陸仁は太倉崑山の人で、港に来航する海商との交流もあった。その中には高麗やカンボジア・ジャワ・シャムとの貿易を行なった孫天富・陳宝生という泉州海商もいた（『鉄網珊瑚』書品目録巻一〇）。道元は頂雲霊峰《ちょううんれいほう》や椿庭海寿など日本僧と面識があり（『禅林墨蹟拾遺』中国篇一四八・『墨蹟之写』元和六年）、そこから日本の情報も入手できた。

道元来日の経緯は不明だが、陸仁は一三六六年頃、戦乱を避けて来日したという（『空華日用工夫略集』応安元年一二月一七日条）。この戦乱とは太倉を支配していた張士誠が、集慶の朱元璋との間に戦争を始めたことを言っている。したがって朱元璋が群雄を攻め滅ぼして全国の統一を果たし、祖国の政情が安定すると、陸仁も道元もまもなく帰国した。陸仁は一三六八年、道元は一三六七〜六九年のことである。(11)もともと一時的な避難のつもりで来日したのであろう。

元から逃げ出す人々

東陵や陸仁・道元のような一流の文化人の渡来は、来日した元人全体の中では氷山の一角だろう。実際にはほかにも様々な人々の渡来があった。たとえば室町時代には、楠葉西忍《くずはさいにん》という貿易商人が奈良の興福寺大乗院に出入りしていたが、その父は天竺聖《てんじくひじり》と言い、天竺より来たとされた。京都で唐人倉と呼ばれる土倉（倉庫業者兼高利貸し業者）を経営し、一三七四年には常に足利義満に召し置かれ、絶海中津とも親しくした。[12]一三九五年に子の西忍をもうけ、足利義持時代（一三九四～一四二八年か）に死んだというので、一四世紀半ばに生まれた人で、来日は元末明初の頃だろう。

天竺人というのは文字どおりにはインド人だが、この場合は漢族ではない異国人であろう。西忍が幼名を「ムスル（ムスリム？）」と言ったことを考慮すれば（『大乗院寺社雑事記』文明一八年二月一五日条）、父もイスラーム教徒（ムスリム）かもしれない。その来日が元末内乱に関わるものならば、元から亡命したイスラーム教徒とも考えられる。福建では元末一三五七～六六年に、イスラーム教徒を中心とした亦思巴奚《イスパー》の乱が勃発しているが、これが福建の群雄陳友定によって鎮圧された年、福建から日本に亡命元人の来航があったことが知られる。[13]亡命元人の中に非漢族イスラーム教徒が含まれていたとしてもおかしくはない。もちろん元国内には広く漢族以外の人々が居住したから、来日の契機は亦思巴奚の乱鎮圧に限定されるわけではない。

商人の祖となった人物としては、陳順祖もいる。来日後は博多に住み、博多妙楽寺の無方宗応に弟子入りし、その子孫は博多商人として平方氏を名乗った。上京して室町幕府に仕えた一族もおり、代々陳外郎《ちんういろう》を名乗っている。医薬の知識を持ち、医者としても活躍したが、朝鮮など外交使節の接待を行なったほか、遣明船派遣事業にたずさわったり、遣明船の記録を保管したりもした。[14]戦国時代には一族が小田原にも移住し、透頂香《とうちんこう》という薬を販売している（史実かどうかを別にしてつけ加えれば、お菓子の「外郎《ういろう》」は、陳外郎一族が広めたという伝承もある）。このように元末内乱は、様々な人が日本に渡来する契機となり、その子孫は室町時代の経済・外交・文化に関わる様々な場面で活躍したのである。

龍山一門と林一族

さて、我らが龍山徳見についても、帰国時に亡命元人が随伴していたという伝承がある。もっとも伝承というと、江戸時代くらいに作られた荒唐無稽なものが多いのだが、龍山の場合は必ずしも荒唐無稽と言い切れないところがある。その伝承は一五世紀終わり頃から言われた比較的古いものである上、内容も具体的だからである。龍山に同行して来日した元人は林浄因《りんじょういん》と言い、現在は近鉄奈良駅西南の林神社で饅頭《まんじゅう》の祖として祀られている人物でもある。饅頭の祖の真偽はともかくとして、その渡来に関する伝承を見てみよう。

浄因来日の件を記した史料は江戸時代まで多く作られたが、一四八六～八七年の間に正《しょう》宗《じゅう》龍統《りゅうとう》が記した「長林字説」がもっとも早く具体的である（『禿尾長柄帚』下）。これは正宗が林家出身の悦巌東悆《えつがんとうよ》より父祥増《しょうぞう》の道号を求められ、長林《ちょうりん》という字《あざな》を与えた時に書いたものだが、そこには悦巌の証言に基づく林家の伝承も記されている。正宗も悦巌も法脈は龍山の系列で、つまり栄西系の臨済宗黄龍派に属する。時に正宗は建仁寺興禅護国院主、悦巌は建仁寺両足院塔主《たっす》西庵敬亮《せいあんけいりょう》の弟子だった（悦巌自身は後に両足院主になる）。

正宗は悦巌に対して、「お前の祖が元人林氏だということは知っていたか。祖が龍山の帰国に随侍して来日してから、現在まで何代経っているのかはわからないが」、と聞いた。すると悦巌は、「私の先祖は姓氏を隠して日本に寄寓していたので、今私の姓を知る者はいませんが、あなただけはすでにその大略を知っているので、まず私が知っているところをつぶさに申し上げます」と言って、その系譜を語り始めた。

これに拠れば、林浄因は龍山徳見に随侍して法を嗣いだが、子の林道安《どうあん》が生まれた後に祖国に帰ってしまった。道安とその子の林浄印《じょういん》は、ともに無等以倫《むとういりん》（龍山の法嗣）に師事した。道安も浄印が生まれた後で帰国してしまったが、浄印は帰国せず、以後子孫は日本に留まって邦人となった。浄印の兄は文林寿郁《ぶんりんじゅいく》（無等の法嗣）という禅僧で、浄印の子の妙慶《みょうけい》はこれに師事したという。その子が祥増で、正宗から長林の字を与えられた人である。悦巌はその子である。祥増と悦巌はともに西庵敬亮（文林の法嗣）に師事した。以上から復元できる林家の系図は、浄因―道安―浄印―妙慶―祥増―悦巌となる。またこの一族が帰依した僧は、龍山―無等―文林―西庵と、龍山の法流の中でも特定の系統に集中している。なお正宗は言及していないが、西庵には祥増の弟の盛祐《せいゆう》も師事しており、西庵が盛祐の求めで与えた像賛が知られている。

林家の歴史を再現すると

以上の系譜を信用して史実を組み立てるとどうなるだろうか。他の史料から最初に実在を確認できるのは文林寿郁で、駿河清見寺住持を務めた後、一四二八年に建仁寺一三七世にな

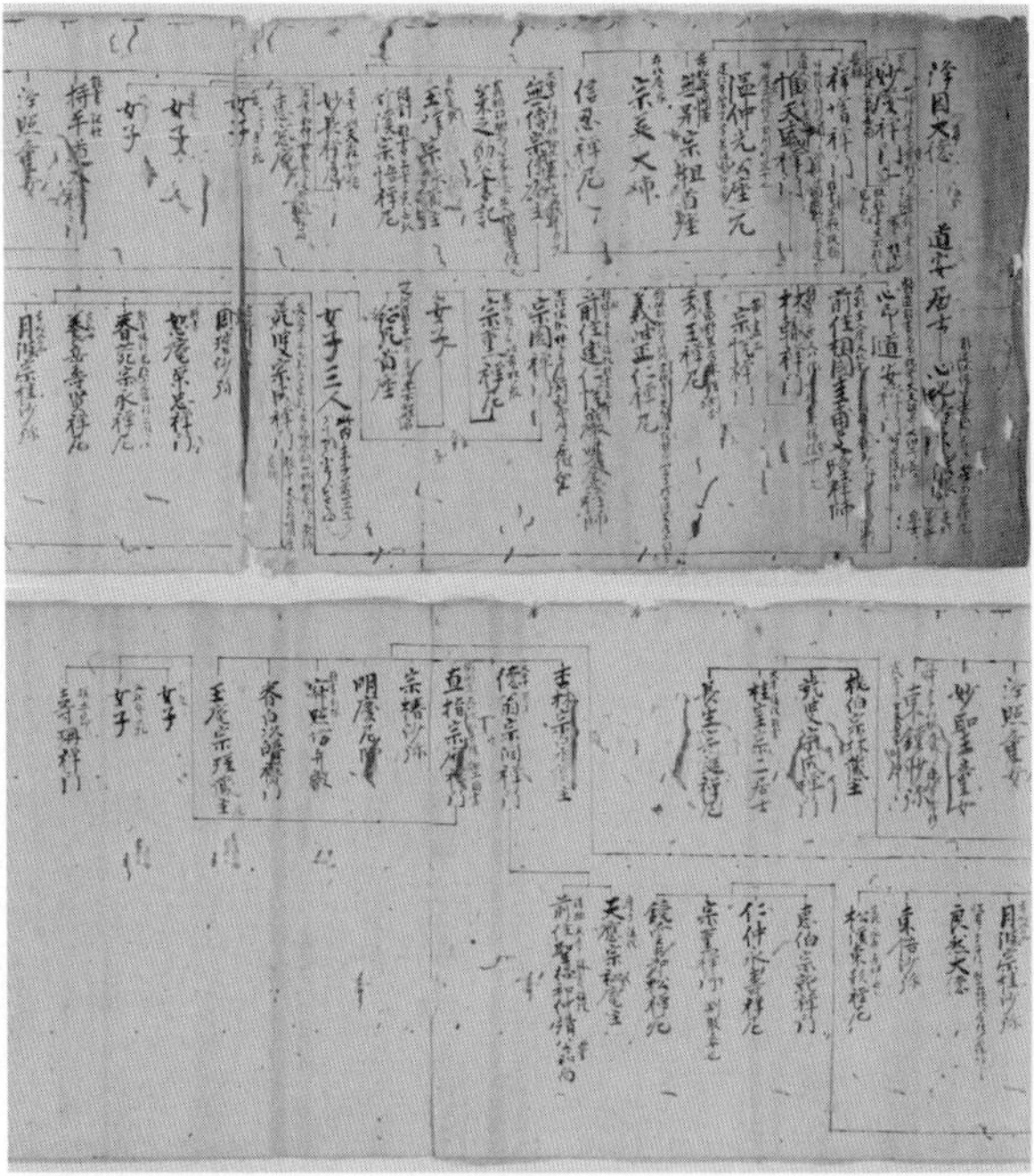

図10　林家系図（建仁寺両足院所蔵、近世、京都国立博物館図録『京都最古の禅寺 建仁寺』より）。浄因以来分かれた三家の系図

った（『続翠稿』文林住駿之清見・『蔭涼軒日録』寛正五年七月一九日条）。建仁寺両足院開山でもある。文林の生没年は不明だが、一四世紀後半から一五世紀前半の人だろう。文林は無等以倫の法嗣なので、弟の浄印と父の道安とともに三人で無等に師事したことになる。文林・浄印が一四世紀後半〜一五世紀前半の人とすれば、父の道安はそのひと世代前、一四世紀半ばから一五世紀初め頃の人となるだろうか。

文林らが師事した無等以倫は、龍山の跡を嗣いで建仁寺知足庵第二世となり、摂津広巌寺住持も務め、八一歳で示寂し、その示寂は天祥一麟（一四〇七年示寂）よりも早かったことが知られる（『天祥和尚録』巻乾、雲従無等和尚入祖堂）。無等は「堅く一室に臥せること、四十年に殆《ちか》し」と言われたが（『続翠稿』文林住建仁）、これが四〇年近く（おそらく四〇年未満）知足院主を務めたことを言っているとして、その始まりが龍山示寂の一三五八年頃ならば、一三九〇年代まで知足庵主だったことになる。この推定は、無等の活動を伝える史料が一三六七〜九一年のものであることとも矛盾しない[15]。世代としても、道安・文林・浄印の三人が無等に師事することは可能である。

文林や浄印は無等に師事し、特に文林は嗣法するほどの薫陶を受けたのだから、一三七〇年代には生まれていなくてはならないだろう（そうならば文林は建仁寺住持就任時に五〇歳以上）。父の道安はもっとも遅く見積もっても一三六〇年頃には生まれていたはずである。悦巌の語るところでは、道安は浄因来日後に生まれた子だが、実際には元で生まれて浄因とともに来日した可能性もありそうである。また悦巌の話では、浄因と道安は後に元に帰国したというが、これも故郷が元にあったためと考えることもできる。陸仁や道元文信と同様に、帰国を前提として一時的な避難のために来日したものかもしれない。

問題は、以上の系譜がどこまで事実を伝えるのかということであろう。怪しみたくなるのは、一四八六年頃まで出自を隠していたので、誰も林家の由来を知らなかったという、あたかも言い訳のように見える悦巌の発言である。だが祥増・悦巌と龍山一門の縁は疑いなく、また悦巌が文林と同じ一族という点を捏造する必然性もないので（系譜を記録した正宗は文林の建仁寺住持就任の翌年に生まれており、文林の弟子とは面識をもちえる世代だから、さすがに無縁の者が一族を名乗ったらおかしいと気づくはずである）、ここまでは信じてよいと思う。江戸時代の系譜でも、浄印以後は比較的詳しい注記が見え、その経歴は具体性に富むようになる。

となると、検討の対象となるのはその前の世代、浄因と道安であろう。特に龍山一門と縁の深い一族の先祖が龍山に随伴して来日したというのは、いかにも後に作られそうな話で、注意を要する。ただ一四世紀後半に元から逃れてきた人々がおり、博多や京都の禅寺と関係を持ったことは、他の確実な事例から知られる。したがって浄因という名の人が本当にいたのか、龍山とともに来日したのかはともかく、龍山一門に帰依した林家が一四世紀後半に来日した渡来人の子孫だったこと自体は、ありえない話ではない。荒唐無稽な伝承と片づけられないというのは、こういうことである。

自発的な移住、非自発的な移住

さて、以上で見てきた例の多くは、元末内乱の中で危険を避けるために一時的に来日したもので、祖国の治安が回復すると帰国している。天竺聖のように帰国しなかった例もあるが、また帰ることを前提に来日した者も少なくなかっただろう。そのような発想の前提には、頻繁に来日していた日本僧との接触や、あるいは日常的に往来する貿易船の存在があったに違いない。一時的には日元交通は途切れるかもしれないが、少し待てば今後も恒常的に機能するはずだという「常識」があったからこその来日だった。

外国人が海を通じて次々と日本にやってくるという事態は、実に九世紀の新羅飢民の殺到以来である。逆に言えば、それまで五世紀間、東シナ海周辺は人間の大規模な移動が起こらない程度には安定していたとも言えよう。戦争という名の移動はあったが、それはあくまでも臨時の事件であって、避難民の殺到という社会の混乱を背景にした自生的な事態とは別に考えるべきである。

九世紀には新羅から海外に食を求めて自発的に移住する人々もいたが、同時に人身売買による非自発的な移住も見られた。この点について元末はどうだったのかというと、かなり多かった。たぶん自発的な渡来人よりは多かったであろう。ただこの時代では、非自発的な移住を強要したのは奴隷商人ではなく、海賊、倭寇だった。彼らが連れてきた外国人は、研究者の間で被虜人と呼ばれるが、日本各地に転売されて奴隷とされた。海賊にとって人間は、食糧や金品と並んで高価で取引される商品だったのである。研究史上ではこちらのほうがはるかによく知られた事実で、研究の蓄積もある。

『高麗史』『明史』など朝鮮・中国史料に見える倭寇史料は、一度に数十人から百数十人規模で民衆が略奪されたことを伝えている。九州探題の今川了俊《いまがわりょうしゅん》は一三七八年、博多から高麗に数百人の被虜人を送還しているが、おそらく当時九州には数千人規模の被虜人が存在したのであろう（『高麗史』巻一一七、鄭夢周伝）。被虜人のほか、漂流民も含め、外国人の送還は朝鮮・明側の歓心を買う手段になった。特に朝鮮の場合、交通資格を持たない者でも被虜人・漂流民送還を名目とすれば受け入れてもらえる上、多額の褒賞や今後の交通資格までもらえることもあったので、被虜人・漂流民は朝鮮通交を行なうための絶好のアイテムとなった。そのため漂流民を商人から購入して送還する者もいた⒃。

倭寇をめぐる日明関係

倭寇の活動が元・明や高麗・朝鮮を悩ませたのは有名な話である。明も建国当初から日本に倭寇禁圧を要求していた。一応日本側もこれを受け入れるポーズをとって遣明使を派遣したが、実際には特に対策を行なうことはなかったから、結局明にとって日本の遣明使を受け入れることは、なんら倭寇対策に結びつかなかった。明は一三八〇年頃から遣明使の貢を退けるようになり、ついには胡惟庸の獄（一三八〇）と呼ばれる疑獄事件に日本が関与していたことが判明したと称して、一三八六年以後日本との国交を断つに至った。明はこの頃には民間貿易を禁止していたから、日本は明の公認下での交流を行なうことはまったくできなくなった。

根絶の方策がつかめない倭寇には、洪武帝（朱元璋）のかつてのライバル張士誠・方国珍の残党が交じっているという情報もあった。洪武帝の脳裏に海域世界への悪印象を焼きつけてしまったのは、明建国直後の一三六八年四月、方国珍の勢力圏だった舟山群島の蘭秀山（～山は中国では島の名）の民が、明州海上で蜂起した事件である。これに関わった島民の供述書に拠れば、その計画は方国珍が洪武帝に降った翌月、一三六八年正月には始まっていた。彼らはある者は再度蜂起して鎮圧され、ある者は遠く済州へ、さらに高麗まで逃亡してとらえられた[17]。

内陸部を拠点にした洪武帝と比べ、沿海部を拠点とした張士誠・方国珍らの場合、中国国内を制圧しても、残党がさらにその外の世界に逃げ出して抵抗を続ける可能性があった。蘭秀山の民の場合、高麗が明に協力したから解決したが（一三七〇年、明が高麗に要求して逮捕・引渡しを行なわせた）、倭寇禁圧もまじめに行なわない日本に逃げ込まれたら、もはや手の打ちようがない。

そのことをもっとも雄弁に語るのが、これまで見てきた、張士誠・方国珍の勢力圏から海を通じて日本へ避難して来た元人たちだろう。特に詳しい経歴のわかる陸仁は、明らかに張士誠時代の蘇州を謳歌した人であり、朱元璋の攻撃を避けて日本に逃げ込み、当時鎌倉公方足利氏満の信任を得ていた義堂周信など、宗教界の要人とも連絡を取っていた。陸仁に政治的な意図はなかっただろうが、文化人のネットワークが政権の意思決定に思わぬ影響を及ぼす可能性は十分にあった。

禅宗史料からは文化人しか見えてこないが、実際には政治難民のような連中も逃げ込んでいただろう。一三九一年に鎮圧された海盗張阿馬は台州黄巌県の人だが、ここは方国珍の故郷であり、おそらく方国珍の残党である。彼は常に日本に潜入し群党を引き連れて明の海辺を略奪したが、倭夷を率いて台州水桶澳に上陸した時に討ち取られてしまった（『明太祖実録』洪武二四年八月癸酉条）。彼らは方国珍の没落と海禁の強化の中で、反政府的立場を鮮明にし、日本に拠点を置いて海賊活動を行なっていたのである。

海と国家の反目

洪武帝にとって東シナ海とは、明に対する不満分子の逃亡の舞台であり、明の秩序を乱すファクターでもあった。洪武帝は当初はこれを手なずけようとしたものの、それがうまくいかないことがわかると、海との対立姿勢を明確化するようになる。明も当初は市舶司を置いて、宋元式の民間貿易を認めていたのだが、一三七〇年には太倉の黄渡市舶司を廃止する。海夷が狡詐無常である上、太倉が都の南京に近く都の動静をさぐられる恐れがあるためという理由だった。往来する海商への不信感がうかがえよう。そして一三七四年には、明州・泉州・広州の市舶司も廃止され、市舶司自体がなくなってしまう。以後洪武帝が民間貿易を認めた様子はない。朝貢使の来航に伴う貿易以外が認められなくなったのは、これ以後のことである[18]。

洪武帝は外交関係に関しても、言うことを聞く従順な（ふりをした）国との関係のみを維持するが、そこに選ばれるのは簡単ではなかった。一三七六年以後明に朝貢した国は一三ヵ国だったが、洪武帝末期の一三九四年の時点でも明についてきていた国は、シャム・カンボジア・琉球・大越・高麗の五ヵ国のみだった（『吏文』禁約販売番貨事）。通交断絶を行なった主な理由は、その国が明国内の謀議に加担していたことだったという。日本が胡惟庸の獄に加担したとされたことなどは、まさしくその一つだった。もっともその謀議には明側のでっち上げも多かったらしい。つまり洪武帝は満足な態度を採った一部の国以外、理由をつけて通交を拒絶してしまったのである[19]。

こうして明初洪武帝の時代には、著しく統制・管理色の強い窮屈な体制が志向されるようになり、明で公然と貿易を行なうことは困難になった。このような妥協点のない体制は、むしろ密貿易や海賊など、反政府的な海上交流を導く遠因になっただろうが、洪武帝はそれによって態度を軟化させることはなく、むしろ硬化させた。国家が海上貿易を推奨し、そこから利益を吸い上げるという宋元代以来の基本方針は一変し、国家と海商は共生関係から対立関係へと移行したのである。本書の対象としてきた時代も、ようやく終焉を迎えることになりそうである。

2　仏教交流の変質

洪武帝の仏教政策

海商にとっての幸福な時代が終わりを告げた洪武帝時代だが、本書の主人公である僧侶たちはどうなってしまったのだろうか。結論から言えば、彼らにとっての幸福な時代も終わりを告げた。この件に触れることをもって、本書の結末としたいと思う。

洪武帝は海域に限らず、国内に向けても統制の強化を志向した。これは元末内乱期に混乱を極めた社会の秩序を回復するために必要なことでもあった。たとえば農村は里に編成されて里長の指揮下に納税・治安維持が図られ、『聖諭六言』なる儒教道徳に基づいた訓戒も発布された。また洪武帝は末端まで命令や監視の目が行き届くように、多くの疑獄事件を仕組みながら江南の地主層に弾圧を加え、皇帝権力をかつてないほど強固なものにしていった[20]。

これは仏教界についても同様である。寺童出身だった洪武帝は、寺院の問題を当初から強く意識していたに違いない。元崩壊のひきがねとなった紅巾の乱自体が宗教反乱としての性格を持ったから、宗教勢力の掌握は国家安定のためにも急務だった（洪武帝自らも紅巾軍から出たのだが）。一三七〇年に邪教淫祠の禁止を命じたのも、そのような意図からであろう。また明朝建国から間もない一三六八年三月には、南京龍翔寺を大天界寺と改めて善世院（後の僧録司）を置き、全国の仏教統制の機関としている。龍翔寺は元代、杭州・明州の禅院五山の上に位置する「五山之上」の寺格を与えられた寺で、これが膝下の南京にあることは洪武帝にとって好都合だった。彼は意図的に南京を仏教界の中心に位置づけようとした。

洪武帝は九月には、江浙の名僧十余人を南京蔣山に召して法会を行なわせている[21]。これは仏教界に対する踏み絵にほかならず、仏教界に新王朝の権威を認めさせ、それを法会という行事を通じて広く知らしめる意味も持った。この法会は以後も一三六九年・七一年・七二年に行なわれており、洪武帝は何度も繰り返し仏教界の服従の意を確認した。洪武帝に取り立てられた僧の地位も、次々と粛清された俗界の文武官たちと同様に安泰ではなく、たとえば蔣山の法会で洪武帝のおめがねに適い取り立てられた季潭宗泐《きたんそうろく》や見心来復《けんしんらいふく》も、一三九一年に胡惟庸の獄と関係したという罪状を以って失脚・処罰された。特に見心の場合、人体を少しずつ削ぎ落とし苦しませながら殺す凌遅という恐ろしい処刑方法がとられた。

日本僧と南京

明初の日本僧は、多くが都の南京で活動した。これは宋元代とかなり様変わりした点である。入元僧の場合は浙江を中心としながら、江蘇から福建のあたりまで活動するものも少なくなかった。入宋僧は主に寺格の高い杭州・明州の五山寺院を中心に参学したが、元代には寺格にこだわらず、評判の僧のところに入元僧が殺到する傾向があった。

入元僧の参学先としては、杭州天目山の中峰明本《ちゅうほうみんぽん》、杭州浄慈寺の霊石如芝《りんしいにょし》、嘉興天寧寺の楚《そ》石梵琦《せきぼんき》、嘉興本覚寺の了庵清欲《りょうあんせいよく》などが有名だが、これらに勝るとも劣らない人気を博した僧に、集慶保寧寺の古林清茂《くりんせいむ》がいる。すでに龍山徳見の段で触れた人物だが、一三二〇年代の入元僧がもっとも多く参集した人物である。集慶は明代の南京（応天府）であって、すでに元代に多くの日本僧が南京に来ていたことになる。しかしこれは南京自体の魅力によるものではなかったから、古林宗寂後には入元僧たちは南京を去っていった。以後龍翔寺の笑隠《しょういん》大訢《だいきん》の下に参じた入元僧もいる（龍山徳見や一峰通玄の例はすでに見た）が、そこまで人気を集めたわけではない。

しかし元末明初になると、南京に来る僧が散見するようになってくる。たとえば一三六四年には、大極以中なる日本僧が福建から南京に来て洪武帝に会い、南京蔣山に安置され、六年間蔣山で大蔵経を読んで示寂したという（『活套』）。また太初啓原《たいしょけいげん》は、一六三八年編の『釈鑑稽古略続集』巻三に拠れば、一三五一年に一八人の日本僧とともに入元し、一三六六年に南京に入った。その後は季潭宗泐などに参じたという。『釈鑑稽古略続集』の三〇年後に成った『続灯存稿』の巻八では、太初が入京して表物を貢上し、洪武帝の勅で季潭に参じたことになっている。季潭は一三四七～六八年には宣州水西寺住持を務めていたから、これに随ったとも考えられるが、季潭が洪武帝に接近したのは一三七一年の蔣山法要と、その直後の天界寺住持就任（一三七二）以後だから、この時と考えたほうが自然であろう。

洪武帝は明建国後、日本僧が南京に来ることを歓迎したようである。一三七四年に日本僧宗嶽《そうがく》ら七一人が南京に入ると、洪武帝はこれを喜んで彼らを天界寺に置いて、僧衣のための布を各人に賜ったという（『明太祖実録』洪武七年六月乙卯条）。元明交替以前、日本僧の活動は張士誠・方国珍の勢力圏が中心だった。そのような中で日本僧が南京に来ることは、張・方の情報を収集するツテともなったはずだし、その後でも日本僧の把握は、日本の情報を得たり日本と連絡を取ったりするツテになった。

特に一三七〇年代には、洪武帝が日本僧と接触したエピソードが多い。詳細は省くが、椿庭海寿（一三七二）・無我省吾（一三七三）・夢庵顕一《ぼうあんけんいち》・汝霖良佐《じょりんりょうさ》（一三七六以前）・絶海中津（一三七六）などの例がある。この頃南京にいた日本僧の具体例を調べると、多くは天界寺に収容されたほか、蔣山に安置された者もいた。いずれも国家との関係が強い寺院である。国家によって滞在地が指定されたものと思われ、日本僧に対する国家管理の志向性を見て取ることもできる。

なお以上で見た例は、すべて入元僧や、商船で入明した初期入明僧である。遣明使船で多くの日本僧が来航したため、洪武帝がこれを管理するために天界寺を用いたとされることがあるが、収容の対象は遣明使に限らなかった。むしろ人数から言えば、遣明使以前から中国に来ていた入元僧・入明僧のほうが多かっただろう。

監獄寺院

一三七〇年代前半の時点では、日本僧はまだそれなりに自律的に行動ができたように見える。南京に日本僧が来て洪武帝が喜んだというのは、僧侶側の自発性を洪武帝が認めていたことを反映しているのだろう。そのような中では明留学の魅力もなお残っていた。中国史料の記述を信用すれば、一三七四年の第二次遣明使（足利義満の派遣）で入明した無初徳始《むしょとくし》ら数人の僧は、自ら明に残ることを希望して天界寺の季潭宗泐に就いたという（『補続高僧伝』巻一五）。

だが一三七〇年代後半になると、不穏な空気が漂ってくる。一三七六年派遣の遣明船で帰国したと思しき久庵道可《きゅうあんどうか》は、翌年鎌倉報恩寺の義堂周信を訪ね、「近年大明、日本僧の行脚を禁じ、みな集めて天界寺に在らしめ、妄《みだ》りに出入すること及び俗書等を看《み》ることを許さず」と発言している（『空華日用工夫略集』永和三年九月二二日条）。明は日本僧を天界寺に収容して自由な出入りを認めず、情報源となる俗書も見せなかった。「近年」とあるからには、一三七〇年代半ばに入ってからの事態だろう。一三七四年九月に市舶司を廃止するなど、明の対外方針が閉鎖的になり始めた時期だった。

義堂は久庵から、知り合いの大道得志《だいどうとくし》（一三六〇年代前半に入元）についても話を聞いた。義堂はこれ以前、一三七二年に帰国した椿庭海寿からの情報で、大道が天界寺にいたことは知っていたが、久庵から聞いた後日譚は驚くべきものであった。大道は天界寺から脱走し、日本に帰国しようとしたものの、官禁に遭って南京に強制送還の上、杭州で死亡したというのである。「路に官禁に遭いて束縛追捕せられ、王城に帰さるるも、杭州に至りて死す」とあるとおりである（『空華日用工夫略集』応安六年正月九日条・永和三年九月二三日条）。

なぜ終焉の地が杭州なのかは悩むところである。久庵と同じ頃（おそらく同船か）に帰国した絶海中津が、大道が南京で病に臥せているのを悲しんだ詩を作っていることを見るに（『蕉堅藁』郷友志大道金陵臥病）、大道は強制送還後に南京で示寂したと考えるほうがしっくりくる。あえて想像すれば、大道は病身にありながら久庵らとともに（遣明使船で？）帰

図11　「山交寺開田記」（温州泰順県山交寺、1459年。著者撮影）。太初啓原が明で創建した山交寺に建つ碑文。太初の弟子の心照による寺田開墾を記念したもので、太初の入元にも言及する。

国することが認められたが、途上の杭州で力尽きたということだろうか。いずれにしろ悲惨な最期だった。これでは天界寺は、もはや監獄以外の何物でもない。

もっとも南京に近づかず、地方に潜伏した日本僧もいただろう。しかしその行動には問題が出てきた。この頃には公認下の民間貿易船はなくなったから、いつどこから出航するかわからない密航船の情報を得る裏社会とのツテがない限り、帰国するには遣明船を使うしかない。だがこれに乗り込むためには、役所から公式ルートで許可を取らざるを得なかった。結局安全に帰国するつもりならば、潜伏をやめて南京での軟禁に甘んじるしかなかったのである（もちろん必ず帰国できる保証はない）。

なおこの頃の日本僧には、約庵徳久《やくあんとくきゅう》・無我省吾・太初啓原・無初徳始など、明で住持を務める栄誉を得た者もいくらか見うけられる。住持を務めたということは、その間は天界寺に軟禁されていなかったということでもある。洪武帝の信任さえ得られれば、天界寺から出ることもできたのだろう。だが彼らはいずれも帰国できず、明で客死した。明で自由を得て国内情報に触れることができた僧は、明にとって初めから帰国させる対象ではなかったと考えることもできる。日本僧は帰国の可能性を信じて軟禁されるか、帰国を諦めて自由を得るか、究極の選択を迫られていたのかもしれない。

配流された日本僧

元代の自由な交流の形が変貌を遂げる中、遣明使にも害が及ぶことになった。一三七九年・一三八〇年に派遣された遣明使が到来した時、表文がないことを不快とした洪武帝が、これを雲南・四川・陝西に配流したのである。この件は明末以後の史料にしか現れず、また一三七九年の遣明使が実際には表文をもたらし、洪武帝にも受け入れられたこと（表文を持たなかったのは一三八〇年五月と九月の遣明使）との整合性を考えると、まったく鵜呑みにはできないが、明初の雲南・四川・陝西に日本僧がいたことは確認できるので、(22)これに類したことはあったのだろう。雲南配流の僧に関しては具体的な名として、機先《きせん》□鑑《かん》・天祥《てんしょう》・此《し》宗《しゅう》曇演《どんえん》・大用克全《たいようこくぜん》・斗南永傑《となんえいけつ》・恒中宗立《こうちゅうそうりゅう》・石隠宗璵《せきいんそうよ》などが知られている。ただ配流された日本僧がすべて遣明使だったことについてはこれまで疑われていないが、どうだろうか。当時明国内には帰国していない入元僧がまだかなりいただろうから、彼らも配流された日本僧に含まれていた可能性も考えるべきである。

　雲南については、問題の遣明使が到着したとされる一三七九～八〇年の時点で、モンゴル人の梁王がおり、北元（モンゴル高原に勢力を張った元の残存勢力）の影響下にあった。明がその討伐を開始するのは一三八一年、制圧は一三八二年のことである[23]。したがって雲南に配流された日本僧は、遣明使が来航後にただちに配流されたものでなく、いったん身柄を拘束されて一三八二年以後に配流されたものか、または一三八二年以後に捕らえられたものということになる。『正徳大明会典』（巻九七、礼部、朝貢の項）に、一三八一年の遣明使は陝西・四川に送られたとあるのを参照しても、雲南制圧以前において、日本僧の配流先は陝西・四川だった可能性が高い。一三八一年の次の一三八六年の遣明使（洪武帝時代最後の遣明使）に同行した倭兵は、雲南に送られて守備に当たらされたというので（『御製大誥』三編、指揮林賢胡党）、この遣明船に乗っていた日本僧が送られた先も雲南であろう。

　配流を実施するまでの拘束の場は、日本僧の監獄となった天界寺だろう。彼らを帰国させる可能性がある間は（人質として使うつもりの間は）都下で管理しておく必要もあるが、日本との交通を一切認めない立場を採った時点で、南京に置く必要はなくなる。むしろ大道得志のように脱走を試みる者が出る恐れもある。それならば奥地に流してしまったほうが安心である。この時に、天界寺にいる日本僧からわざわざ遣明使だけを選んで配流する理由はない。天界寺には入元僧も多くいたのだから、彼らも一緒に流したと考えたほうが自然であろう。すべてを遣明使に帰結させてしまうのは、いささか一面的である。

日明国交樹立の裏側

洪武帝による対日本断交以後、日本僧が明の地に足を踏み入れたのは、一四〇一年のことだった。明から帰国した九州の海商肥富《こいつみ》の進言により、足利義満が一五年ぶりの遣明使派遣を決意したのである。その前提には、三年前の洪武帝崩御と建文帝の即位、そしてその翌年の朱棣《しゅてい》（建文帝叔父）の蜂起（靖難の変）という、明側の情勢変化の情報もあったに違いない。

その目論見は当たった。政治的に不安定な立場にあった建文帝は喜んで遣明使を受け入れ、その帰国に同船させて日本への冊封使も派遣した。一四〇三年、遣明使がこの冊封使を送還して明州に到着した頃には、建文帝はすでにこの世になかったが、新たに皇帝に即位した朱棣（永楽帝）はこれを受け入れ、以後も頻繁に日本と使節の交換を行なった。以後数年間、日明関係は安定し、有名な勘合《かんごう》による査証手続きもこの時から始まった。

日明国交樹立の実質的な立役者は肥富である。『善隣国宝記』に拠れば、彼は明から帰国したというが、これはかなり重要な情報である。当時明は民間貿易を禁止していたのだから、彼は明から見れば密貿易商人である。(24) 肥富は明で取り締まりを恐れながら取引を行なっていたに違いなく、元代のように公然と貿易を行なう機会が欲しかったことだろう。義満をそそのかして遣明使を派遣させたのはそのためである。肥富はこの時、まんまと遣明副使の座を得て、公然と船を出す資格を得ることができた。

仮に義満に遣明使を派遣させて自らその派船に関与しても、洪武帝の強硬姿勢がある限り、成果は期待できない。だが建文帝即位後の政治情勢によって、遣明使が受け入れられる可能性が出てきた。肥富は密貿易のために明を訪れた時に、その様子を現地で知ることができただろう。そこで肥富は義満に遣明使派遣を進言したのである。遣明使任命後の肥富の動静はよくわからないが、おそらく明で巨利を得て、ほくほくして帰国したに違いない。

これより見ればわかるように、海商は明の貿易政策によってその活動を大幅に制限され、ついには公認下の日明貿易からは締め出されることになったのだが、その間も密貿易は続けられたし、機会さえあれば公認下の貿易に参入しようとし、さらにはそれをプロデュースしようとさえした。宋元時代に頻度・日常性を増した東シナ海の交流の中で海商たちは成長しており、国家権力がこれをいかに封じ込めようとしても、依然としてしたたかに動き続けたのである。

少なくとも日本列島においては、一五世紀になっても海上貿易への欲求は高まりこそすれ、衰えることはなかった。明の貿易制限によって日明貿易は減退せざるを得なかったが、海商たちは今度は朝鮮・琉球に商機を見出そうとした。そこには流通・商業の活性化が著しかった当時の日本の「バブル」状況も関わっているに違いない。

しかしこうした動きは、明・朝鮮では歓迎されなかった。東シナ海をとりまく地域における、貿易活動に関する需要のアンバランス状態とでも言えるだろうか。一四世紀前半までの東シナ海では、海商の往来は概して歓迎されており（平安時代日本の評価は難しいところもあるが、一定数の来航は必要とされていた）、密輸や治安の問題は不可避だったとしても、彼らの経済活動自体が忌避されたわけではない。九〜一四世紀前半の東シナ海では、国家側にとっても海商との取引は適度か許容範囲内の量・頻度で行なわれていたわけだが、そのバランスが崩れてしまったのが一四世紀後半だった。海と国家の対立関係も、根本的にはここに根ざしているのである。

日明関係の展開

一四〇八年に足利義満が死去した後、幕政の中心となった足利義持は、一四一一年に明使を入京させず帰国させ、以後は明使が到来しても追い返すようになった。結局一五世紀初頭の日明関係は、建文・永楽時代を合わせて一〇年しか継続しなかった。ただ倭寇自体は一四一九年に明軍が渤海湾で倭寇を殲滅した望海堝の戦い以後収束に向かい、一六世紀まで目立った動きを見せなくなるから、日本の朝貢を特に強く求める動機は明側にもなくなっていた。

真に安定した日明関係が構築されたのは一四三二年、足利義教が永享四年度遣明使を派遣したことによる。この遣明使の帰国に随伴して明から使者が派遣され、一四三四年にこれを送還する永享六年度遣明使が派遣された。次の遣明使派遣までは間が空き、一四五三年に宝徳度遣明使が派遣された。

これは九艘に及ぶ史上最大の大船団だったが、この頃から明は朝貢使への接待費など対外関係に関わる費用をケチるようになる。遣明正使の東洋允澎《とうよういんぽう》が、附搭貨物（朝貢品とは別に港で貿易を認められた商品）の代価が前回の遣明使の一〇分の一しかないので、以前のとおりの基準での支払いを要求したところ、景泰帝は「遠夷まさにこれを優待すべし」と言って銅銭一万貫を追加したが、東洋らはそれでも少ないと言ってさらなる増給を要求し、絹五〇〇四・布一〇〇〇匹を獲得している（『明英宗実録』景泰五年正月乙丑条）。こんな調子で日本側の過大な要求に辟易とした明は、以後船を三艘、乗員を三〇〇人以内にするように通達してきた。諸説あるが、一〇年一貢制もこの時から始まるらしい。以後も遣明使は八回派遣されるが、それは一〇年置きの臨時イベントにほかならず、一回当たりの派船は莫大な富を生むものの、それは日常的な交流とは程遠いものだった。

日明仏教界の隔たり

さて、義満と建文帝の間で交わされた日明国交樹立により、洪武帝時代に拘束された入元僧や遣明使たちは、やっと帰国の使を得ることができたはずである。ところが実際には、彼らが帰国した事実は知られない。入元僧はともかくとして、遣明使ならば二〇年ほど前のことだから、まだ多くが存命していたであろう。その帰国が確認できないのは、すでに明で一生を終える覚悟を決めた僧以外、遠隔地に配流され尽くしていたからだろうか。そのあたりの事情はよくわからないのだが、ともかく一四世紀と一五世紀の日中交流は、人材の面で断絶を見ることになった。日中文化交流の形は、ここで遣唐使時代以来の大きな転換点を迎えることになる。[25]

一五〜一六世紀に派遣された遣明使には、多くの商人や水手のほか、使節の代表者として禅僧が乗っていた。彼らは一部は上陸地の明州に残り、一部は北京（元代の大都。永楽帝は南京から北京に遷都した）に上京して外交儀礼に参加した。あくまでも外交使節だから、使命が終わったらただちに帰国しなくてはならない。通常は一〜二年程度の滞在期間だった。

ただ北京への上京の過程で、遣明使と明人の間に詩文や書画などの交わりがあったことはよく知られ、雪舟などはその行程の中で明画を学んでいる。だがそれはあくまでも上陸地と都との間の移動の合間に行われたものであって、その間に自由な行動ができたわけではない。書画・詩文・典籍などの記念品を持ち帰ったり、創作活動につながるインスピレーションを得たりすることはあっても、明の寺院に入って明僧とともに修行や共同生活を行ない、明の生活文化を明人と同じ目線で体験することはできなかった。

この点で彼らの行なった文化交流は、入宋僧・入元僧とはその深度においてまったく異なるものだった。入宋僧・入元僧が行なったのが「留学」だったとすれば、遣明使が行なったのは「旅行」だったとも言える。一五〜一六世紀の日明間では、僧侶による書画・詩文のやりとりはともかくとして、仏教に関して教学面にも影響する実質的な交流は、ほぼなかった

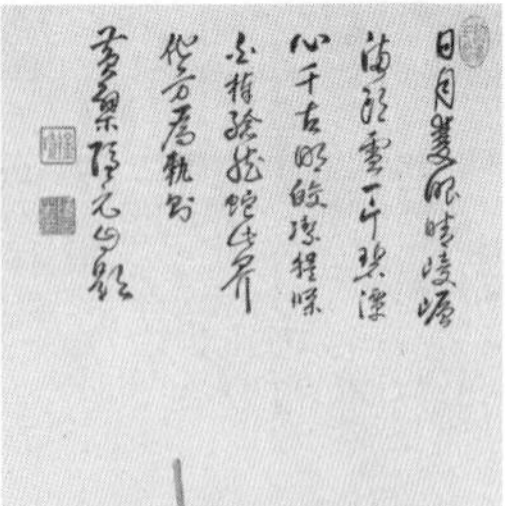
図12　隠元隆琦頂相（福岡県福厳寺所蔵、『17世紀黄檗禅の美術』より）

と言ってよい。特筆すべき例としては、東福寺首座の岐陽方秀《きようほうしゅう》が、一四〇二年に来日した冊封使に積極的に接触を図り、特に天台僧一庵一如《いちあんいちにょ》に対しては源信にならって唐決を送り、一〇条の疑義への回答を求めたことがある（『不二遺稿』巻下、与一菴和尚書）。岐陽の行動自体は真剣な仏僧としての立場によるものだが、日本僧が教学面の成果として明人に期待できたのも、最大限でこれくらいまでで、多くは遣明使が記念に寺に立ち寄って、儀礼的な問答を行なう程度だっただろう。

　遣明使のみが日明交通を担ったことは、貿易船を通じて入元できた時代と比べて、僧侶の入明の機会が極度に限定されたことを意味した。一三六五年の東陵永璵の示寂以後、渡来僧の供給が絶えたこともあり、もともと宋元仏教の再現を目指していたはずの日本禅林では、日本化が進行する。一般の禅僧にとって中国との距離は、従来よりもはるかに遠いものにな

った。

一六五四年、隠元隆琦の教団が長崎に来航した時、既存教団にない新奇さに日本の人々は驚いた。後まで隠元の法流が在来の臨済・曹洞宗諸派と区別され、近代に黄檗《おうばく》宗という独自の宗派に分類されたのは、その異質さゆえである。しかし実は隠元は、法流でいえば臨済宗に属する僧で、まったく新しい宗派を日本に紹介したわけではない（しかも江戸初期に勢力を持った臨済宗幻住派は、隠元と同じく中峰明本を祖とする）。それにもかかわらず清《しん》僧が新奇に見えたのは、一五世紀以後日明仏教界で深い交流が行なわれず、両者が別々の歴史を歩むようになったためだった。江戸時代における臨済・曹洞宗と黄檗宗の差異は、これに先行する日明仏教界の断絶をそのまま意味するものだったのである。

交流の余芳

こうしてすっかり日本と遠ざかってしまった明仏教界の中で、最後に残ったのが、帰国できなかった元末・洪武年間の入元・入明僧たちだった。彼らは一五世紀前半の間にほぼ死に絶えただろうが、その法脈はわずかながら一五世紀後半まで伝えられた。宝徳度遣明使の笑《しょう》雲瑞訢《うんずいきん》が一四五四年に北京法華寺で出会った老僧がおり、笑雲にこう言った。

我が師は乃《すなわ》ち日本の亮哲《りょうてつ》なり。（『釈笑雲入明記』景泰五年正月二日条）

この老僧はこの時点で何歳で、何年前に亮哲に弟子入りしたのだろうか。我々はこれについて何の情報も持たないが、仮に二〇歳で亮哲に弟子入りして、七〇歳で笑雲に会ったとすれば、亮哲は一五世紀初頭には明仏教界で指導的立場にいた人ということになろう。一三七四年に入明した無初徳始は、一四一二～二九年に北京の潭柘山龍泉寺に住して一生を終えている。これを参照すれば、亮哲の経歴は十分にありえるものだろう。日中仏教界の交流の痕跡は、この頃まではかすかに見られたわけだが、それは元明交替後に終わりを告げた交流の余芳に過ぎなかった。

エピローグ

僧侶の活動の変遷

以上、四章にわたって東シナ海を渡った日本僧たちの動向を見てきた。時間軸に沿って見れば、おおまかには遣唐使（七〜九世紀）、唐末〜北宋期の入唐・入宋僧（九〜一二世紀）、南宋〜元代の入宋・入元僧（一二〜一四世紀）、遣明使（一四〜一六世紀）という区分で分けられるであろう。これらは日本から東シナ海を通じて中国へ渡ったという点は共通していたが、その様態や背景はかなり異なっていた。

遣唐使は日本から唐に派遣された国家間の使節の一行として派遣されたもので、大部分は朝貢など一連の儀礼を済ませて一年程度で帰国しなくてはならなかった。長期滞在を認められた留学僧もいたが、彼らは次の遣唐使が来る十数年〜三十数年後まで唐に留まる必要があった。当時日唐間には海商の往来がなく、遣唐使船以外で帰国することができなかったからである。つまりこの時点では、日唐交通は国家の独占であって、僧侶は出国に当たっては日本朝廷、渡海後は唐朝廷の管理下に置かれた。東シナ海は日常的な交流の海ではなく、二〇年前後に一回の頻度でしか利用されない海だった。

だが九世紀前半になると事態が変わる。新羅海商・唐海商の出現によって、海上を日常的に行き来する便が得られるようになり、留学僧はいつでも入唐・帰国したり日本に連絡を取ったりすることができるようになった。そのため八三九年の承和度遣唐使帰国後は、僧侶の入唐・帰国がかつてない頻度で行なわれるようになる。海商の出現によって海域交流のあり方は一変したわけである。ただし僧侶の出国に当たっては天皇の勅許が必要だったし、帰国後には天皇に成果報告をしなければならなかった。したがって僧侶の出入国は相変わらず国家の管理下にあり、天皇が入唐勅許をあまり出さなくなる九世紀末以後は、僧侶の往来頻度は激減する。恒常的な船便の存在という東シナ海の状況をどのように活用するかは、あくまでも国家側の判断によっていたわけである。中国（唐・五代十国・宋）側でも日本僧の入国や移動は地方役所を通じて管理されており、特に五代・宋は彼らを国賓に準じて厚遇した。僧侶の往来は日中双方の政権によって把握・管理されていた。

一二世紀後半、僧侶の移動に関するこうした規制が大幅に緩和される。すでに一一世紀後半には、勅許を得ずに密航する僧が続出するようになっていたが、一二世紀後半になると僧侶の出国を管理・統制しようとする志向自体がなくなり、特に平家滅亡後は入宋僧が爆発的に増加する。宋も彼ら一人一人に国家的な厚遇を与えることはなくなった。入宋僧たちは宋の寺院で集団生活を行ない、その生活文化を日本に直輸入した。元代にも弘安の役前後やその他、日元間に緊張が走った時期には僧侶の往来が滞ったこともあったが、一四世紀前半には前近代で最大規模の僧侶の往来が見られた。

一四世紀後半になると、元末内乱の影響で海路の混乱や僧侶の渡海忌避が見られたが、一方で商船の便を利用して一時的に元から日本に避難する人々も存在した。だが一三七〇年代、明が民間貿易を全面的に禁止したことで、商船を通じた僧侶の日中間往来という九世紀以来の基本的な交流の形は終わりを告げた。また明が日本に対する不信感を高めたことにより、明に残っていた入元僧や遣明使たちは南京天界寺に軟禁されたり遠隔地に配流されたりするなど苦難を味わい、結局宋元代的な自由な仏教交流は行なわれなくなった。以後は明の厳格な管理の下で決まったタイムスケジュールで行動する遣明使のみが日中交流にたずさわったが、それは仏教交流の側面から見る限り、従来と比べて皮相的なものにならざるを得なかった。国家間交通以外認められなかったという点に限って言えば、遣唐使時代への逆戻りにも見えるが、遣唐使時代にはそもそも海商など存在しなかったのに対し、遣明使時代にはすでに存在していた海商を強引に否定し抑圧することで、意図的に海上における国家の存在感を高めようとしたものであった。

日本対外関係史における画期

僧侶の往来に注目した場合の四つの時期は、九世紀前半・一二世紀後半・一四世紀後半の三期を画期としたものとなっている。この内、一二世紀後半の画期は、外国僧に対する宋側の接待体制の変化もあるが、何よりも日本側の対外交通管理体制の変化によるものであり、主要因は日本外部の環境の変化ではなく、日本内部の変化であった。つまり前後一貫していた東シナ海の動向に対して、日本国家の対応が一二世紀後半に変化したわけである。

その変化は平氏政権期を過渡期として平家滅亡後に決定的になった。時代とともに変質しつつも継続していた律令制由来の対外交通管理が終わったという点で、古代日本の対外関係から中世日本の対外関係への転機と見ることも許されるだろう。以後は鎌倉幕府が軍事的見地から対外交通の規制を行なうこともあったが、日本国内の有力者たち（中央の公家・武家・大寺社、九州の守護層など）が個別に海商と関係を持って対外交通に関与するという基本的な形は変わらなかった。この大枠は室町・戦国時代も同様であって、つまり日本史の視点から言えば、対外関係史における中世は一二世紀後半から始まると言える。

これに対して九世紀前半と一四世紀後半を画期とするのは、序章や本文中で繰り返し触れてきたように、東シナ海そのものの情勢変化によるものである。前者は新羅の飢饉という朝鮮半島側の事情、後者は明の民間貿易禁止という中国側の事情を直接の原因とするが、その動向は新羅・明国内だけでなく、海域規模で影響を及ぼすものだった。一方で一二世紀後半の日本における画期は、宋・高麗に大きな影響を与えてはいない。その意味でこれを海域の動向と言うことはできず、海域に面する一地域内の「ローカル」な動向に過ぎなかった。もちろんその結果多くの日本僧が宋に押し寄せたことはあったが、それは海域のあり方を規定する影響力を持った事態とは言いがたい。本書では海域の動向が僧侶の活動に反映されているという観点から、海域の動向を知るための素材として僧侶を見てきたが、僧侶の活動が海域を本質的に規定すると言うつもりはない。

つまり以上で見た三つの画期は、海域規模での画期と日本での画期の二つの位相が含まれている。中国や朝鮮に軸足を置けば、また別の画期が出てくるだろうが、どの場合でも九世紀・一四世紀という海域規模での画期は、必ず共通して現れるはずである（ただし中国の場合、南シナ海ではこれ以前から海商の活動が見られたから、これも視野に入れれば新羅海商の画期性の評価は相対化されざるを得ない）。

東シナ海史の可能性

「九世紀や一四世紀の画期というのは、所詮は日本にとっての外的な要因に過ぎない。そんなものは日本中世史の扱う問題ではない」などと思われる方もいるかもしれない。たしかに日本社会の動向の反映ではない二つの画期は、日本史のテーマではないと言うこともできるだろう。そして本書で扱ったのはこの二つの画期にはさまれる時代だが、それは「日本にとっての外的な要因」を重視する立場の反映にほかならない。ならば、それを反映した本書は日本史の本ではなく、それを基準とした歴史を組み立てようとした筆者は、日本史の研究者と名乗る資格はないとも言える。

実は筆者も、あまり日本史という枠にこだわっているつもりはない。むしろ序章で述べたように、筆者の研究の主眼は「東シナ海」にあり、東シナ海という海域世界がどのように描かれるかというのが主な関心事である。この海は歴史上、単一の政権によって排他的に支配されたことはなく、絶えず複数の政権の影響下にある地域が並存していた。それらの政権も、古代の耽羅国や中世以後の琉球、一七世紀の鄭氏台湾を除いて、海に包摂されていたり、海を中心に据えたりはしていない。つまり東シナ海は、様々な政権の辺縁部に当たる地域で構成されている。だからこの地域の歴史は、特定の政権の全面的な影響下で展開することはなかった。もちろん時代ごとに影響力の強い政権・地域は存在するが、海全体がその政権・地域と同一の史的展開をするわけではない。東シナ海は日本や中国や朝鮮と密接に関わり合いながら、その中のどこかに専属する世界にはならず、一応別個の歴史世界を形成していた。

結局日本史の話ではないということかと言われれば、返す言葉もない。たしかに以上のような関心から設定された東シナ海という地域は、国家史としての日本史として語られるべき世界ではないと思う。だが日本列島の一部を含む地域ではあり、日本史と重なり合う話でもあることは間違いない。これを日本史とは別次元の話として切り捨てるのと、日本史と関連する話として見るのと、どちらもあり得る立場であって、どちらかだけが正解ということではないだろう。

そもそも歴史とは、どのような立場を取るかによって、検討の対象となる地理的空間は変化し得るものである。従来は日本国家の歴史を明らかにしたいという立場から、近代の国家領域が対象とされることが多かったが、どのような地域を検討対象とするかは必ずしも自明なことではなく、設定したテーマにとって有意義な地域設定は何かという問題に過ぎない。結局はどのような枠組みを設ければ面白いのか、ということである。

では東シナ海を切り捨てた日本史と含み込む日本史、どちらが面白いだろうか（ただし東シナ海を視野に入れた本書がもしつまらなかったとしても、それは筆者に問題があるからであって、テーマに問題があるからではないことは釈明しておく）。異質なものを切り捨てたほうが、通史的把握はやりやすいだろうし、わかりやすい歴史にはなるだろう。だが異質な要素があるということは、可能性を増やすということでもあり、わかりやすいということは、可能性を絞るということでもある。筆者は日本史と一部で重なり合う別の世界にも視野を広げることは、その可能性を広げることに貢献し得るものと思っている。

国家内外の「他者」

戦後日本史学は、沖縄史・北海道史という日本列島内の「他者」に着目することで、豊かな成果を上げてきた。だがそもそも沖縄も北海道の大部分も、前近代を通じて国家としての日本の領域には入っていなかった。その意味で前近代の実態に即してみれば、国家史としての「日本史」との距離は、沖縄・北海道も東シナ海も、さしたる差があるわけではない。きわめて不謹慎な言い方をすれば、第二次世界大戦で日本軍の暴走が成功してしまっていたら、東シナ海も日本の一部になってしまったかもしれないのだから、近代の国家領域を基準として前近代史を考えることはまったくナンセンスである。

さらに言えば、前近代の実態に即する限り、沖縄・北海道という枠組み自体も自明ではない。たとえば、前近代における文化的特徴や流通のあり方を見れば、北海道史と千島・樺太史や沿海州史を一つの歴史として描く視点は、現代の国境を根拠にして北海道のみを別個の歴史世界として描く視点よりも不自然だと言い張ることはできない。もちろん発掘データや文献史料の問題による現実的な限界はあるが、それは別の問題である。現在の日本国の領土を基準にした歴史叙述を絶対視することは、近代に国家に取り込まれなかった地域を切り捨ててしまう作業にほかならないが、もしかしたら東シナ海を日本史から切り離すことも、これと同じことなのかもしれない。

念のために言っておくと、筆者は東シナ海を日本の海などと主張するつもりはない。東シナ海はあくまでも日本史とは別のサイクルで動いた地域であり、中国史とも朝鮮史とも別のサイクルで動いた地域である。そもそもすべての地域を特定の国家の歴史に排他的に組み込む必然性などないのであって、そんな不毛な努力をしたところで、歴史学の可能性が狭まるだけであろう。

たとえば、現中国領・北朝鮮領・ロシア領の一部をかつて支配し栄えた渤海が、中国史の一部か朝鮮史の一部かという不毛な論争がある。もちろんこの問題は現代国際政治の上で、国境地帯の権益を主張する根拠に利用するという（歴史学的関心とは無縁の）現実的な要請があり、その意味では（歴史学とは別次元の）重要な意味を持っている。だがそういう話とは無縁な筆者からすれば、こうしたグレーゾーンについて白黒をつけるよりも、むしろ中国史にも朝鮮史にも包摂されない世界（それは後に二世紀以上東アジアの覇者として君臨する大清帝国を生み出す）が存在したことに注目したほうが、よほど可能性の豊かな歴史像が描けるはずだと思う。もちろん政治家や政治運動家の立場からすれば、特定の結論以外に至る可能性を排除することこそが必要なのだろうけれども、それは政治家でもなく当該地に何の利権もない筆者には、知ったことではない。

これから

日本史の中でイロモノ視されがちな対外関係史の中でも、唐帝国の成立や律令国家の建設、あるいは開国や近代国家の建設など、日本史の展開において大きなインパクトとなった対外的契機は古くから着目され、研究上の異端扱いもされてこなかった。足利義満が遣明使を派遣したことで中国銭を独占的に入手し、事実上の貨幣発行権を獲得したという議論も含め（この議論は間違いだが）、国家史としての外交史は、日本史研究の中でも一定の市民権を得て、対外関係史の中でもメインテーマとされてきた。

だが筆者が知りたいのは、日本外部がどのように日本に影響を与えたのかという点（つまり日本が受けた影響）のみではない。もちろんそれも興味深い問題だが、それとともに日本に影響を与えた海の世界、つまり海を通じた人や物の動きそのものにも関心をもっている。それは対外関係史が日本国家史の視点から行なわれるものである限りは対外関係史の対象ではないが、そうではない視点もありえると筆者は主張してきた。

その海の世界を素描するために、僧侶を題材として取り上げたのが本書である。その素描が十分なものとは筆者自身思っていない。だが僧侶など具体的な事例から海のあり方を読み取るという方針自体は、今後も追究していこうと思っている。歴史の魅力とは何よりも、具体的な史実を提示できることにこそあると思う。なにしろ中国へ赴いた日本僧たちの記録が、九世紀から一四世紀だけで何百人分もあるのだ。こんなに古い時代に、こんなに豊かな具体例が、しかも詩文・文書・旅行記など一次資料・準一次資料の形で残されている地域は、おそらくアジアでは日本以外にない。そして、こんなに豊かな具体例が眠っていることは、日本の研究者の間でさえ、あまり知られていない。

筆者は、まずは地味ではあっても、どんな人が海を行き来して、どんなことを見聞きしたのかを確認する作業から始めたい。現状で当該期の東シナ海交流に関する共通認識とされているのは、考古学の成果のほか、文献史料では国家側の都合で制定された法令と、中国・朝鮮の正史・史書や日本の日記、その他随筆・説話などに見られる断片的な情報がほぼすべてだが、一二〜一四世紀に関する限り、圧倒的な分量を誇る仏教史料については一部の著名なもの以外、ほぼ念頭に置かれてこなかった。よく個別実証の積み重ねだけで歴史像は作れないなどと言われるが、こんな状況では何も議論はできない。

反証となる史料・事例の少なさは、自由な想像を重ねることを可能にしてくれるし、実際に最近は様々な状況証拠から大きな物語を作ろうとする議論が盛り上がりつつある。これらの前提として可能なだけの客観性を担保し、「海域史はミズモノ」などと言われないようにするためにも、まずは我々が何を知りえるのかを明らかにしよう。本書は仏教史料から海域史へのフィードバックがどの程度可能か、不完全な研究状況下で試みたものにほかならないが、今後の個別事例の研究の進展と共有化によって、より現実に近い歴史像が提示できるようになるはずと思う。

補　章　遣明使の後に続いたもの

日本僧渡航の終焉

僧侶の中国渡航の機会として残った遣明使も、天文一六年度（一五四七）を以って終わりを告げた。この遣明使は一五五〇年に日本に帰国したから、一六世紀前半いっぱいで僧侶の中国渡航の歴史は終わったことになる。正確にはこの後にも一五五〇年代を通じて相良氏・大友氏・大内氏によって遣明使が派遣されたが、いずれも勘合・国書の不備や貢期違反などの理由で受け入れられなかった(1)。特に一五五六年・五七年に大友義鎮《よししげ》（宗麟）が派遣した遣明船は焼討され、前者の船で入明した使僧清授は四川に流されてしまう（『明世宗実録』嘉靖三八年四月乙卯条）。この結末には遣明船に同行した倭寇の大物王直の処遇も関わっているが、いずれにしろ僧侶による文化交流などと言っていられる状況ではなくなっていた。

この頃になると、明の密貿易商人（後期倭寇）やポルトガル商人の活動によって、日本でも中国・東南アジア産品が容易に入手できるようになっており、また明における日本銀への巨大な需要もあって、貿易は未曾有の活況に沸くようになっていた。しかしその船便を利用して入明する僧侶は現れない。それは彼ら商人たちの活動が明ではあくまでも非合法なものだったからである。

南の広州ではすでに外国船の来航が認められるようになっていたが、明海商の出国は相変わらず海禁によって禁じられており、発覚すれば官軍による討伐対象になる。そのような船の帰便に乗って密入国しても、宋元代のような有意義な留学は見込めないだろう。密貿易港近くの寺院に潜伏するのも、この頃は危険な行為になっていた。当時沿海部の寺院は倭寇に占拠され掠奪を受けることも多く、たとえば本書で何度か触れた普陀山でも、宝陀寺は一五五三年に倭寇に占拠されている。明軍はこの倭寇を撃退したが、宝陀寺はこれにて安泰となったわけではない。明軍はここが再度倭寇の巣窟となるのを防ぐため、伽藍を破壊して僧侶を追放し、参詣を禁止したのである。こうした措置は当時明では各処で見られたものだった。[2]沿海部の寺院は倭寇の襲撃と明軍の強硬措置をこうむる恐れがある危険な場所になっていたのである。

なお一五六七年頃から、明海商も福建南部の漳州府海澄県で文引（出航許可証）を受ければ出航できるようになったが、倭寇の拠点とされた日本への渡航は依然として認められなかった。一六世紀半ばからの一世紀間、明船を通じた日明貿易は、明からすればすべて密貿易だったのであり、当然これを利用した日本僧の渡航などあり得なかった。

ところが豊臣秀吉による天下統一（一五九〇）後、日本社会が安定を取り戻すと、豊臣・徳川家から大名への工事命令（普請）や大名の寄付による寺院の大規模な復興・造営が相次いで、仏教復興の気運が高まった。これを受けて僧侶の宗教活動も活発になり、教学の再興とともに宗派間の論争（宗論）が盛んに行なわれた。そうした中で、入明を志す僧侶も現れる。以下、この時代に海外で知見を得て新たな時代を切り開こうとした四人の僧侶の行跡を見てみよう。

異国に憧れた禅僧

宗蕣《そうしゅん》は京都相国寺の禅僧で、公家の冷泉為純の子、相国寺普広院の清叔《せいしゅく》寿泉《じゅせん》の甥に当たる。この人は後に儒学者として活躍するため、その時の名の方が有名である。儒学者としての名は藤原惺窩《ふじわらせいか》と言い、江戸幕府に仕えた林家の祖である羅山の師に当たる。その行跡は林羅山の『惺窩先生行状』に詳しいが、そこには中華の風を慕う宗蕣がその文物を見たいと考え、入明を思い立って九州に下り出航したが、風波のために漂流してしまったと記されている。この入明行を記した宗蕣の自筆日記は一九二五年に発見され、東洋史家の内藤湖南が手にするところとなった（『南航日記残簡』）(3)。現存するのは三六歳の時、一五九六年に京都を出発して薩摩の山川に向かい出航を待つところまでで、出航の場面は書かれていない。

宗蕣は何を求めて入明を試みたのか。通説では儒教への関心の高まりの中で、明の儒教を求めたと見る向きが強いようだが(4)、そのことは史料上では明確でない。『南航日記残簡』から仏教的な情熱が感じられないのも事実だが、さりとて儒教への関心がうかがえるわけでもない。ただ日記の随所でうかがえる異国への関心を見るに、仏教か儒教かなどということ以前に、中華の文物を見たかったという『行状』の説明は、案外真実に近いのかもしれない。

宗蕣はこれ以前、一五九〇年に来日し大徳寺に滞在した朝鮮通信使（豊臣秀吉が彼らを通じて朝鮮に明征服の先導を要求し断られたことが文禄の役につながる）や、一五九三年に肥前名護屋城に来た明の使節（文禄の役の講和交渉に当たった謝用梓の一行）を訪問し、詩文の応酬や質問を行なっている（『惺窩先生文集』）。外国の知識人との接触を求める宗蕣は、さらに自分の知らない世界を見たいという欲求を高め、自ら入明を志したものだろう。宗蕣はこの後、慶長の役の捕虜となって伏見に抑留された朝鮮儒学者姜沆《きょうこう》（一五九八〜一六〇〇年在日）とも交流したが、朝鮮の科挙や釈奠（儒教の先聖先師を祀る儀式）の話を聞いた時、「惜しきかな、吾《わ》れ大唐に生まるる能《あた》わず、また朝鮮に生まるるを得ずして、日本に生まる」と言って嘆いたという（姜沆『看羊録』賊中聞見録）。異国に憧れる心情をうかがうことができる。

宗蕣の日記から、薩摩への途中で立ち寄った大隅内之浦《うちのうら》の様子を記した部分を見るに（七月一二〜一九日）、宗蕣を家に泊めてくれた浄感という者の嫡子弥二郎は船頭を務め、一年前にはルソン（スペイン領フィリピンの主島。マニラ港に総督府が置かれた）に行ったと語っている。一三日昼、宗蕣は湊役人の竹下頼堅《たけしたよりかた》の家に招かれたが、頼堅はかつて琉球にいたことがあり、今も琉球に妻子がいるという。頼堅邸での食事では、弥二郎が持ってきた「勝酒」や「異域の珍肴」も配しつつ、ルソンのガラス製の盃で酒が酌み交わされた。夜には頼堅が浄感邸に来たが、その時にふるまわれた「葡萄《ぶどう》勝酒」はワインだろうか（昼に弥二郎が持ってきた「勝酒」も？）。一四日には彦右衛門なる者からルソン・琉球の路程記録の冊子を見せてもらい、航海における心がまえなどを聞いている。一五日には彦右衛門から、蛮人

（ポルトガル人か）の描いた世界図を見せられた。一六日には明人の来訪があった。一七日には唐船が来航したが、翌日にはその停泊地の波見《はみ》（内之浦の北の港）まで見物に赴き、船主の呉我洲と筆談した。子がルソンにいるので、これから行く予定だという。

以上の記載からは、当時の内之浦が海外との貿易拠点としてにぎわっていた様子が分かるが、こうしたことを書き留めたこと自体、宗䕫の異国への関心の強さを物語る。特に一三日には弥二郎からルソンの話を聞いて、天地は広大でこの国は狭いと感じ、「豈《あ》に游観せざる者、広覧の智を益《ま》さんや」（旅をして観光しない者は博覧の知識を増やすことができない）と述べている。宗䕫は早く外の世界を見たくてうずうずしていたのだろう。

宗䕫の計画の現実味

宗䕫は入明に先立って、島津義久や家臣の伊集院忠棟《いじゅういんただむね》（幸侃《こうかん》）と面会したことが日記に見える。事前に何らかの根まわしをしていた可能性が高い。内之浦到着の翌日に竹下頼堅から自宅に招かれたのも厳重な「上命」（頼堅主人の伊集院忠棟の命か）のためだと宗䕫は記しており、この時点で入明の手はずは整っていたと見られる[(5)]。しかし結果として宗䕫は、船の漂流によって入明の夢を果たせなかった。このことは宗䕫自身の「大明国に渡らんと欲するも、疾風に遇いて鬼界島に到る」という漢詩から知ることができる（『惺窩先生文集』巻三）[(6)]。おそらく琉球近海経由で福建方面に向かおうとして漂流したのである。

最終的には不運な結末だったが、宗䕫は入明に向けて一定の計画性をもって動いていたように見える。もしも船が漂流しなかったら、無事に明にたどり着けただろう。だがそうなったとしても、やはり留学は無理だった。明は日本と商船の往来を認めていなかったのだから、明船が日本人を乗せてきたところで、その上陸を認めることはあり得ない。あまつさえその頃は文禄の役（一五九二〜九三）の後、日本と明との間で和平交渉が進められている最中だった。明は海上からの日本人の入境を警戒しており（明は秀吉の朝鮮出兵と倭寇を関連付けて理解していた）、日本人を発見したら捕獲すべきとしていた時期である。このあおりで琉球人が日本人と誤認され捕獲・殺害される事例も続出している[7]。

ただし宗蕣はこの点でも、実はそれなりの見とおしがあった可能性がある。というのも先に見たように、宗蕣は一五九三年、肥前名護屋城で明の使節に面会した。これは豊臣秀吉の養子である小早川秀秋（当時は豊臣秀俊と名乗った）に随従したものである。政権中枢に近いところまで食い込んでいた宗蕣は、秀吉の外交構想もある程度は知ることができただろうが、この時に秀吉が明使に伝えた講和条件七ヵ条の一つには、「両国年来の間隙に依り、勘合（遣明船）近年断絶す。此の時、之《これ》を改め、官船・商船、往来有るべき事」というものがあった（北島万次編『豊臣秀吉朝鮮侵略関係史料集成』二巻、三二一頁）。遣明船の復活や民間貿易の公認を要求したわけである。もしもこれが実現すれば、日明貿易船に乗った僧侶の上陸も認められる公算は高い。

ただしこの七ヵ条は、和議交渉を担当した明の沈惟敬と日本の小西行長によって明の朝廷に対して隠蔽されたうえ、偽造の「関白降表」（秀吉が明に降伏する意を示した上表文）にすり替えられた（そもそも名護屋城で交渉した明使も、朝鮮に派遣されていた明将宋応昌の幕下の者が明皇帝の使者と偽って来日したものである）。七ヵ条には明の万暦帝の娘を後陽成天皇の妃とすることや、朝鮮八道中の四道を日本に割譲することなど、明が受け入れられない条件がいくつも含まれていたが、二人はこのように和議成立の障害になる案件をひた隠しにし、日明両国が満足できる状況を演出することで、戦争終結に持っていこうとしたのである。

宗彝が入明の途に就いた一五九六年は、四年にわたる交渉の末に日明講和成立の目途がついた年だった。六月一五日、冊封使楊方亨一行は朝鮮通信使とともに、対馬に向けて釜山を出発し、二五日には先行して大坂まで来ていた沈惟敬が、伏見城で秀吉に謁見している。冊封使が朝鮮で日本渡航の機を待っていたことは、すでに前年に行長によって秀吉に伝えられていたが、冊封使の来日がいよいよ実現したことで、豊臣政権は華々しい戦果を国内外にアピールできるはずだった。沈惟敬・行長らが取り繕った講和条件の矛盾（そもそも日本と明は異なる条件で理解していた）は九月の秀吉の冊封使謁見後に発覚したが、それまで豊臣政権の人々は、自ら提示した条件を前提に話がまとまったと考えていたはずである。そのような中で宗彝は、沈惟敬謁見二日後の六月二七日に京都を出る準備を始め、翌日同行者の到来を待って入明の途に就いた。日記には明記されないが、これは講和成立による日明貿易公認を確信した上での行動ではないだろうか。しかし講和は結局破綻したから、宗彝の渡航が成功したとしても、明がその上陸を認めるはずがなかった。

なお宗蕣はこの後、朝鮮に渡ろうとも考えたらしい。宗蕣は先述の姜沆に会った際に、入明に失敗した後で京都に戻って養生してから朝鮮に渡ろうとしたが、戦争が始まったので諦めたと述べている。この戦争とは、宗蕣の漂流から半年も経たない一五九七年正月に始まった慶長の役（一五九七〜九八）に他ならない。戦争の後にも日朝間では一〇年近く和議が結ばれなかったから、宗蕣が個人で朝鮮留学できる条件はなくなった。そのような中での姜沆との交流は、海外留学の夢に代わるものとして、宗蕣を慰めただろう。そしてこのことは後の彼の儒学者としての人生、ひいては江戸時代の儒学に、少なからぬ影響を与えたはずである。

袋中の入明

次いで紹介する良定袋中《りょうじょうたいちゅう》は浄土宗の僧である。幼くして両親によって故郷の陸奥国岩城郡能満寺に入れられ、兄の存易以八とともに叔父の浄土僧良要存洞に学んだ。若い頃から全国をめぐって仏法を学んだが、一五八〇年、二九歳の時に帰省した折、陸奥国成徳寺の住持になることを求められ、これに応じた。さらに一五九九年には、岩城の大名岩城《いわき》貞隆《さだたか》（佐竹義重の子）から、平《たいら》の大館城内に創建した菩提院の法主として招かれている。

ところが貞隆は、関ヶ原の戦いで上杉景勝征伐に参加しなかったことを理由に、一六〇二年に徳川家康から所領を没収されてしまう。袋中はこの翌年、商船で入明することを志す。とはすでに五二歳の高齢の袋中があえてこの挙に出たのは、貞隆の没落が関わっていよう。

いえ袋中はやけっぱちになったわけではなく、入明のために多くの経論の文句を暗記したとされるように、真剣な修学を志していた。兄の以八は袋中を止めるために、入明するならば日本に伝わる仏典をすべて読んでからにせよと言ったというので（『以八上人行状記』）、あるいはこれを受けた行動なのかもしれない。ただ袋中が明で具体的に何を学ぼうと考えたのかは分からない。浄土宗の僧なので念仏への関心は強かっただろうが、足利学校で『碧巌《へきがん》録《ろく》』『楞厳経《りょうごんきょう》』など禅籍も学んだことがあるから、念仏に限らない広い関心もあったと思われる。

ところが袋中は入明の途に就いたものの、次に述べるように明への入国は果たせなかった。失意の袋中は、琉球で那覇の馬高明（幸明）なる士族の帰依を受け、桂林寺（現那覇市久茂地に旧在）に三年間安住した。この頃の見聞を基に記した『琉球神道記』は、島津氏の侵攻以前の琉球の姿を記す貴重な史料である。袋中はその後一六〇六年、琉球を出て平戸から帰国し（『琉球神道記』奥書）、一六三九年の入滅まで京都や奈良を中心に活動することになる。

袋中の行程

袋中入明の記事につき、『袋中上人絵詞伝』には、

帝畿（京都）を出て西海（九州）に赴き、商沽（商人）の便船を待ちて、唐土に渡らん

図13『袋中上人絵詞伝』上巻（京都鷲瀧寺所蔵、18世紀前半。九州国立博物館図録『琉球と袋中上人展』より）。琉球の人々が袋中の日本帰国を見送る場面

と期す。

とあり、また、

折節《おりふし》便船ありければ、先《まず》琉球に渡り給ひぬ。呂宋《ルソン》南蛮の商船を頼むといへども、彼の国の人は日本を東夷なりと恐れて、固く拒みて乗せず。

ともある。これに随えば、袋中は九州から直接入明するのではなく、まず商船で琉球に行き、そこからルソンの商船で入明しようとしたが、日本を東夷と恐れる彼らによって乗船を拒否されたという。つまり袋中は入明を志しながら、琉球までしか行けなかったことになる。

ところが袋中は自著『寤寐集』において、ルソンに行った時の船中での出来事を記している。これは袋中の入明未遂に関わるものと見られ、なら

ば琉球までしか行かなかったとする『絵詞伝』の説は検討の余地がある。『絵詞伝』は一七四九年の奥書に拠れば、袋中生前（一六三九年以前）に山田某が作成した行状を基に良照義《りょうしょうぎ》山《ざん》が取捨を行ない、湛慧《たんえ》信培《しんばい》が浄書したもので（良照・湛慧は袋中の孫弟子良光聞証《りょうこうもんしょう》に学んだ縁がある）、これに絵を加え詞書を清書して『絵詞伝』が完成した。詞書は湛慧が出家した一六八八年以後、良照が遷化した一七一七年以前の成立と見られるが、典拠となった行状に手が加わっていることには注意する必要がある。

ここで参考にしたいのが『飯岡西方寺開山記』である。成立は一六六六年で『絵詞伝』よりも早く、撰者は袋中に学んだ弟子の良間東暉《りょうかんとうき》である。本書に記す袋中入明の事績として、以下の一節がある。

> 郷里（陸奥）を去りて西海道に趣き、商沽の便船を伺い、漢土の著岸を志すと雖《いえど》も、彼の国は東夷を畏れて、堅く旅船を入れず。故に呂宋南蛮、遠流を凌ぎ、風に依りて琉球に至るに……

『絵詞伝』と文章が似るが、ともに生前の行状に依拠しているのだろう。ここでは入明断念は、ルソンの人が袋中を船に乗せなかったためではなく、明が日本からの商船を入国させなかったためとされている。袋中が明まで行って入国拒否を受けたか、明の方針を知って渡航を断念したか、両様に考えられよう。前者の場合、袋中がルソンに行ったのは明に行った前後のこととなろう（九州―ルソン―明、もしくは明―ルソン―琉球。両立もあり得る）。後者の場合、ルソンで入明を断念して琉球に向かったことになる。いずれにしろ袋中の行程については、『絵詞伝』よりも『開山記』のほうが整合的である(8)。

なお『寤寐集』第八条より、袋中が薩摩加治木《かじき》に滞在したことがあったことが知られる。これが入明時の九州下向と関わるならば、袋中は七年前の宗鎮と同様に、薩摩から出航した可能性が考えられよう（なお琉球から平戸に渡った帰路については該当しない）。その場合袋中の行程は、薩摩から明もしくはルソンまで行って入明を諦め、帰路で琉球に立ち寄って三年を過ごし、平戸に帰ったというものになろう。

袋中は宗鎮と異なり船の漂流には見舞われなかったが、明の政策によって入明できなかった。これは宗鎮の船が漂流しなかった場合の結末を予測させるものでもある。しかも袋中の時は、日明講和に向かって動いていた宗鎮の時よりも国際情勢が悪化していた。一五九七年に再度の朝鮮出兵を行なった豊臣秀吉は、翌年死去した。これを受けて日本軍は朝鮮から撤兵したものの、明・朝鮮との講和は行なわれなかった。一七世紀初頭の東アジアでは依然として軍事的な緊張が続いており、明・朝鮮は日本に対して準臨戦態勢を取り続けた。そのような中で日本の商船が入国できるはずがないし、明船であっても船中の日本僧の上陸が認められることは考えられない。むしろ明海商も日本渡航の禁を犯した疑惑を掛けられて処罰されかねないだろう。袋中の希望が叶う見込みは、宗鎮以上に乏しかったといえる。

恭畏の入明計画

恭畏《きょうい》は『続日本高僧伝』巻一一に拠れば、京都の太秦《うずまさ》広隆寺で仏典やその他の書を読み、醍醐寺で密教を学び、南都で三論・華厳・律・法相の各宗を学んだ。一五九六年に嵯峨野の真言宗法輪寺に住し、荒廃した伽藍を復興した。名山聖跡を好み、日本全国の霊山を登り尽くしたが、その中で薩摩・大隅に滞留した時に、大隅正興寺の文之玄昌《ぶんしげんしょう》と論争を行なった。文之が僧侶でありながら朱子学に傾倒し、仏教を軽んじたためだったという。文之玄昌は南浦文之とも称され、島津氏の対琉球外交にも関わった禅僧である。鉄砲伝来の由来を記した『鉄炮記』の著で知られる。恭畏・文之の論争について、文之の論は『南浦文集』に収められ、恭畏の論は東京大学史料編纂所および熊本県人吉願成寺に写本があるが、これらは一六〇九～一一年に書かれたものなので、恭畏の薩摩・大隅滞在はこの前後と考えられる。

恭畏の薩摩・大隅下向は、明への渡航を視野に入れたものだった。醍醐寺座主の義演は一六一一年、島津家久に手紙を送って、恭畏を京都に帰らせるように求めた。この頃禅僧との間に想定外の論争が起こったことを心配した法輪寺の僧の申し出を受け、黙止しがたいと考えて送ったものだったが、その手紙には「嵯峨法輪寺別当恭畏、渡唐の望み有るに依りて、久しく国（薩摩）に在り」と書かれている（『義演准后日記』慶長一六年六月一三日条）。要するに恭畏は、入明の便を待って薩摩に数年間滞在を続けた間に、文之と論争になったのである。なお恭畏の入明計画はこの手紙からのみ知られることで、何を目指して入明を志したのかは分からない。

恭畏が入明のために薩摩に下向したにもかかわらず、二年間も論争に明け暮れたことは不可解だが、おそらくそこには特殊な事情があった。それは一六〇九年、島津家久の琉球侵攻である。琉球は屈強な島津軍の前に、一ヵ月ももたずに屈した。家久は琉球国王尚寧を江戸に送るとともに、琉球への掟書の布達や検地の実施、奄美諸島の蔵入地化など、しばらく占領政策を続ける。このような緊張した情勢下で、宗薭・袋中のように商船に乗って入明することは困難だった。こうして薩摩に留まって様子を見ていた恭畏は、文之と論争を始めてしまい、義演から呼び戻されたわけだが、呼び戻しがなくても入明の機会は来なかっただろう。

恭畏が自覚していたかは分からないが、経由地の琉球だけでなく、明側の情勢から見ても、入明の実現は困難だった。徳川家康は秀吉の死を受けて明との講和を模索したが、その際に仲介役として期待されたのが島津氏であり琉球だった。家康は一六〇〇年、島津義弘を通じて明に講和・貿易を求め、一六〇六年には家康の命を受けた島津義久が、琉球を介して、明の琉球冊封使に日明貿易の要求を伝えている（外交文書の起草は先述の文之玄昌）。現実には当時明から日本に多くの密貿易船が来航していたが、これを中国公認下で行ないたいと家康は考えた。しかし明はこれらの要求に応じず、むしろ琉球に対しては日本との通商を厳禁している。そのような中で行なわれた琉球侵攻は、当然のこととして明のさらなる警戒を生んだ(9)。家康はその後も明に打診を続けるが、成果はなかった。客観的状況として日本僧入明の可能性は、狭まりこそすれ好転はしていなかった。

明忍と戒律復興の志

恭畏と同時期に入明を志したのが、俊正《しゅんしょう》房明忍《ぼうみょうにん》である。『明忍和尚行業曲記』に拠れば、一五九六年に山城高尾神護寺中興の真言僧晋海の下で出家した人である。彼は戦国の乱世を経て僧侶が守るべき戒律がすたれてしまった現状を憂い、寺を出て奈良を巡歴したが、この時に日蓮宗の慧雲という僧と出会って意気投合した。二人は奈良西大寺に赴いて戒律を学び、一六〇二年には慧雲および西大寺僧友尊とともに、山城栂尾《とがのお》高山寺で自誓受戒を行なう。

自誓受戒で史上有名なのは、一二三六年に覚盛《かくじょう》らが東大寺羂索院《けんさくいん》で行なったものである。戒は本来、清浄な空間である戒壇で三人の戒師と七人の証明師の下で授かるものだが、覚盛らは仏像の前で戒律護持を宣言した。これは正当な戒師がいない場合の例外的措置であるが、覚盛らは現状で戒師にふさわしい僧が存在しないと考えていたのである。彼らはここに正当な戒が復活したと考え、自ら戒師として授戒を積極的に行なった（なお受戒は戒を受けること、授戒は戒を授けること）。鎌倉時代の戒律復興運動の起点となった象徴的事件である。明忍が戒律を学んだ西大寺は、覚盛とともに自誓受戒を行なった叡尊が中興した寺であり、明忍の自誓受戒はその事跡を意識したものに違いない。

ただ覚盛らの主張に拠れば、自誓受戒で行なわれるのは通受と呼ばれるものだが、その他に別受と呼ばれる受戒もあった。詳細は省くが、別受は戒師から授けられるという伝統的な方法による受戒である（従他受）。しかし戒師とすべき師が日本にいないと考えていた明忍は、これを明の僧侶から受けるため入明を志した。『行業曲記』に拠れば、明忍は「大唐・三韓は仏法現住し（今もあり）、名師・碩匠は代人《よよ》に乏しからず」と考えていた。あるいは当時輸入された舶載仏典を見て、外国の僧侶に期待を持ったのかもしれない。受戒のために中国へ渡航するというのは古代以来例を見ない発想で、興味深い。もちろん明忍は明で受戒した暁には、その戒を日本の僧侶たちに授けるつもりだっただろう。明忍は入明体験を基にして、正当な仏教を日本に根付かせようと考えたのである。

無念の明忍

入明を志した明忍は、一六〇六年に平戸に行った。明商船やポルトガル船が集まる貿易港で、入明には絶好の場である。ところが明忍はなぜかここから入明せず、対馬に渡り、そこから朝鮮を経由して明へ行こうとした。なぜこのような迂遠な行程を採ったのか不思議である。先述の袋中がこの年に平戸から帰国していることを考えると、あるいはそこから入明不可の情報が出まわっていたとも考えられる。もっとも明忍は朝鮮仏教にも関心があったようだから、朝鮮も単なる通過点ではなかったのかもしれない。ところが対馬は国禁が厳しく、海外渡航が許されなかった。言うまでもなく朝鮮は文禄・慶長の役の直接の被害者であり、当時の日朝関係は史上最悪の状態にあった。一六〇四年には朝鮮が日本の国情をさぐるべく、僧惟政（松雲大師）を対馬に派遣し、惟政はさらに徳川家康・秀忠にも面会して帰国しているが、和平の実現には及んでいない。そのような中で一僧侶が朝鮮に渡ることが許されるはずはないし、仮に渡ったとしても朝鮮側が受け入れなかっただろう。

明忍は対馬から慧雲に送った一通目の手紙で、対馬に留まって時縁を待つこと、乗るべき商船があったら明に行けなくても朝鮮に行ければうれしいことなどを伝えており、商船で朝鮮に渡るチャンスをうかがっていた。だが二通目の手紙では、異域の律法が大いに衰退しており、欽慕するに足らないことを最近聞いたと記しており、渡航の意欲を失ってしまったらしい。さらに手紙では、自分はいつ帰れるか分からないので、山城西明寺（明忍が住した寺）の衆徒は夏安居（四月一五日から三ヵ月間寺に籠って集団生活を行なうこと）が終わったら別受を行なうように、とも伝えている。この時点で明忍は、明僧から受けた戒に基づいて日本で別受を行なうという構想は放棄していた[10]。

明忍は明や朝鮮に渡っても正しい戒は得られないと考え直した。この判断の根拠はよく分からないが、あるいは明にも朝鮮にも行けない悔しさを紛らわす発言なのかもしれない。というのも明忍は対馬で病に罹り、海外渡航どころではなくなったからである。二通目の手紙でいつ帰れるか分からないと述べたのは、すでに病気が進んで動けなくなっていたためとも考えられる。結局一六一〇年、明忍は三五歳の若さで遷化した。明忍の計画は果たされなかったが、戒律復興の志は門人たちに引き継がれ、その流れは江戸後期に正法律を提唱する慈雲尊者飲光《おんこう》（一七一八〜一八〇四）へとつながっていく[11]。

入明失敗の国際的背景

一五九六年から一六一一年の一五年間、宗蕣・袋中・恭畏・明忍の入明の試みは、いずれも失敗した。朝鮮・琉球侵攻という対外戦争の影響はもちろんだが、そもそも日本人を受け入れないという明の基本政策を考えれば、彼らの行動にはまったく実現性がなかった。入明を志す場合、事前に先人から同時代の海外情報を得ようとするはずだが、そうした様子が四人にはまったく見られない。頼るべき先人がいなかったのだろう。ひそかに上陸を果たして帰国した者はいたかもしれないが、留学の成果を得て仏教界で（または他の分野でも）活躍していた僧は、当時ほぼ皆無だったと見てよい。だからこそ四人は、自らの情熱に従って無謀な渡航計画を立ててしまったのである。そして一六一〇年代以後、新たに入明を希望する者が見られなくなるのは、それが無理筋であることが理解されるようになったためとも考えられる。

しかし私は彼ら四人の行動から、近世初期になってもなお入明を希望する僧侶が当時の日本仏教界にいたことに注目したい。もしも宋元代と同様に、明側が日本僧を受け入れる態勢を取っていたならば、こうした僧侶の中から入明僧が現れていたはずである。そして彼らが成功を収めれば、宋元代のように後進の僧侶が明に殺到していたことも考えられる。実際には入明を希望する仏教界の内発的な需要は、国際的な条件下で封殺されてしまったが、条件次第では、江戸時代の仏教は異なる展開の可能性もあったはずである。葬式仏教・寺請制度のイメージで語られる仏教の姿は、必ずしも中世仏教の必然的な結末だったわけではない。

渡来僧への期待

異国の仏教に対する僧侶の熱意は、江戸時代にもまったく失われたわけではない。入明以外に渡来僧への参学という手段もあったからである。たとえば王直と並んで有名な倭寇の頭目である徐海は、杭州虎跑寺の僧として普浄・明山と名乗り、一五五一年に初めて日本に行った時には中華の僧として日本人の崇敬を受けたという（『日本一鑑』窮河話海）。平戸・長崎などには他にも明人僧侶が来ることがあったらしい。しかし日本僧が本格的に参学の対象とする宗教的カリスマはなかなか現れなかった。

たとえば明海商の劉覚は一六二〇年に来日したが、何らかの事件に連座して、一六二四年に長崎で出家して真円と名乗り隠居した。要するに貿易のために来日した一商人が隠居して法体になったもので、修行の末に得悟を果たした高僧ではない。だが彼は長崎興福寺（長崎唐三ヵ寺の一つ）の開山として知られている。明人の中にキリシタンが潜伏していると疑われ取り締まりを受けるのを避けるため、明人らが仏殿・媽祖《まそ》堂（中国の航海神媽祖を祀る施設）を建てて興福寺とし、真円を開山に据えたのである（『長崎実録大成』巻五・『長崎名勝図絵』巻二）。この時期の在日明僧は他にもいるが、詳細な経歴が分からない者が多く、また若年で来日した者も多い。高僧として評価された人物はほとんどいなかった。

だが一六五〇年代になると、道者超元《どうじゃちょうげん》（一六五〇〜五八年在日、長崎崇福寺・平戸普門寺住持）のように長崎の外から招聘されて日本僧の参禅を受ける渡来僧も現れる。ことに一六五四年の隠元隆琦来日は、決定的なインパクトがあった。隠元は福建省の福州萬福寺住持で、長崎興福寺住持を三年間務める約束で来日したものだが、京都妙心寺の有志の僧の運動によって一六五五年に摂津普門寺に移り（当初は妙心寺住持に迎える計画だった）、一六六一年には江戸幕府によって宇治萬福寺の開山とされた。畿内に来た隠元の下には、明末清初の仏教教学や作法・儀礼の知識を熱望する日本僧が殺到し、また公武の諸家も積極的に隠元の一門（黄檗派）を外護して、各地に末寺を建立した。隠元は一六七三年に示寂するが、その後も門下の渡来僧が代々萬福寺の住持を務め、一八世紀前半まで黄檗ブームは続く[12]。その宗風は同じ禅宗に属する臨済宗諸派や曹洞宗はもとより、他宗にまで広く影響を与えた。馴染みやすい話を出せば、たとえば現在広く用いられる木魚は黄檗派によって日本に紹介され、諸宗に採り入れられたものである[13]。

隠元を慕う妙心寺僧の中には、明で刊行された隠元の語録を来日前から読んで、感銘を受けていた者もいた（『黄檗外記』）。江戸時代の日本僧は日明貿易を通じて得た船載書によって明末仏教界の情報も得ており、そのような者によって隠元の来日は歓迎された。入明・入清の可能性を封じられた僧侶たちは、明・清からの高僧来日の機会を今か今かと待ちかねており、これが実現したのが隠元ら黄檗僧の来日だった。彼ら黄檗僧への参学は、異国への憧れを抱きながら留学できない状況下での代替行為としての側面もあった。

さらなる広がりの可能性

以上は日明間の話だが、実は一六〜一七世紀になると、別の可能性も浮上していた。日本人が中国よりも遠く、東南アジア以西にまで航海できるようになったのである。真如（第1章）・転智（第2章）・栄西（第3章）のように、インドを目指す日本僧は歴史の中に時々現れたが、途中で非業の死を遂げたり経由地の中国で許可されなかったりしたために実現せず、その渡航先は長く浙江・福建に留まった。ところが一六世紀半ばになると、明・日本・ポルトガルの商船によって、日本と東南アジアが直接結ばれるようになった（明商船も必ずしも明本土から日本に直行したわけではなく、東南アジアから来ることも多かった）。一七世紀前半、東南アジアの港町に日本町が形成されたのはその結果である。こうして日本人は、中国よりも遠くまで留学を行なう条件を得た。

もちろんヴェトナムはともかく、それよりも南・西になると、仏教圏ではあっても漢字が用いられないから（華人を除き）、現実問題として日本人僧侶の留学は考えられない。また仏教の本場と考えられていたインドでは、すでに仏教は絶えていた。だが日本から東南アジアの寺院まで巡礼に赴く者は現れた。よく知られるのはカンボジアのアンコール・ワット寺院で、加藤清正の旧臣である森本一房が一六三二年、父母の菩提のために仏像四体をここに献納したことが、同寺院の石柱に残る当時の墨書から知られる。この種の墨書は他にも一〇点以上見出され、早いものは一六一二年にさかのぼる。当時アンコール・ワットはインドの祇園精舎として日本人に知られ、将軍徳川家光（在任一六二三〜五一）は長崎通事島野兼了

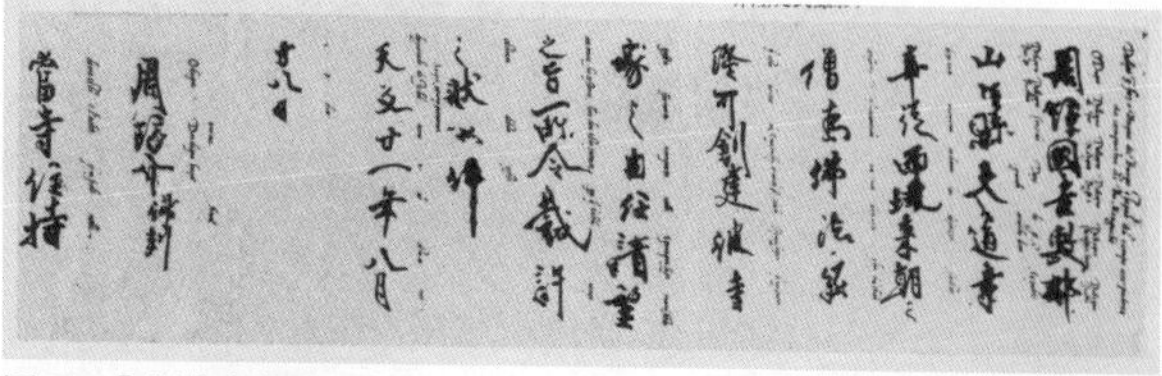
周防国吉敷郡
山口県大道寺
事従西域来朝之
僧為仏法紹
隆可創建彼寺
家之由任請望
之旨所令裁許
之状如件
天文廿一年八月
廿八日
周防介御判
当寺住持

図14　「大道寺裁許状」(ポルトガル外務省図書館所蔵『日本・インド書簡集』。片岡弥吉『日本キリシタン殉教史』時事通信社の口絵より)。「周防国吉敷郡山口県大道寺事、従西域来朝之僧、為仏法紹隆、可創建彼寺家之由……」とある。本文書の原本は伝わらないが、ヨーロッパで出版された『東洋イエズス会書簡集』『イエズス会士日本通信』などに原文のままで掲載された。写真はその基になった原稿で、行間にポルトガル語訳の書入れがある。デ・ルカ・レンゾ「「大道寺裁許状」とイエズス会史料の比較研究」『九州史学』135、2003年を参照

に命じて、現地視察の上で実測図を作成させている(水戸彰考館所蔵「祇園精舎図」)。入明ができない中で、日本人はより遠方に、新たな仏教聖地を見出したのである。

異教の留学僧と渡来僧

さらに留学という側面に注目するならば、視点を仏教徒に限る必要もない。一面で一六世紀半ばからの一世紀弱は、一三〜一四世紀に続く留学僧・渡来僧の時代でもあった。そのきっかけは一五四九年、フランシスコ・ザビエルの来日である。彼およびこれに続いて来日した宣教師たちの活動を詳細に追うことは避けるが、彼らは当時の日本の宗教・文化に多大な影響を与えた「渡来僧」だった。

「宣教師」を「僧」と呼ぶとは何事かと、まじめなクリスチャンからはお叱りを受けそうだが、ここでは新奇な宗教を紹介する異国人としての連続

性を強調するため、あえてこの呼称を使いたい。よく知られるように、キリスト教は伝来当初より日本人から仏教の一派ととらえられており、その見方は江戸初期にも続いていた[14]。宣教師はポルトガル語パードレ（padre、司祭）の音訳により「伴天連《バテレン》」などと表記されたが、最初期には「僧」とも表記された。一五五二年、山口で布教していたトーレスに対して教会建立を認めた大内義長の裁許状（大道寺裁許状）において、トーレスは「西域より来朝の僧」、教会は「寺家」と呼ばれ、建立の目的は「仏法紹隆」とされている。宣教師・教会・キリスト教に充てる日本語がこの時点ではまだなかったこともあろうが、そもそもキリスト教を仏教と区別する発想がなかったのだろう[15]。ならば彼らを「渡来僧」と呼ぶのは、当時の日本人の意識としても、まったくの誤りとは言えないことになる。

さて、キリスト教の日本布教において「渡来僧」が重要な役割を果たしたことは言うまでもないが、一方で「渡来僧」の活躍が始まる以前から日本人の「入竺《インド》僧」も現れていた。来日前のザビエルに日本情報を教えたアンジロー（ヤジロー）である。殺人を犯してマレー半島の港町マラッカに逃亡した時、ザビエルに出会って感銘を受けた彼は、一五四八年にインド（ポルトガル領ゴア）に渡り、一年間教理を学んで洗礼を受けてからマラッカに戻り、一五四九年にザビエルに同行して日本に帰国した[16]。これがキリスト教の日本伝道の始まりである。

ザビエルは日本で多くの信者を獲得したが、その中でベルナルドとマテオの二人は一五五一年に、ザビエルに随侍して日本を離れた。二人も入竺し、マテオはゴアで客死するが、ベルナルドはさらにリスボンまで行き、一五五五年にはローマのローマ学院に入った。同年中にポルトガルのコインブラの学院に送られた後、二年後に客死する。これが日本最初の「入欧僧」である。そしてこれに続く「入欧僧」が、一五八二年に派遣された伊東マンショらの天正遣欧使節となる。

キリシタンの時代と留学の時代の終焉

江戸時代になると、幕府によって一六一二年に幕領、翌年に全国を対象とした禁教令が施行される。これを受けて一六一四年には多くのキリシタンが国外に追放されたが、この時に追放された宣教師と日本に残留した宣教師は、人数および人名の多くが判明しており、九〇名近くの「渡来僧」が追放直前まで日本にいたことが知られる。[17]宋元代の渡来僧で名の知られるものが四〇名程度、渡来黄檗僧が江戸時代を通じて八〇名程度（隠元渡来当時は三〇名程度）であることと比較すれば、このキリシタン「渡来僧」の規模は特筆に値する。

一方で日本人宣教師も存在した。日本で最大の勢力を誇ったイエズス会について見ると、パードレ六三名中の七名、イルマン五三名中の四四名が日本人だった。これを除いたパードレ五六名・イルマン九名がヨーロッパ人となるが、高位のパードレのほとんどを彼らが占めていたことが分かる。イエズス会は概して日本人宣教師の登用に消極的で、信徒の多くはイルマンよりも下位の同宿・小者などと称する補助役に留められた。[18]

彼らが日本人に入欧を勧めることもあまりなかった。天正遣欧使節（観光と社交が目的で留学の意味はほとんどない）の後、文献から知られる事例としては、トマス荒木とペトロ・カスイ岐部（ミゲル・ミノエスとマンショ小西も同行）くらいしか見出せない。しかもトマス荒木は日本でイエズス会のセミナリオ（神学校）への入学を拒絶され、一六〇二〜〇三年頃にスペイン船で留学したもので、その際にイエズス会の援助を受けた形跡はない。ローマから日本に戻った際には、むしろイエズス会士に警戒されている(19)。ペトロ・カスイは禁教令後、イエズス会の同宿としてマニラ、ついでマカオに渡ったが、当時マカオでイエズス会と日本人信徒の反目が高まっていたこともあり、一六一六年にゴア留学を志した。ところがイエズス会はこれを認めず、むしろゴアに書簡を送りつけて、彼らに援助を与えないように要請している。ゴア留学を果たせなかったペトロ・カスイらは結局ローマに留学したが（一六二〇年到着）、そこまでの過程でイエズス会の恩恵は皆無である(20)。こうした環境の悪さに加えて遠距離ゆえの渡航の困難もあり、宋・元に対するほどの留学の盛況は、ヨーロッパに対してはついに起こらなかった。

ただしマカオやマニラなどに渡った「入澳僧《マカオ》」「入呂僧《ルソン》」らはそれなりにおり、これらの地やマラッカで叙階されパードレになった事例は二四名確認できる(21)。パードレまで上り詰めなかった者も、当然これ以上にいただろう。特に禁教令以後は、国外追放された日本人信徒がこれらの町に激増したが、イエズス会やスペイン系修道会は、彼らを宣教師として日本に潜入させたり、東南アジアの日本町で布教させたりした。ヨーロッパ人よりも日本人宣教師の潜入のほうが、外見上露見しづらいという事情もあった。

とはいえこの頃の日本では、すでにキリシタンの時代は終わりに向かっていた。一六二〇年代には元和の大殉教（一六二二）に見るように取り締まりがさらに苛烈になり、「渡来僧」「入澳僧」「入呂僧」らも表立った活動は困難になる。そして一六三五年には日本人の海外渡航と在外日本人の帰国の禁止、一六三六年には貿易と関係のないポルトガル人の国外追放、一六三九年にはポルトガル船の来航禁止と、幕府の対外交通管理は厳格化を続けた。依然として密入国を図る者はいたが、時代の大勢はすでに決していた。

二つの「渡来僧」の時代

ザビエル来日からキリシタン時代の終わりまでは一世紀に満たないが、その間のキリシタンは日本人の異国への関心をもっとも直接に刺激する存在であり、南蛮文化という独特の文化を創り出した。留学の情熱を明に対して発揮できない中で、東南アジア・インドやヨーロッパが視野に入ってきたのがこの時代だった（大部分が東南アジアで留まったが）。そしてそれが江戸幕府によって最終的に封じられた一六三〇年代を以って、前近代における留学の時代は最終的に幕を閉じた。

ただキリシタンの場合、「留学僧」よりも「渡来僧」のほうの存在感が大きい。この点は前者の規模が圧倒的に大きかった一三〜一四世紀との相違点である。そして「渡来僧」に注目した場合、キリシタンの後、約二〇年を経て現れたのが、先述の黄檗僧たちだった。もちろん両者が伝えたものには何の連続性もないが、ここでは日本列島から出られない人々の異国への関心を受け止める、宗教的カリスマとしての共通性に注目したい。見方によっては一六世紀半ばから一八世紀前半の日本には、前半のキリシタンの時代と後半の黄檗派の時代を合わせて、約二世紀間の「渡来僧」の時代があったともいえる。彼ら「渡来僧」は日本人に直接接触し文化的な刺激を与える存在として、長期間にわたって一定の役割を果たし続けたのである。

あとがき

本書では日中間を渡った僧侶たちに注目することで、九～一四世紀の東シナ海交流のあり方を見るという試みを行なった。実は当初はまったく別のテーマを考えていたのだが、かなりの部分を書いた後で改めて見直してみて、われながらつまらなすぎたので一切を破棄して、一から始めたのが本書である。選び直したところの「僧侶から見た海域交流」というテーマは、私がこれまで行なってきた研究に基づくもので、その意味で一般書の形ではあるが、自らの一つの研究整理とも言える内容となっている。ただしこれまでの論文で触れたことがあるのは第3章第3節と第4章第1節に該当する箇所のみで、ほかのだいたいの箇所は初めて文字にした内容である。

「僧侶から見た海域交流」は、もともと一九九九年の修士論文執筆時、手段・方法として始めたものだった。研究の対象はあくまでも「海域交流」で、仏教史料はそれを明らかにするための補助材料に過ぎなかった。しかも告白すると、仏教史料はもともとかなり嫌々見た史料群だった。何か難しそうで、下手に手出しをすると大変なことになりそうだという気もしており、極力触れたくなかったのだが、必要に迫られて見てみることにしたのである。

私は修士論文作成時、日本史研究者がまだ見ていない史料が眠っているはずだと思い、穴場狙い、落ち穂拾いの姿勢で、とにかく中国史料を読み漁っていた。実際に史料が眠っている保証はどこにもなく、作業の成果によっては一年を棒に振る可能性も十分にあったのだが、いざ始めてみると、幸運にもそれなりの史料が埋もれていることがわかった。だがなにしろ日本対外関係史としては断片的な情報が多い。またこうした史料はたいてい国家や文人の立場から書かれたものだが、中世史家が多く抱く印象として、ある政策が政権担当者の意図のとおりに機能するとは限らないという疑念もある。こうした点を具体例などで補強できないだろうかと思っていた。

そのような中、とりあえず見始めたもう一つの史料群があった。それが仏教史料である。これについては戦前の木宮泰彦の成果に基づく『日華文化交流史』の大著があり、これを手掛りに木宮の挙げた入宋僧・入元僧を網羅的に調べてみた。すると彼らの記録の中に、中国史料からわかる事実を裏づけたり具体化できたりする情報が含まれていることに気がついてきた。これが中国史料を傍証する材料に使えると気がついたのは、すでに秋のことで、それから数百人に及ぶ僧侶の関係史料を必死に集め、冬にはその成果をもとに、(提出日当日は研究室の方々に多大な迷惑をかけながら) 修士論文を提出した。

その後も僧侶の行程に関する史実の精度を上げるために、一〇年以上傍証として仏教史料を調べ続けた。その中で初めは関心もなかった (嫌々追っていた) 僧侶に対する愛着もだんだん涌いてきて、僧侶を主人公とした講義を行なうようにもなった。

そこで本書では過去の論文とは逆に、僧侶の行動を主軸に置きながら、背後にあった日中の対外交通政策や海上の情勢を読み取るという形で、九～一四世紀を整理してみることにした。本書で扱った円仁・寂照・円爾・龍山徳見などは、それぞれ一人の伝記で本一冊か半分程度は書けてしまいそうな魅力的な僧侶ばかりである。その生涯について深く掘り下げるほどの紙数の余裕はなかったが、それでも理屈っぽくなりがちな対外関係史や海域史というテーマの中で、それなりに具体性を伴って書くことはできたように思う。あとはこれが（方法論も含めて）説得力をもつかどうかだが、それは読者からの声を待つしかない。

ちなみに私は本書執筆のお話をいただいた後、二〇一〇年一月に京都の国際日本文化研究センターに就職した。山城・丹波国境の「山奥」に位置する研究所で（京都駅からバスで四五分）、それ以前に来たことはなかったが、かつてそのふもとを歩いたことはあった。というのも、この研究所の近くにある峰ケ堂町は勝月房慶政（峯の上人）という、鎌倉時代の入宋僧でもっとも興味深い人物の一人が隠遁し、後に法華山寺（峯の堂）を作った場所なので、午後に大阪に行くついでがあった時に（あまりついでにならない場所だが）、午前中にその周辺を歩いてみたことがあったのである。私がまたこの隠遁の地に再来できたのは、何かの縁だったのだろうか。

また私の住まいから桂川を北に越えたところにある梅津は、かつて近衛家領梅津荘の所在地だったが、ここに臨済宗の大梅山長福寺がある。入元僧月林道皎《げつりんどうきょう》が禅に改めた寺で、『長福寺文書』や、月林ゆかりの書画など美術品の所蔵で知られる。ほかにも今では知られない中国帰りの僧侶たちの足跡が、私のまわりに眠っているに違いない。これまでは何百といる僧侶たちの足跡を文献で追ってきたが、これからは彼らの活躍した土地で追体験もできそうである（山奥での隠遁という現況自体、慶政の追体験とも言える）。

ここ数年、他の研究者の方々と一緒に中国調査に行くことが恒例になっており、入明記に見える土地を歩いて、そこに記されている光景を実地で確認している。これもまさしく先人の追体験と言えるだろう。戦後の中世対外関係史研究の中心で、去年お亡くなりになられた田中健夫先生も、歴史の現場での追体験の重要性をおっしゃっていた。こうした作業はもちろん学問的な重要性もあるが、それと同時に歴史家だからこそ気づくことのできる事実によって興奮を味わうことのできる機会でもある。これまで論文執筆や研究報告など、本来私には不向きのつらい作業に耐えてこられたのも、一つにはこうした歴史家だからこその楽しい瞬間があったからである。来週また何か刺激になる発見があることを期待して、本書の跋文（あとがき）を終えることにしたい。

二〇一〇年八月一五日　　榎本渉　跋

註

序章

(1) 小山修三「石器時代の海人」秋道智彌編著『海人の世界』同文舘出版、一九九八年。

(2) なおこれは五島列島南端の福江島から舟山群島中の嵊泗列島東北端の長礁嘴島までの直線距離である。中世の出航地として主に用いられた五島の小值賀島・奈留島から、一〇七二年の日宋貿易船が宋に帰国した時に最初に着岸した大戢山（成尋『参天台五臺山記』）までの距離を基準とすれば、約七〇〇キロメートルになるが、こちらの方が航路の実態に近いだろう。

(3) ただし川崎保「『吾妻鏡』異国船寺泊浦漂着記事の考古学的考察」『信濃』五九―二、二〇〇二年は、中世の遺跡で出土する中国銭の内、一二〜一三世紀に華北を支配した金の銭の出土枚数が、全国平均では南宋銭の約五・六パーセントに過ぎない中で（北宋銭や明銭を含む全銭貨中では〇・一五パーセント）、北海道・新潟・長野などには八パーセントを越える遺跡が確認できることを指摘している。川崎はその流入ルートとして北海道経由のもの以外に、日本海を横断するものもあったことを想定する。

(4) 福岡市教育委員会『福岡市高速鉄道関係埋蔵文化財調査報告Ⅳ　博多――高速鉄道関係調査（1）』福岡市教育委員会、一九八四年。

(5) 亀井明徳『日本貿易陶磁史の研究』同朋舎、一九八六年。

(6) なお旧版では遣唐使派遣計画の始動を前年の八九三年と考えていたが、渡邊誠「寛平の遣唐使派遣計画の実像」『史人』五、二〇一三年の考察に従い、八九三年は在唐僧中瓘の上表文作成年紀であり、それが日本に伝えられたのは八九四年だったと改める。

(7) 榎本淳一「「国風文化」の成立」『唐王朝と古代日本』吉川弘文館、二〇〇八年、佐藤全敏「古代日本における「権力」の変容」『平安時代の天皇と官僚制』東京大学出版会、二〇〇八年。また佐藤は近年、摂関期日本の中国文化受容の状況を総体的に論じている（「国風とは何か」『日本古代交流史入門』勉誠出版、二〇一七年）。

（8）石井正敏「いわゆる遣唐使の停止について」『石井正敏著作集』第二巻、遣唐使から巡礼僧へ、勉誠出版、二〇一八年。

（9）榎本渉「宋代の「日本商人」の再検討」『東アジア海域と日中交流――九～一四世紀』吉川弘文館、二〇〇七年。

（10）和田久徳「十五世紀のジャワにおける中国人の通商活動」市古教授退官記念論叢編集委員会編『論集近代中国研究』山川出版社、一九八一年、真栄平房昭「対外関係における華僑と国家――琉球の閩人三十六姓をめぐって」『アジアのなかの日本史』Ⅲ、海上の道、東京大学出版会、一九九二年。

（11）上里隆史『新装版 海の王国・琉球「海域アジア」大交易時代の実像』ボーダーインク、二〇一八年。

第1章

（1）小林聖「遣唐僧による請来目録作成の意義――円仁の三種の請来目録を中心に」佐藤長門編『遣唐使と入唐僧の研究 附校訂『入唐五家伝』』高志書院、二〇一五年。

（2）榎本淳一「文化受容における朝貢と貿易」序章註7前掲書。

（3）東野治之「遣唐使の朝貢年期」『遣唐使と正倉院』岩波書店、一九九二年。なお派遣間隔に関する取り決めの存在は確実ではないとして、むしろ天皇の代替わり事業としての側面を強調する見解もある（河上麻由子『古代日中関係史』中公新書、二〇一九年など）。

（4）旧版では仲麻呂は天平度・天平勝宝度の二回とも船の漂流で帰国できなかったと述べたが、天平度については仲麻呂は玄宗から乗船許可を得られず、船に乗っていない（『古今和歌集目録』）。

（5）堀池春峰「興福寺霊仙三蔵と常暁」『南都仏教史の研究』下、諸寺篇、法蔵館、一九八二年。

（6）森公章「遣唐使と唐文化の移入」『遣唐使と古代日本の対外政策』吉川弘文館、二〇〇八年。

（7）佐伯有清「承和の遣唐使の人名の研究」『日本古代氏族の研究』吉川弘文館、一九八五年。長岑宿禰某は、白鳥清岑《しらとりのきよみね》とともに承和度遣唐使判官の長岑高名《たかな》の従者として唐で香薬を購入したが（『行記』開成四年二月二〇日条）、高名は本来清岑と同じ白鳥氏だったことが知られ、つまり高名も長岑宿禰某も清岑も同族だった。高名の兄茂智麻呂が八二四年に白鳥村主《すぐり》、八三三年に長岑宿禰を名乗っており、高名もこの間に長岑宿禰姓を賜ったと見られる。一方で、もしも長岑宿禰某が延暦度遣唐使で入唐していたと考えるならば、長岑姓を賜ったのは八〇四年以前となり、主人の高名よりも早かったことになるが、それは考えがたい。某は承和度の留学生として入唐しながら留学せずに帰国したと見るべきであろう。

（8）佐伯有清「九世紀の日本と朝鮮」『日本古代の政治と社会』吉川弘文館、一九七〇年。

（9）玉井是博「唐時代の外国奴」『支那社会経済史研究』岩波書店、一九四二年。

（10）金文経「円仁と在唐新羅人」『円仁とその時代』高志書院、二〇〇九年。

（11）蒲生京子「新羅末期の張保皐の抬頭と反乱」『朝鮮史研究会論文集』一六、一九七九年。

（12）張保皐と漣水の関係については、山崎雅稔「唐における新羅人居留地と交易」『國學院大學紀要』五三、二〇一五年が詳しく論じている。

（13）具体的な位置については、榎本渉「中国南方の新羅人――浙江省台州の地名を手がかりに」『日本的時空観の形成』思文閣出版、二〇一七年。

（14）胡宿『文恭集』巻四〇、張公行状に拠れば、張士遜は「澶淵之幸」（一〇〇四年の宋遼戦争の折に、宋の真宗が自ら出兵した件）の後で秘書省著作佐郎、ついで知邵武県に任じられ、秘書丞監として開封に戻り、御史台推直官となり、監察御史も兼ねた。この内で監察御史の官歴は一〇〇七年に確認できるので（『続資治通鑑長編』景徳四年一二月壬寅条）、知邵武県の任にあったのはこれ以前である。

（15）山崎雅稔「承和の変と大宰大弐藤原衛四条起請」『歴史学研究』七五一、二〇〇一年。

（16）榎本渉「新羅海商と唐海商」『前近代の日本列島と朝鮮半島』山川出版社、二〇〇七年。

（17）田中史生「江南の新羅系交易者と日本」『国際交易と古代日本』吉川弘文館、二〇一二年。

（18）なお田中史生「入唐僧恵蕚に関する基礎的考察」『入唐僧恵蕚と東アジア　附恵蕚関連史料集』勉誠出版、二〇一四年は、遣唐使を送還した新羅船の帰国と恵蕚の入唐が別件である可能性も考えて、恵蕚の入唐年次を八四〇年か八四一年とする。

(19) 佐伯有清「唐と日本の仏教交流」池田温編『古代を考える　唐と日本』吉川弘文館、一九九二年。
(20) 田中史生註18前掲論文、四三頁。
(21) 高木訷元「唐僧義空の来朝をめぐる諸問題」『空海思想の書誌的研究』法蔵館、一九九〇年。
(22) なお五臺山僧無々が某年一〇月一四日付けで義空に送った手紙が知られ（『高野雑筆集』）、私はそれを恵蕚を介して届けられたものと考えていた。恵蕚は八四九年九月までに日本に帰国したことが確認できることから、旧版では無々の手紙をこれ以前の一〇月、すなわち八四八年一〇月のものと考え、これを受け取った恵蕚は八四八年以前に入唐したと述べた。だが実際には無々は恵蕚とともに来日し、大宰府から義空に手紙を送ったものらしい（田中史生「唐人の対日交易『高野雑筆集』下巻所収「唐人書簡」の分析から」『国際交易と古代日本』吉川弘文館、二〇一二年）。ならばこの手紙は八四九年のものとするべきである。ただし無々は八四九年正月に恵蕚から来日の要請を受けているから（『高野雑筆集』真寂書簡）、恵蕚の入唐はこれ以前のことであり、八四八年以前にさかのぼるという結論は変わらない。
(23) 田中史生註18前掲論文は、八五二年と八五七年の帰国（これ以前に入唐）も想定して、恵蕚が日唐間を七往復したとしている。だがこの二件は関連史料の解釈や信憑性の問題もあり、私は可能性はあっても確実視はできないと考えている。
(24) 佐伯有清『悲運の遣唐僧　円載の数奇な生涯』吉川弘文館、一九九九年。
(25) 黄約瑟「〝大唐商人〟李延孝与九世紀中日関係」『歴史研究』一九九三―四、一九九四年。

第2章

(1) ただし勅許を得た者以外は入唐させるべきでないという円載の発言からは、勅許を得ない入唐僧が存在したことも推測させる。とはいえそうした入唐僧たちは、後述する様々な便宜を受けることができず、また帰国後の優遇もあまり期待できなかっただろう。
(2) 佐伯有清『智証大師伝の研究』吉川弘文館、一九八九年。

(3) 石井正敏「入宋僧成尋のことなど」序章註8前掲書。
(4) 佐伯有清『最後の遣唐使』講談社学術文庫、二〇〇七年。
(5) 渡邊誠「年紀制と中国海商」『平安時代貿易管理制度史の研究』思文閣出版、二〇一二年。
(6) 序章註7佐藤全敏前掲論文。
(7) 渡邊誠「管理貿易下の取引形態と唐物使」註5前掲書。
(8) 渡邊誠「平安期の貿易決済をめぐる陸奥と大宰府」註5前掲書。
(9) 河上麻由子「五代諸王朝の対外交渉と僧侶」『東アジアの礼・儀式と支配構造』吉川弘文館、二〇一六年は、五代の皇帝が中央アジア・インドの諸勢力や高麗・後百済の僧に紫衣・師号を与えた例を紹介している。
(10) 平林盛得「大陸渡来の往生伝と慶滋保胤」『慶滋保胤と浄土思想』吉川弘文館、二〇〇一年。
(11) 上川通夫「往生伝の成立」『日本中世仏教史料論』吉川弘文館、二〇〇八年。
(12) 竺沙雅章「宋代における東アジア仏教の交流」『宋元佛教文化史研究』汲古書院、二〇〇〇年。
(13) 藤善眞澄「成尋と楊文公談苑」『参天台五臺山記の研究』関西大学東西学術研究所、二〇〇六年。
(14) 榎本渉「明州市舶司と東シナ海海域」序章註9前掲書。
(15) 奥健夫『日本の美術』五一三、清凉寺釈迦如来像、至文堂、二〇〇九年。
(16) 旧版では仁海の弟子であることの典拠として『野沢血脈集』(全体の成立は江戸時代)を挙げたが、これはより古い『血脈類聚記』(鎌倉末期の僧元瑜の編とされる)でも確認できる。慶盛が清住寺僧であることが一八世紀成立の『続伝灯広録』に見えることも旧版で紹介したが、これも『血脈類聚記』に「清住寺上人」とあることに拠るものと考えられる。
(17) 石井正敏「成尋生没年考」序章註8前掲書。なお旧版では、成尋は藤原頼通の護持僧であるとする通説に従っていたが、石井論文に従って、頼通の子師実の護持僧と改める。
(18) 石井正敏「入宋巡礼僧」序章註8前掲書。
(19) 井上泰也「成尋の『日記』を読む」『立命館文学』五七七、二〇〇二年。

(20) 石井正敏註18前掲論文。

(21) 宋からの文書と下賜品に対する日本の返答は一〇七七年に行なわれたが（後述の仲廻の入宋）、宋はこれに対して翌年改めて日本に明州牒状を送った。これに対する日本の返答は遅れ、一〇八二年一一月になってようやく京都から発送された。快宗らが神宗に謁見したのはこの四ヵ月後で、タイミングから見て日本の返答を届けたものである可能性が高い（榎本渉「北宋後期の日宋間交渉」『アジア遊学』六四、二〇〇四年）。

(22) 王勇「日本僧転智の入呉越事跡について――『四朝聞見録』と「勝相寺記」の史料解読を兼ねて」『日本古代文学と東アジア』勉誠出版、二〇〇四年。

(23) 『奝然法橋在唐記』に、「伝智元是日本大掌監藤原貞包養鷹息也」とある（『真言宗全書』三六巻、二一七頁）。「掌」は一本で「宰」に作り、「大宰監」という官名は実際に存在するので（大宰府の判官の称）、「宰」が正しいだろう。また「藤原貞包養鷹息」の割注「養鷹」は「藤原貞包」の説明で、養鷹は貞包の別名ということになる。ならばこの文は、「伝智は元は藤原貞包（＝養鷹）の子である」という意味になる。ただ僧侶の説明として、「元は」誰誰の子であるという文章は不自然な感がぬぐえず（「元は」と来れば出家前の名前を書くのが普通）、また中世の武士のような改名をこの時代の地方官が行なうことも一般的ではない。おそらく上文の「息」は、本来「養鷹」と合わせて三字で貞包の説明注であったものが、書写・活字化の過程で本文とされてしまったのではないか。ならば上文の趣旨は、「伝智の俗名は藤原貞包で、養鷹の子である」ということになり、分かりやすくなる。そしてこれは後述の貞包の経歴とも矛盾しない。

(24) なお前註で触れた『奝然法橋在唐記』の記事について、伝智（転智）を貞包ではなくその子と考える場合も、地方有力者の一族として大宰府に顔が利いたという説明は可能だろう。

(25) 原美和子「日中・日朝僧侶往来年表（８３８―１１２６）」『８―17世紀の東アジア地域における人・物・情報の交流』上、科学研究費補助金研究成果報告書、二〇〇四年。

(26) 手島崇裕「入宋僧寂照の飛鉢説話再考」『平安時代の対外関係と仏教』校倉書房、二〇一四年。

（27）なお榎本渉「平安末期天台宗における宋代仏教へのまなざし――栄西入宋の前提として」『佛教史学研究』五九―一、二〇一六年では、日円・永暹ら天台聖の世界と連続する場として伯耆国大山を挙げ、入宋僧の活動がなかった八〇年間にも大山など山陰山陽地域の天台聖の間で宋代仏教への関心が醸成されていたこと、栄西はそうした動向の中から現れた僧だったこと、などを論じた。

（28）船岡誠「日本禅宗成立論続考」『禅学研究』七三、一九九五年。

第3章

（1）なお、高橋昌明『平清盛　福原の夢』講談社選書メチエ、二〇〇七年では、『文献通考』巻三二四に拠って乾道五年（一一六九）に日本からの朝貢があったとし、一一七〇年の宋人はその返使としている。だが『宋史』巻四九一、日本国伝では、この日本朝貢記事が乾道九年（一一七三）になっており、より詳細な記事を載せる『宋会要輯稿』蕃夷七、歴代朝貢も乾道九年とするので、『文献通考』の記事は「五」と「九」の誤写による繫年の誤りだろう。

（2）渡邊誠「後白河法皇の阿育王山舎利殿建立と重源・栄西」『日本史研究』五七九、二〇一〇年。

（3）藤田明良「講演　南都の「唐人」」『奈良歴史研究』五四、二〇〇〇年。

（4）山川均『日本史リブレット29　石造物が語る中世職能集団』山川出版社、二〇〇六年。

（5）室賀和子『鑁也月百首・閑居百首全釈』風間書房、二〇一三年。

（6）森克己「日宋交通と阿育王山」『増補日宋文化交流の諸問題』勉誠出版、二〇一〇年。

（7）中尾良信「達磨宗の舎利信仰について」『禅とその周辺学の研究』永田文昌堂、二〇〇五年。

（8）石井進「大宰府機構の変質と鎮西奉行の成立」『日本中世国家史の研究』岩波書店、一九七〇年。

（9）中尾良信『日本禅宗の伝説と歴史』吉川弘文館。二〇〇五年。江戸時代の『行勇禅師年考』は一一八四年に入宋したとするが、本史料は繫年も含めて明らかな誤りが散見し、鵜呑みにできない。

（10）大庭康時『中世日本最大の貿易都市・博多遺跡群』新泉社、二〇〇九年。

（11）橋本素子『中世の喫茶文化　儀礼の茶から「茶の湯」へ』歴史文化ライブラリー、二〇一八年は、一一二世紀の京都や福原でも天目茶碗の出土例があることを指摘している。ただしその上で、やはり平安時代には宋風の喫茶法は国家的規制によって後白河院や平家の周辺に封じ込められており、全国化したのは鎌倉時代だと論じる。

(12)榎本渉「宋代の「日本商人」の再検討」序章註9前掲書。

(13)衣川強「宋代の俸給――制度と生活」『宋代官僚社会史研究』汲古書院、二〇〇六年。

(14)原田正俊「日本の禅宗と宋・元の仏教」『アジア遊学』一二二、二〇〇九年、西谷功『南宋・鎌倉仏教文化史論』勉誠出版、二〇一八年。

(15)大塚紀弘『中世禅律仏教論』山川出版社、二〇〇九年。

(16)円爾はしばしば円爾弁円と呼ばれるが(この場合、道号が円爾、法諱が弁円となる)、葉貫磨哉「聖一国師年譜と虎関師錬」『中世禅林成立史の研究』吉川弘文館、一九九三年は、入宋前には弁円を法諱として円爾房弁円と名乗り、入宋してから房号の円爾を法諱としたことを論じている。要するに円爾と弁円はともに法諱である。

(17)川添昭二「鎌倉初期の対外関係と博多」箭内健次編『鎖国日本と国際交流』上、吉川弘文館、一九八八年。

(18)川添昭二「博多円覚寺の開創・展開」『市史研究ふくおか』一、二〇〇六年。

(19)川添昭二「鎌倉中期の対外関係と博多」『九州史学』八八・八九・九〇、一九八七年。

(20)原田正俊「九条道家の東福寺と円爾」『季刊日本思想史』六八、二〇〇六年。

(21)小原嘉記「東大寺大勧進円照の歴史的位置」『史林』九三―五、二〇一〇年。

(22)佐藤秀孝「虚堂智愚と蘭渓道隆――とくに直翁智侃と『蘭谿和尚語録』の校訂をめぐって」『禅文化研究所紀要』二四、一九九八年。

(23)『中世大友再発見フォーラム　南蛮都市・豊後府内』大分市教育委員会・中世都市研究会、二〇〇一年、鹿毛敏夫「戦国大名館の建設と都市」『戦国大名の外交と都市・流通――豊後大友氏と東アジア世界』思文閣出版、二〇〇六年、坂本嘉弘「豊後府内の建物遺構」『大内と大友』勉誠出版、二〇一三年。

(24) 村井章介『北条時宗と蒙古襲来』ＮＨＫブックス、二〇〇一年。
(25) 無準法嗣の西巌了慧が宋から送った手紙に、円爾弟子の元兄と空兄（蔵山）の二人の到来が記されている（『聖一国師語録』西巌尺牘）。年次を欠くが、内容から見て一二五九～六一年のものである。
(26) 榎本渉「「板渡の墨蹟」と日宋貿易」四日市康博編著『モノから見た海域アジア史』九州大学出版会、二〇〇八年。
(27) 平方和夫「長楽寺一翁院豪について——黄竜派から仏光派へ」『駒沢史学』二七、一九八〇年。
(28) 加藤一寧「無文道璨略伝」『禅学研究』八一、二〇〇二年。
(29) 葉貫磨哉「北条時宗と西澗子曇の役割」註16前掲書。
(30) 榎本渉「初期日元貿易と人的交流」宋代史研究会編『宋代の長江流域』汲古書院、二〇〇六年。
(31) 榎本渉註30前掲論文。
(32) 筆者は以前「元朝の倭船対策と日元貿易」序章註9前掲書で二四件と書いたが、この時は『延祐四明志』巻一六、釈道攷、在城寺院に載せる経蔵寺・広福院・戒香十方寺の三件を見落としていた。
(33) 榎本渉註32前掲論文。
(34) 新村出「元大都大覚寺住持日本国沙門東洲至道」『新村出選集』三、養徳社、一九四四年。
(35) 村井章介「日元交通と禅律文化」『日本中世の異文化接触』東京大学出版会、二〇一三年。
(36) 川添昭二「鎌倉末期の対外関係と博多」大隅和雄編『鎌倉時代文化伝播の研究』吉川弘文館、一九九三年。
(37) 杉山正明「モンゴル時代の日本」『世界の歴史』9、大モンゴルの時代、中公文庫、二〇〇八年。
(38) 鹿毛敏夫「日元禅僧の国際交流と大友氏」『アジアン戦国大名大友氏の研究』吉川弘文館、二〇一一年。
(39) 広渡正利『無隠元晦和尚伝』文献出版、二〇〇一年。
(40) 陳高華「十四世紀来中国的日本僧人」『文史』一八、一九八三年。
(41) 木宮泰彦『日華文化交流史』冨山房、一九五五年。その後の研究によってより多くの入元僧が知られるようになったが、今は便宜上木宮の統計を用いる。

第4章

（1）上村観光「龍山徳見禅師」『禅宗』一五二、一九〇七年。後に『五山文学全集』復刻版別巻、思文閣出版、一九七三年に収録。
（2）植松正「元代の海運万戸府と海運世家」『京都女子大学大学院文学研究科研究紀要』史学編三、二〇〇四年。
（3）檀上寛「方国珍海上勢力と元末明初の江南沿海地域社会」『東アジア海洋域圏の史的研究』京都女子大学、二〇〇三年。
（4）檀上寛「元末の海運と劉仁本——元朝滅亡前夜の江浙沿海事情」『史窓』五八、二〇〇一年。
（5）他に石屛子介（一三五七?）・大拙祖能（一三五八）・絶海中津（一三七七）・如心中恕（一三七〇年代）の帰国時に、この航路が用いられている。また伯英徳俊・大年祥登（一三六一?）・範堂令儀（一三六二?）・大極以中（一三六四）らは福建を上陸地として入元しており、やはりこの航路を用いた可能性が高い。榎本渉「元末内乱期の日元交通」序章註9前掲書、および『南宋・元代日中渡航僧伝記集成　附江戸時代における僧伝集積過程の研究』勉誠出版、二〇一三年、四一五頁。
（6）木下尚子代表『13～14世紀の琉球と福建』科学研究費補助金研究成果報告書、二〇〇九年。
（7）榎本渉「入元日本僧椿庭海寿と元末明初の日中交流——新出僧伝の紹介を兼ねて」『東洋史研究』七〇—二、二〇一一年。
（8）榎本渉「元僧無夢曇噩と日本」『禅文化研究所紀要』二八、二〇〇六年。
（9）村井章介「渡来僧の世紀」『東アジア往還——漢詩と外交』朝日新聞社、一九九五年。
（10）榎本渉「陸仁と道元文信をめぐって」序章註9前掲書。
（11）筆者は註10前掲論文で道元の帰国時期について、建仁寺にいた一三六六年以後、明で呉仲圭の絵に題を付けた一三六九年以前であると書いたが、『心華詩藁』重用前韻答道元に拠れば、道元は建仁寺首座を務めた翌年に常在光院に移ったことが知られるので、一三六七年にはまだ日本にいたはずである。

(12) 田中健夫「遣明船貿易家楠葉西忍とその一族」『中世海外交渉史の研究』東京大学出版会、一九五九年。
(13) 彼らは刻字工として京都嵯峨に帰属し、五山版の出版にたずさわった。川瀬一馬『五山版の研究』日本古書籍商協会、一九七〇年。
(14) 藤原重雄「陳外郎関係史料集（稿）・解題」『東京大学日本史学研究室紀要』二、一九九八年。
(15) 伊藤東愼『黄龍遺韻』両足院、一九五七年。
(16) 関周一「被虜人の境遇と送還」『中世日朝海域史の研究』吉川弘文館、二〇〇二年。
(17) 藤田明良「「蘭秀山の乱」と東アジアの海域世界」『歴史学研究』六九八、一九九七年。
(18) 檀上寛「明初の海禁と朝貢」『明代海禁＝朝貢システムと華夷秩序』京都大学出版会、二〇一三年。
(19) 檀上寛「明初の対日外交と林賢事件」註18前掲書。
(20) 檀上寛『明の太祖　朱元璋』白帝社、一九九四年。
(21) 滋賀高義「明初の法会と仏教政策」『大谷大学研究年報』二一、一九六九年。
(22) 一三八一年および一三八三年の陝西では、日本僧愚中梵慧・志満の活動が知られる（榎本渉「雲南の日本僧、その後」『アジア遊学』一四二、二〇一一年）。また天祥は雲南より以前に、陝西の長安や四川にいたことがある（村井章介「十年遊子は天涯に在り」第3章註35前掲書）。なお雲南にいた日本僧には、愚中なる者がいたことも知られる。これを紹介した真鍋亜依「元末明初雲南謫居僧とその周辺」『紫苑』一三、二〇一五年は慎重な姿勢を取るが、私は愚中梵慧が一三八二年以後に陝西から移されたものである可能性が高いと考える。
(23) 奥山憲夫「洪武朝の雲南平定戦（一）」『東方学会創立五十周年記念東方学論集』東方学会、一九九七年。
(24) 橋本雄「室町幕府外交の成立と中世王権」『歴史評論』五八三、一九九八年。
(25) 伊藤幸司「日明交流と雲南——初期入明僧の雲南移送事件と流転する「虎丘十詠」」『佛教史学研究』五二—一、二〇〇九年は、雲南配流の日本僧が永楽期に帰国した可能性を指摘するが、その論拠については榎本渉註22前掲論文で疑問を述べた。また村井章介註22前掲論文は伊藤の挙げた史料に加えて、斗南永傑が雲南から帰国して京都妙光寺住持を務めたことにも言及する。だが村井が根拠として挙げる玉村竹二『五山禅僧伝記集成』講談社、一九八三年では、上村観光『五山詩僧伝』民友社、一九一二年の説として妙光寺住持説を挙げているものの、根拠は不明としており、確証はないらしい。あるいは上村説は、妙光寺住持の南斗祖傑（『鹿苑院公文帳』十刹位次簿）を斗南永傑と同一人物と考えたものかもしれないが、この比定を支持する史料は管見にない。私見としては、傍証が得られない限り、斗南帰国説には依拠しがたいと考える。

補章

（1）田中健夫「不知火海の渡唐船――戦国期相良氏の海外交渉と倭寇」『東アジア通交圏と国際認識』吉川弘文館、一九九七年、鹿毛敏夫「一五・一六世紀大友氏の対外交渉」第3章註23前掲書。

（2）石野一晴「明代萬暦年間における普陀山の復興――中国巡礼史研究序説」『東洋史研究』六四―一、二〇〇五年、陳玉女「明倭寇の乱における寺院の境遇及びその社会救済――嘉万年間東南沿海地域を考察の中心として」『川勝守・賢亮博士古稀記念東方学論集』汲古書院、二〇一三年。

（3）高柳光寿「藤原惺窩伝補遺」『高柳光寿史学論文集』下、吉川弘文館、一九七〇年。

（4）太田青丘『人物叢書　藤原惺窩』吉川弘文館、一九八五年。

（5）宗彝が内之浦に停泊したのは、竹下頼堅を通じて義弘・忠棟と連絡を取っていたためかもしれない。頼堅はこれ以前から廻船を組織し、伊集院忠棟や島津氏の指示で京都との間を往来していたことが知られる（米澤英昭「一六世紀南九州の港津役人と島津氏」『薩摩島津氏』戎光祥出版、二〇一四年）。

（6）なおこの「鬼界島」は奄美大島東の喜界島にも見えるが、鹿児島県三島村の硫黄島も『平家物語』で「鬼界が嶋」などと呼ばれており（硫黄が島・油黄島などとする写本もある）、鹿ヶ谷の変（後白河院による平家打倒の謀議）に関与した藤原成経・平康頼・俊寛の三人が平清盛によって流された島として有名である（村井章介「外浜と鬼界島――中世国家の境界」『日本中世境界史論』岩波書店、二〇一三年）。宗彝の詩には「三人此地謫生涯、二士賜還一士嗟」（三人がここに配流されたが、二人は帰還を許され、一人のみ残されて嘆いた）とあるが、これは成経・康頼が帰京を許され、俊寛のみ許されなかったことを踏まえている。『南航日記残簡』の余白にあるこの詩の草稿で、「三人此地謫生涯」に当たる句が「俊寛此地謫生涯」となっていることからも、「三人」が成経・康頼・俊寛を指していることは疑いなく、この「鬼界島」は硫黄島と見るべきである。

（7）渡辺美季「琉球人か倭人か――一六世紀末から一七世紀初の中国東南沿海における「琉球人」像」『近世琉球と中日関係』吉川弘文館、二〇一二年。また一五九五年にフランシスコ会宣教師がフィリピン総督に送った書簡に、日本人は中国に行くとすぐに殺されるのでマニラに来航することが記されている（岩生成一『新版朱印船貿易史の研究』吉川弘文館、一九八五年、二九頁）。

（8）一六九六年撰『菩提院開基由緒書』も『開山記』と同様の説を採る。一七二六年良勝智禅《りょうしょうちぜん》撰『袋中上人伝』はさらに詳しく、一六〇三年秋に乗船して出航したが、日本の襲来を恐れた明が旅客を入国させなかったため、呂宋南蛮の界に行き、逆風に従って琉球に行ったと記す。ここでは明→ルソン→琉球という行程が明記されるが、確かな根拠に基づくものか確証がなく、ここでは参考に留めておく。

（9）渡辺美季「琉球侵攻と日明関係」註7前掲書。

（10）覚盛・叡尊は十師を備えずに戒本（戒の条目を列記したもの）を戒師に見立てるという変則的な方法で別受を行ない、その戒を別受によって二人から弟子に授けたと考えられる（蓑輪顕量「叡尊門侶集団における菩薩戒の授受」『中世初期南都戒律復興の研究』法蔵館、一九九九年）。明忍が想定したのもこれと同様に、慧雲・友尊らがまず別受を行ない、それを西明寺衆徒に授けるというものか。

（11）西村玲「近世律僧の思想と活動――インド主義を中心として」『仏教文化研究』五八、二〇一四年。

（12）最後の渡来僧は一七二三年に長崎興福寺住持として来日した竺庵浄印《じくあんじょういん》で、一七三四～四〇年に萬福寺住持を務めた。渡来僧の招聘自体は一七五〇年代まで続いたが、いずれも実現しなかった（一七二四年から江戸幕府の要求が厳格化したことや、清側で来日希望者が減少したことなどがある）。新たな渡来僧が確保できなくなった萬福寺や長崎の唐寺では、竺庵隠居の後、渡来僧だけでなく日本僧も住持を務めるようになり（なお長崎唐寺の代表を日本僧が務める場合、正確には住持でなく看寺と言った）、一七八四年の大成照漢《だいじょうしょうかん》（一七二〇年来日）の示寂を以って渡来僧が絶えた後は、日本僧によって黄檗派の法脈が守られていくことになる。

(13) 黄檗派は末寺という形で、日常的な文化発信のセンターを各地に確保しており、時には一見華やかながら交流の場・機会が限定された朝鮮通信使やオランダ商館員以上に、文化的な影響力を持ちえたと考えられる。江戸時代における黄檗文化の影響については、中野三敏「都市文化の成熟――明風の受容」『十八世紀の江戸文芸』岩波書店、一九九九年や、徐興慶・劉序楓編『十七世紀の東アジア文化交流――黄檗宗を中心に』国立台湾大学出版中心、二〇一八年など参照。

(14) 岡美穂子「キリシタンと統一政権」『岩波講座日本歴史』一〇巻、近世一、二〇一四年は、江戸時代に信徒に棄教を迫るためにキリシタン研究が進んだことで、キリスト教と仏教の相違が認識されたことを想定している。

(15) おそらく義長は、仏教以外の教えの存在など想定もしていなかった。伊藤幸司「大内氏のアジア外交」『室町戦国日本の覇者　大内氏の世界をさぐる』勉誠出版、二〇一九年は、義長が宣教師のことを仏教発祥の地であるインドから来た新手の仏教僧と思っていたと論じている。

(16) 岸野久『ザビエルの同伴者アンジロー　戦国時代の国際人』吉川弘文館、二〇〇一年。

(17) イエズス会宣教師一一六名中、六五名がヨーロッパ人、五一名が日本人だった。スペイン系托鉢修道会のフランシスコ会（一〇名）・ドミニコ会（九名）・アウグスチノ会（三名）は、全員がヨーロッパ人である。なお日本人宣教師としては、他に長崎に設けられた日本人教区の司祭七名がいた。五野井隆史『徳川初期キリシタン史研究　増補版』吉川弘文館、一九八三年。

(18) 高瀬弘一郎『キリシタンの世紀　ザビエル渡日から「鎖国」まで』岩波書店、一九九三年。

(19) 高瀬弘一郎「転び伴天連荒木トマス」『新訂増補キリシタン時代対外関係の研究』八木書店、二〇一七年。

(20) 五野井隆史『ペトロ岐部カスイ』大分県教育委員会、一九九七年。

(21) 清水有子「日本宣教拠点ルソンの成立」『近世日本とルソン――「鎖国」形成史再考』東京堂出版、二〇一二年。所掲の四三名中、長崎で叙階された一五名とローマで叙階された四名を除く。

ナ

ハ

マ

ヤラワ

サ

タ

マ

ヤラ

［地名－日本列島外］

ア

カ

タ

ナ

ハ

[地名－日本列島内]

ナ

ハ

サ

タ

[人名-その他]

[人名-海商]

サ

索 引

[人名–僧侶]

ア

カ

本書の原本は、二〇一〇年に小社より刊行されました。

榎本　渉（えのもと　わたる）

1974年，青森県生まれ。東京大学大学院人文社会系研究科博士課程単位修得退学。東京大学東洋文化研究所助手を経て，現在，国際日本文化研究センター准教授。博士（文学）。専攻は日本中世史。著書に，『東アジア海域と日中交流　九〜一四世紀』『南宋・元代日中渡航僧伝記集成 附 江戸時代における僧伝集積過程の研究』などがある。

講談社学術文庫

定価はカバーに表示してあります。

僧侶《そうりょ》と海商《かいしょう》たちの東《ひがし》シナ海《かい》

榎本《えのもと》　渉《わたる》

2020年10月７日　第１刷発行

発行者　渡瀬昌彦
発行所　株式会社講談社
東京都文京区音羽 2-12-21 〒112-8001
電話　編集（03）5395-3512
販売（03）5395-4415
業務（03）5395-3615
装　幀　蟹江征治
印　刷　株式会社廣済堂
製　本　株式会社国宝社
本文データ制作　講談社デジタル製作

ISBN978-4-06-521273-8

「講談社学術文庫」の刊行に当たって

これは、学術をポケットに入れることをモットーとして生まれた文庫である。学術は少年の心を養い、成年の心を満たす。その学術がポケットにはいる形で、万人のものになることは、生涯教育をうたう現代の理想である。

こうした考え方は、学術を巨大な城のように見る世間の常識に反するかもしれない。また、一部の人たちからは、学術の権威をおとすものと非難されるかもしれない。しかし、それはいずれも学術の新しい在り方を解しないものといわざるをえない。

学術は、まず魔術への挑戦から始まった。やがて、いわゆる常識をつぎつぎに改めていった。学術の権威は、幾百年、幾千年にわたる、苦しい戦いの成果である。こうしてきずきあげられた城が、一見して近づきがたいものにうつるのは、そのためである。しかし、学術の権威を、その形の上だけで判断してはならない。その生成のあとをかえりみれば、その根は常に人々の生活の中にあった。学術が大きな力たりうるのはそのためであって、生活をはなれた学術は、どこにもない。

開かれた社会といわれる現代にとって、これはまったく自明である。生活と学術との間に、もし距離があるとすれば、何をおいてもこれを埋めねばならない。もしこの距離が形の上の迷信からきているとすれば、その迷信をうち破らねばならぬ。

学術文庫は、内外の迷信を打破し、学術のために新しい天地をひらく意図をもって生まれた。文庫という小さい形と、学術という壮大な城とが、完全に両立するためには、なおいくらかの時を必要とするであろう。しかし、学術をポケットにした社会が、人間の生活にとってより豊かな社会であることは、たしかである。そうした社会の実現のために、文庫の世界に新しいジャンルを加えることができれば幸いである。

一九七六年六月　　　　野間省一

ピーター・ミルワード著／松本たま訳
ザビエルの見た日本
ザビエルの目に映った素晴しき日本と日本人。一五四九年ザビエルは「知識に飢えた異教徒の国」へ勇躍上陸し精力的に布教活動を行った。果して日本人はキリスト教を受け入れるのか。書簡で読むザビエルの心境。
1354

エドウィン・O・ライシャワー著／田村完誓訳
円仁《えんにん》 唐代中国への旅 『入唐求法巡礼行記』の研究
円仁の波瀾溢れる旅日記の価値と魅力を語る。九世紀唐代中国のさすらいと苦難と冒険の旅。世界三大旅行記の一つ『入唐求法巡礼行記』の内容を生き生きと描写し、歴史的意義と価値を論じるライシャワーの名著。
1379

大隅和雄著（解説・五味文彦）
愚管抄を読む 中世日本の歴史観
中世の僧慈円の主著に歴史思想の本質を問う。平清盛全盛の時代、比叡山に入り大僧正天台座主にまで昇りつめた慈円。摂関家出身で常に政治的立場をも意識せざるを得なかった慈円の目に映った歴史の道理とは？
1381

網野善彦・森　浩一著（解説・岩田　晶）
馬・船・常民 東西交流の日本列島史
日本列島の交流史を新視点から縦横に論じる。馬・海・女性という日本の歴史学から抜け落ちていた事柄を、考古学と日本中世史の権威が論じ合う。常識を打ち破り、日本の真の姿が立ち現われる刺激的な対論の書。
1400

門脇禎二著
葛城と古代国家 《付》河内王朝論批判
葛城の地に視点を据えたヤマト国家成立論。統一王朝大和朝廷はどのように形成されていったか。海外の新文化の流入路であり、大小多数の古墳が残る葛城――その支配の実態と大和との関係を系統的に解明する。
1429

鬼頭　宏著
人口から読む日本の歴史
歴史人口学が解明する日本人の生と死の歴史。増加と停滞を繰り返す四つの大きな波を経て、一万年にわたり増え続けた日本の人口。そのダイナミズムを分析し、変容を重ねた人びとの暮らしをいきいきと描き出す。
1430

日本の歴史・地理

福沢諭吉著（解説・小泉　仰）
明治十年丁丑公論《ていちゅうこうろん》・瘠我慢《やせがまん》の説

西南戦争勃発後、逆賊扱いの西郷隆盛を弁護した「丁丑公論」、及び明治維新における勝海舟、榎本武揚の挙措と出処進退を批判した「瘠我慢の説」他を収録。諭吉の抵抗と自由独立の精神を知る上に不可欠の書。

675

金達寿《キムタルス》著
日本古代史と朝鮮

地名・古墳など日本各地に現存する朝鮮遺跡や、記紀に見られる高句麗・百済・新羅系渡来人の足跡等を通して、密接な関係にあった日本と朝鮮の実像を探る。豊富な資料を駆使して描いた古代日朝関係史。

702

金達寿著
古代朝鮮と日本文化　神々のふるさと

高麗神社、百済神社、新羅神社など、日本各地に散在する神々は古代朝鮮と密接な関係があった。神社・神宮に関する文献や地名などを手がかりにその由来をたどり、古代朝鮮と日本との関わりを探る古代史への旅。

754

朝河貫一《あさかわかんいち》著（解説・由良君美）
日本の禍機《かき》

世界に孤立して国運を誤るなかれ——日露戦争後の祖国日本の動きを憂え、遠く米国からエール大学教授の朝河貫一が訴えかける。日米の迫間で日本への批判と進言を続けた朝河の熱い思いが人の心に迫る名著。

784

石村貞吉著（解説・嵐　義人）
有職故実《ゆうそくこじつ》（上）（下）

国文学、日本史学、更に文化史・風俗史研究と深い関係にある有職故実の変遷を辿った本書には官職位階・平安京及び大内裏・儀式典礼・年中行事・服飾・飲食・殿舎・調度輿車・甲冑武具・武技・遊戯等を収録。

800・801

直木孝次郎著
日本神話と古代国家

記・紀編纂の過程で、日本の神話はどのような潤色を加えられたか……。天孫降臨や三種の神宝、ヤマトタケルなどの具体例をもとに、文献学的研究により日本の神話が古代国家の歴史と形成に果たした役割を究明。

928

外国の歴史・地理

古代朝鮮
井上秀雄著（解説・鄭早苗）
中国・日本との軋轢と協調を背景に、古代の朝鮮は統一へとその歩を進めた。旧石器時代から統一新羅の滅亡まで、政治・社会・文化を包括し総合的に描き、朝鮮半島の古代を鮮やかに再現する朝鮮史研究の傑作。
1678

五代と宋の興亡
周藤《すどう》吉之《よしゆき》・中嶋　敏著
唐末の動乱から宋の統一と滅亡への四百年史。五代十国の混乱を経て宋が中国を統一するが、財政改革を巡る抗争の中、金軍入寇で江南へ逃れ両朝並立。都市が栄える一方、モンゴル勃興で滅亡に至る歴史を辿る。
1679

中世ヨーロッパの城の生活
J・ギース、F・ギース著／栗原　泉訳
中世英国における封建社会と人々の暮らし。時代は十一世紀から十四世紀、ノルマン征服を経て急速に封建化が進む中、城を中心に、人々はどのような暮らしを営んでいたのか。西欧中世の生活実態が再現される。
1712

ハンニバル　地中海世界の覇権をかけて
長谷川博隆著
大国ローマと戦ったカルタゴの英雄の生涯。地中海世界の覇権をかけて激突した古代ローマとカルタゴ。大国ローマを屈服寸前まで追いつめたカルタゴの将軍ハンニバルの天才的な戦略と悲劇的な生涯を描く。
1720

中世ヨーロッパの歴史
堀越孝一著
ヨーロッパとは何か。その成立にキリスト教が果たした役割とは？　地中海古代社会から森林と原野の内陸部へ展開、多様な文化融合がもたらしたヨーロッパ世界の形成過程を「中世人」の眼でいきいきと描きだす。
1763

中世ヨーロッパの都市の生活
J・ギース、F・ギース著／青島淑子訳
一二五〇年、トロワ。年に二度、シャンパーニュ大市が開催され、活況を呈する町を舞台に、ヨーロッパの人々の暮らしを逸話を交え、立体的に再現する。活気に満ち繁栄した中世都市の実像を生き生きと描く。
1776